Christina Ott & Valerie Lill

WAS LANGE GÄRT, WIRD ENDLICH MUT

W0185213

Christina Ott & Valerie Lill

WAS LANGE GÄRT, WIRD ENDLICH MUT

Entscheidung für die Zuversicht

Francke

Über die Autorinnen:

Christina Ott wuchs in Ostdeutschland in einer christlichen Familie auf. Viele Jahre arbeitete sie als Krankenschwester und ist nun als Psychologische Beraterin und Supervisorin tätig. Sie ist gefragte Referentin bei Frauenfrühstückstreffen. Ihr erstes Buch »Unvollkommen glücklich – Vom Mut, ich selbst zu sein« erschien 2020. Christina Ott ist mit einem Theologen verheiratet und Mutter von zwei erwachsenen Kindern. Seit 2021 lebt sie in Nürnberg.

Valerie Lill ist Singer-Songwriterin, Wortakrobatin, Musiktherapeutin und Vocal Coach aus Reichshof. In ihren Liedern und Texten verarbeitet sie im Sprachgewand charmant und treffsicher ihre Gedanken, Gefühle und Gebete. Als Buchautorin hat sie bereits sieben Bücher geschrieben. Mit ihrem Soloprogramm ist sie im gesamten deutschsprachigen Raum unterwegs zu Konzerten, Lesungen und anderen Veranstaltungen. Valerie Lill ist verheiratet und Mutter von drei erwachsenen Söhnen.

Als Kooperationspartnerinnen bieten Valerie Lill und Christina Ott ihre gemeinsamen Programme »Frieden schließen mit dem Kind in dir« und »Mutig leben in unsicheren Zeiten« an.

FSC www.fsc.org MIX Papier | Fördert gute Waldnutzung FSC® C083411

Bibliografische Information der Deutschen Nationalbibliothek
Die Deutsche Nationalbibliothek verzeichnet diese Publikation in der Deutschen Nationalbibliografie; detaillierte bibliografische Daten sind im Internet über http://dnb.dnb.de abrufbar.

ISBN 978-3-96362-363-9
Alle Rechte vorbehalten
© 2023 by Francke-Buch GmbH
35037 Marburg an der Lahn
Gedichte und Zeichnungen: Valerie Lill
Umschlagbild: iStockphoto.com / aleksandarvelasevic
Umschlaggestaltung: Francke-Buch GmbH / Marion Schramm
Satz: Francke-Buch GmbH
Druck und Bindung: CPI books GmbH, Leck

www.francke-buch.de

INHALT

Vorwort 9
Einleitung 12

1. Mehr Goldrand ans Leben 15
2. Wurzeln und Flügel 24
3. Vom Sorgenkind zum Geborgenkind – Das Schöne und das Traurige der Kindheit 46
4. Edentität – Vom Ursprung der Identität 89
5. Zwölf Jahre – Lebensschleifen 127
6. Der goldene Faden zieht sich durch – Brüche und Übergänge 159
7. Vatersehnsucht – Lässt sich das »paparieren«? 188
8. Die Zukunft beginnt heute 229

Dank 250
Endnoten 251

Aller Anfang ist mehr,
mehr als losgehn, dem Wetterhahn den Kopf verdrehn.
Und ist man wirklich immer nachher klüger als vorher
oder wird es manchmal erst schlimmer?

Aller Anfang ist mehr,
mehr als ein Schritt, denn das Gestern reist mit.
Und es ist klug, sich mit ihm zu vertragen,
gerade an flügellahmen Tagen!

VORWORT

Was für ein Unterfangen! Was für ein Wagnis!

Zwei Frauen. Zwei Lebenswege. Zwei Lebensrucksäcke voller Geschichten und Erlebnisse.

Und diese zwei Frauen wagen etwas, schaffen etwas, leben etwas, was mich als Mann schon fast neidisch macht. Sie reden. Miteinander. Teilen Erlebnisse und Geschehen, Freude und Leid, Vorhandenes und Vermisstes, Schönes und Schmerzhaftes, Gegenwärtiges und Vergangenes ... kurzum: Sie teilen Leben. Ihr Leben.

Mir gefällt dabei der Zugang. Keine langen, endlosen Formulierungen, sondern der Briefwechsel zweier Menschen, die sich in der Auseinandersetzung mit dem Erlebten inhaltlich nahekommen und sich dabei nicht zu schnell mit Antworten zufriedengeben.

Sachlich und dabei voller Gefühl, mit Worten, die zeitweise wie gemalte Bilder erst kunstvoll beschreiben, was man eigentlich nicht in Worte fassen kann.

Gibt es einen schöneren Weg, sich seiner Geschichte zu stellen? Ich glaube nein. Ihr beide jongliert mitten in den Stürmen des Lebens mit zwei so großen Ressourcen, die Ihr zweifelsohne innehabt: die Kunst, die dann sprachfähig macht, wenn Worte fehlen, und das therapeutische Wissen, um sich dann nicht nur emotional einzulullen, sondern mit einem gesunden, konstruktiven Abstand auf die Dinge dem eigenen Kreisen um sich selbst zu entfliehen und immer wieder neu den Blick ins Leben zu wagen. Was für ein Unterfangen! Was für ein Wagnis!

Immer wieder kommen Menschen zur mir in die Beratung mit dem Wunsch: »Helfen Sie mir bitte zu vergeben!« Dem Vater, der Mutter, dem Onkel. Menschen, die ihnen Gewalt angetan, sie verletzt und fern ihrer Würde behandelt haben. Menschen, die Zäune eintraten und Grenzen nicht respektierten. Da ist der große Wunsch, dass traumatische Erfahrungen ihre Schwere und ihren Schrecken verlieren. Als Logotherapeut stelle ich mir selbst und meinen Klienten immer wieder die Frage: Wie gelingt Leben? Trotzdem! Trotz Verletzungen. Trotz Scherben! Trotz Scheitern! Trotz Krisen! Trotz dunkler Täler! Genau wie Ihr liebe ich den von Viktor Frankl, dem Begründer der Logotherapie, geprägten Ausdruck der »Trotzmacht des Geistes«. Auf dem Weg zum Mut braucht es Wut. Gesunde Wut. Die Wut, die unsere Freundin und Helferin sein will. Die Wut, die uns zur Seite springt, dann, wenn Menschen unsere Grenzen nicht einhalten oder eingehalten haben. Wut, die dann aber nicht blind um sich schlägt, sondern hilft, aus Festlegungen auszubrechen und trotzdem konstruktiv Leben zu gestalten. Immer wieder erlebe ich in den Gesprächen mit den Menschen eine ohnmächtige Sprachlosigkeit. Nicht umsonst spricht der Volksmund davon, dass es einem in traumatischen Momenten »die Sprache verschlägt«. In genau diese Sprachlosigkeit hinein beschenkt Ihr die Menschen, indem Ihr von Euch erzählt und Euch so gegenseitig erlaubt zu »sein«. Ich liebe sie, wie Ihr beide auch, diese Jesus-Begegnungen in der Bibel. In jeder dieser einzelnen Begegnungen erleben wir, wie Menschen »ent-schämt« sich ganz ihrer eigenen Persönlichkeit stellen und so heil werden dürfen. Menschen dürfen mutig werden und heilen, wenn es gelingt, mit der berechtigten Wut im Gepäck auf Augenhöhe mit den scheinbar so übermächtigen Menschen zu kommen, die ihnen so großes Leid zugefügt haben. Wie wertvoll ist in diesem Zusammenhang auch Eure Frage, wie Gott für uns ein guter Vater sein kann, wenn eigene Vatererfahrungen fern dieser bedingungslosen Liebe erlebt wurden. Ihr habt mir Lust gemacht, weiter über diese wertvollen Themen zu sprechen und mit Euch um Antworten zu ringen. Als Mann hätte ich jetzt natürlich das große Bedürfnis, gerne die Gespräche mit Euch fortzuführren und nicht nur über unsere Väter, sondern auch über unsere Mütter zu sprechen. Wie prägend erleben wir als Kinder die Menschen, denen wir anvertraut sind, und wie prägend wirkt sich das auf unser Leben und auf unseren Glauben aus!

Nicht zuletzt gefällt mir an dem Buch, dass es eben kein oberflächliches »Alles wird gut« vermittelt, sondern Mut macht, tiefer zu graben. Zu entdecken. Sich Schmerzen zu stellen und sich nicht mit den erstbesten Antworten zufriedenzugeben. Und dann – wie Ihr selbst formuliert – »neue Tage klingen zu lassen«, die »den Segen verwegen entgegenklingen lassen«, um dann »alte Stiefel abzustreifen« und »notfalls auf Socken zu gehen«.

Was für schöne Worte! Was für eine schöne Aussicht!

Möge dieser Segen allen Leserinnen und Lesern mit diesem Buch entgegenklingen!

Bleibt behütet!

Euer Andi Weiss
Songpoet und Logotherapeut
www.andi-weiss.de

EINLEITUNG

Liebe Leserin und lieber Leser,

wie schön, dass Du unser Buch zur Hand nimmst! Vielleicht ist es auch Dein Wunsch, mutiger und zuversichtlicher ins Leben zu schauen? In diesem Briefwechsel fließen Gedanken zwischen uns beiden – Valerie und Christina – hin und her. Und gleichzeitig bist auch Du damit angesprochen. Wir möchten Dich mit hineinnehmen in unser Suchen und Sehnen, Fragen und Finden.

Ein ganzes Jahr hindurch hatten unsere Gedanken Zeit, sich zu entwickeln. Wie das Leben so spielt, lief es nicht einfach geradeaus. Neben persönlichen Herausforderungen, die es zu bewältigen gab, veränderte sich die weltpolitische Lage enorm in diesem Zeitraum. Der Krieg gegen die Ukraine zog eine Reihe von Unsicherheiten und Sorgen nach sich – als hätten wir nicht durch die Pandemie schon hinreichend gelernt, dass das Leben sich häufig unserer Kontrolle entzieht. »Das Leben passiert«, während wir taumelnd versuchen, das Gleichgewicht zu halten.

Du wirst hier keine fertigen und pauschalen Antworten finden, denn auch uns selbst stellen solche nicht zufrieden. Stattdessen mischen wir ein buntes Potpourri von Gefühlen und Erfahrungen, Denkanstößen und Hoffnungen in den Briefwechsel. Unser Austausch hat uns beiden Wachstum in die Tiefe und in die Weite geschenkt. Und Du darfst daran teilhaben.

Durch einen echten Briefwechsel wird unser Horizont gedehnt. Wir betrachten uns und unsere Welt aus einer neuen Perspektive und im besten Fall lernen wir einen anderen Menschen und seine ganz private Sicht auf das Leben kennen.

Wir möchten Dich einladen, nicht nur zu lesen, sondern auch selbst aktiv zu werden! Zwischen den Kapiteln findest Du immer wieder Anregungen zur Selbstreflexion. Du könntest Dir ein Notizbüchlein zum Buch legen. Vielleicht magst Du an Gott schreiben, möglicherweise an Dich selbst oder auch an das Kind in Dir.

Nun haben wir schon verraten, worum es in den ersten Kapiteln geht: einzutreten in den Prozess »Frieden schließen mit dem Kind in dir«. Wir haben gemeinsam eine Reihe von Seminaren zu diesem Thema angeboten und festgestellt, dass es für viele Menschen gewinnbringend ist, sich damit zu beschäftigen. Nicht nur, um etwas abzuschließen, was aus der Vergangenheit noch negativ nachklingt. Sondern vor allem auch, um befriedet im Hier und Heute zu leben und zuversichtlich in die Zukunft zu schauen.

Darüber hinaus erwartet Dich noch mehr, beispielsweise Fragen rund um unsere Identität und unsere tiefe Vatersehnsucht. Aber schau doch selbst! Oh – und wenn Du schon beim Durchblättern bist: Die Briefe werden ergänzt durch federleichte, tiefschürfende Lyrik, gut zusammengefasstes Fachwissen und zugehörige Bleistiftskizzen.

Du wirst schnell bemerken, mit welchem Blick wir auf die Baustellen des Lebens schauen: vielschichtig und mit der Neugier, Gottes Segensspuren in unserer Geschichte zu entdecken.

Den einprägsamen Titel verdankt das Buch Valeries Leidenschaft, mit Worten zu spielen. Der Gedanke des Gärens hat uns tatsächlich begleitet. Wie viel Unausgegorenes schleppen wir doch mit – von Woche zu Woche, von Jahr zu Jahr.

Eine Freundin schwärmt vom neuen Trendgemüse Kimchi, dem nach koreanischer Art zubereiteten Chinakohl. Was ist sein Geheimnis? Die Fermentierung über längere Zeit an einem dunklen Ort. So wird aus unterschiedlichsten Zutaten ein Superfood – gesund für den Körper und belebend für den Gaumen. Christina konnte sich davon schon persönlich überzeugen. Als Ergebnis des Gärungsprozesses entsteht bei Kimchi – genau wie beim Sauerkraut unserer Großmütter – etwas überraschend Neues.

Das wünschen wir auch Dir von Herzen: dass die Mischung aus erfahrenem Glück, Deiner Lebenskraft, schmerzenden Wunden und offenen Fragen sich zu frischem Lebensmut entwickelt.

Bleib behütet und hoffnungsvoll!
Deine Christina und Valerie

1. MEHR GOLDRAND ANS LEBEN

1.1 Liebe Valerie, 4. Januar

nun bin ich wieder daheim. Obwohl unser Umzug noch nicht lange zurückliegt, ist es doch schon ein Nachhausekommen. Darüber freue ich mich sehr. Danke für die wunderbare und inspirierende Zeit bei Euch. Wie jedes Mal habe ich es richtig genossen, in Eurem Zuhause sein zu dürfen. Die besondere Mischung aus alten und neuen Gegenständen schafft eine Atmosphäre der Geborgenheit. Ich liebe es, meine Augen bei Euch durch die Räume schweifen zu lassen und mit Dir am gemütlichen Tisch zu sitzen. Unser Teestündchen nach dem frostigen Spaziergang war einfach nur beglückend: Ich habe es genossen, das zarte Porzellan der alten Sammeltassen in den Händen zu halten und auf den brüchigen Goldrand zu blicken, der die Tassen früher zu etwas Besonderem machte. Denn genau das sind sie! Nicht wie Massenware, die zu Tausenden verkauft wird. Dass Du sie aus dem Schrank geholt hast, zeigte: Jetzt feiern wir den Moment und setzen einen Glanzpunkt!

Die Heimfahrt mit der Bahn klappte prima. Vielen Menschen geht es so, dass es ihnen beim Zugfahren leichtfällt, ihre Gedanken schweifen zu lassen. Ich liebe es ebenfalls. Und so hing ich der Erinnerung an einen Gegenstand in Eurem Gästezimmer nach ... Wenn ich Dich raten lassen würde, welcher das war, würdest Du es wohl nicht herausbekommen. Nein, ich meine nicht die kuschelige Bettdecke und auch nicht die leckere Schokolade, die Du für mich auf den Nachttisch gelegt hattest, sondern den tickenden Wecker.

Ich weiß, andere Menschen stört dieses Geräusch und sie würden den Wecker vor die Tür stellen. Doch ich mag diesen beständigen Rhythmus. Plötzlich wird mir dann bewusst, dass auch meine Lebenszeit tickt. Jede Sekunde ist wertvoll und unwiederbringlich. Das macht mich nicht mal nervös oder unruhig. Als ob sich die Ruhe und Selbstverständlichkeit des Tickens auf mich übertragen würde. Tatsächlich hätte ich das vor Jahren nicht so schreiben können. Da saß mir irgendwie immer die Zeit im Nacken. Länger als sieben Stunden zu schlafen, war für mich reine Zeitverschwendung. Ziemlich schräg, oder?

Das geht bis in meine Jugendzeit zurück. Damals wollte ich ermutigende Bibelverse auswendig lernen. Nur mit meinem Taufspruch, den ich als Baby bekam, konnte ich nicht viel anfangen und stolperte immer wieder darüber: »*Macht den bestmöglichen Gebrauch von eurer Zeit, gerade weil wir in einer schlimmen Zeit leben.*« (Eph 5,16)

Ich fragte mich: Brauche ich diesen Vers über meinem Leben? Macht Gott mir auch noch Druck? Muss ich immer etwas Sinnvolles und Effektives tun, damit ich mein Leben nicht vergeude? Eines Tages kam dann die große Erleichterung: Ich entdeckte, dass in diesem Bibelvers das griechische Wort *Kairos* für Zeit verwendet wird – nicht *Chronos*. Du kennst das sicher: Kairos meint die göttliche Zeit, den günstigen Augenblick, die gesegnete Stunde. Das ist doch etwas völlig anderes als die pure Uhrzeit. Du als Künstlerin sagst ja auch: »Ich muss warten, bis mich die Muse küsst.« Und dann ist sie da, die Muse, und schenkt Dir diese wunderbaren Ideen, die zu Worten, Liedern oder Bildern werden.

Mitten in unserer tickenden Lebenszeit ereignen sich diese Momente. Glitzernde Sonnenstrahlen, ein fernes Kinderlachen, vertraute Gespräche und unverhoffte Begegnungen. Ja, wir beide lieben das Leben und achten auf so etwas. Welcher Segen, dass wir uns begegnet sind! Es gibt ein göttliches Timing, das einfach überirdisch ist. So war es damals bei Deinem Konzert, an dem ich teilnehmen durfte. Einer Deiner Liedtexte hat mich sofort abgeholt: »Die Hoffnung lebt zuletzt!« Mittlerweile weiß ich, es ist Dein Lebensmotto, Dein Glaubensausspruch, Deine Einladung an die Welt. Und ich hatte einen Tag vorher beim Wohnungputzen noch gedacht: Diesen Satz »Die Hoffnung stirbt zuletzt« dürften Christen niemals sagen. Du hast mir prompt mit Deiner Formulierung aus dem Herzen gesprochen.

Parallel zur tickenden Uhr pulsiert immer die Hoffnung. Hoffnung ohne Jesus kann ich nicht denken. Will ich auch nicht denken. Dafür ist mir der Glaube viel zu wertvoll. Von Kindheit an wurde er mir ins Herz gesät.

Der tickende Wecker versetzte mich gedanklich zurück ins Schlafzimmer meiner Oma. Dort klang es genauso. Wie anders war diese Zeit damals. Wie klein und unerfahren war ich selbst. Es ist doch echt verrückt: Wir haben heute unser Leben zu bewältigen mit allen Fragen und Herausforderungen der aktuellen Zeit. Und gleichzeitig bringt eine so winzige Episode wie ein tickernder Wecker uns zurück ins Damals. Kennst Du das auch? Und welche Kraft könnte daraus fließen? Wie können wir das nutzbar machen für unser Leben heute? Ich bin so gespannt, was Du dazu meinst, liebe Freundin.

Herzliche Grüße in Deine Idylle,
Deine Christina

Tiefer graben

Chronos/Kairos – Zwei Zeitbegriffe mit unterschiedlichem Inhalt

Im griechischen Denken gab es unterschiedliche Begriffe für Zeit: Chronos und Kairos. Abgeleitet wurden beide von der griechischen Götterwelt. Chronos meinte die wie fallende Körner einer Sanduhr träge dahinfließende Zeit. Dem würde heute der tickende Sekundenzeiger entsprechen. Kairos stand für den rechten Augenblick, die günstige Gelegenheit. Chronos und Kairos unterscheiden sich dadurch, dass im ersten Wort die Zeit quantitativ erlebt wird, im zweiten qualitativ.

Das Neue Testament wurde vor diesem Denkhintergrund in griechischer Sprache verfasst. Der Zeitbegriff »Kairos« wird im biblischen Gebrauch allerdings geistlich gefüllt. Er meint den von Gott gegebenen Zeitpunkt, einen besonderen Gnadenmoment oder den Augenblick eines Auftrags.

Ein Beispiel dafür lesen wir im 2. Korintherbrief: »Siehe, jetzt ist die willkommene Zeit, siehe, jetzt ist der Tag des Heils!« (2. Kor 6,2)

Die Theologin Sabine Schröder betont, dass »im Kairos Gottes Wirken in der Ewigkeit auch im Hier und Jetzt spürbar wird, zugleich aber auch unser Reden und Handeln im Hier und Jetzt Auswirkungen auf die Ewigkeit hat«.[1]

1.2 Liebe Christina, 12. Januar

was für eine schöne Überraschung Dein Brief war! Vielen lieben Dank!

In der Zwischenzeit habe ich über Deine Worte nachgedacht. Das ist wirklich ein seltsamer Vers zur Taufe. »Macht den bestmöglichen Gebrauch von eurer Zeit, gerade weil wir in einer schlimmen Zeit leben.«

Und es ist typisch für Dich, dass Du nach dem tieferen Sinn weitergräbst. Meinst Du es im Sinne von »carpe diem«? Den Tag nutzen und auskosten, die gegebene Zeit nicht verplempern? Weißt Du, ich frage mich gerade, ob eine Pause mit einem schönen Nickerchen manchmal diesem Ziel nicht vielleicht näher kommt, als es mein Dauereinsatz in Job und Familie und Ehrenamt tut. Vor Kurzem schrieb ich in einem Gedicht:

Und lehre mein Herz, tapfer weiterzuschlagen. Lehre es, »Nein« zu sagen, und wenn »Ja«, dann ein Ja mit Goldrand!

Da haben wir ihn wieder, den Goldrand und das Weiterschlagen im Rhythmus. Wie die kleine Uhr auf Deinem Nachttisch. Jetzt würde mich natürlich interessieren, was die Veränderung in Dir hervorgerufen hat. Wie wurde aus der immer beschäftigten Jugendlichen diejenige Christina, die ihre Zeit auskostet und genießen kann?

Mir passiert es immer noch oft, dass ich etwas mit dem Kopf verstanden habe, anderen gute und weise Ratschläge geben kann, aber dann im Trubel doch wieder meinen alten Mustern folge. So, als wäre ich ferngesteuert. Aber: Die Hoffnung lebt zuletzt! Schön, dass Du Dich gerade an diesen Satz erinnerst, denn er ist mir wirklich sehr lieb und teuer. Wie spannend ist Dein Gedanke: »Parallel zur tickenden Uhr pulsiert die Hoffnung!«

Weißt Du was? Ich habe auch einen Taufvers: »Ich habe dich je und je geliebt!« (Jer 31,3) Seit eh und je schon geliebt zu sein und es auch für alle kommenden Zeiten zugesprochen zu bekommen, ist damals die beste Verheißung der Hoffnung für mich gewesen. Und sie ist es bis heute geblieben. In diesen Zeiten ist Hoffnung und mutiges Vorwärtsgehen wichtiger denn je, glaube ich. Dass man sich auch mit seiner Vergangenheit auseinandersetzen muss, um in der Zukunft gut leben zu können, das leuchtet mir ein. Vielleicht ist es wirklich so, wie mein Fahrlehrer mir immer gesagt hat: »Wer vorn gut fahren will, muss auch gut in den Rückspiegel schauen!«

Es wäre schön, wenn wir in den nächsten Tagen den Gedankenaustausch fortsetzen können. Deine Fragen werden mich wohl noch ein wenig weiterbeschäftigen. Und um Deine letzte Frage zu beantworten, wie wir das Wissen um unsere Vergangenheit für unser Leben heute nutzbar machen können, da hab ich ein klares »Puh, äh, nö keine Ahnung!« für Dich. Aber ich werde weiter darüber nachdenken!

Jetzt kommt gerade endlich einmal die Sonne raus, nachdem es den ganzen Tag genieselt hat. Dann werde ich jetzt eine kleine Dorfrunde laufen und dabei an unseren letzten gemeinsamen Spaziergang denken.

Ganz liebe Grüße sendet Dir
Valerie

* Heute *
*den gefräßigen Alltag mit VollWertKostbarkeiten füttern *
Momente verwittern * wenn wir sie nicht genießen und gießen *
Fundamente erzittern, erbeben und zersplittern *
als hätte es sie nie gegeben * mehr Leben ins Leben *
Segen empfangen * ihn verwegen verlangen *
und HEUTE damit anfangen *

es inspiriert mich, wie unsere Gedanken weiterfließen. Danke, dass Du Deine Überlegungen mit mir teilst. Das ist beinahe so schön, wie tatsächlich zusammen zu sein. Und: Ich liebe es, Deine Handschrift zu lesen. Du hast wieder einiges in mir angestoßen.

Ich glaube, »Carpe diem« ist die kleine Abwandlung von Kairos. Das, was man selbst dafür tun kann, dass es zu Kairos-Momenten kommt. Also Dinge bewusst wahrnehmen und nutzen, weil das Leben begrenzt ist. Im Kairos steckt, soviel ich weiß, noch weit mehr. Dazu schaue ich noch mal nach und werde Dir später davon berichten. Oder ich frage meinen klugen Mann, der als Theologe sicherer ist auf diesem Terrain. Schon am Anfang unserer jungen Ehe war er es, der mich dazu animierte umzudenken. Damals ging es darum, den guten Moment mit meiner psychisch kranken Schwiegermutter zu nutzen, anstatt meinen starren Zeitplan durchzusetzen. Sie war gerade in guter Verfassung, richtig gesprächig und offen – und ich Greenhorn blickte auf die Uhr und wollte los. Ich glaube, ich wollte einfach nur pünktlich Essen kochen und meinen Plan einhalten. Wie töricht. Damals fand mein Mann deutliche Worte, nachdem ich mich durchgesetzt hatte. Er sagte mir: »Eine so gute Gelegenheit können wir nicht einfach unserem Zeitplan opfern. Jetzt ist Kairos!« Das nahm ich mir zu Herzen und bin seitdem viel offener für Momente dieser Qualität.

Wenn »Ja«, dann ein Ja mit Goldrand. Wunderschön, dieser Gedanke. Auch wenn ich selbst kein Goldrandgeschirr mehr habe, verbinde ich etwas Wertvolles damit. Das Gedeck für Feiertage, behutsam zu behandeln. Ein Ja mit Goldrand ist ein ganzes Ja, ein glänzendes Ja. Eines mit Nachdruck und Bedeutung. Kann das für ein ganzes Leben gelten? Für meine Kindheit, die jetzige Zeit und die Zukunft? Ich wünschte, es wäre so.

Du fragst, ob mich auch manchmal Gefühle einholen, die

mich antreiben. Dazu kann ich gleich im Voraus ein Missverständnis aufklären. Wir neigen zu der Interpretation, dass unsere Gefühle uns antreiben. Das hieße dann, wir könnten gar nicht anders, als uns auf eine bestimmte Weise zu fühlen und dann auch zu verhalten. Psychologisch gesehen ist es allerdings anders. Mit unseren Gefühlen geben wir uns selbst Energie, um uns in eine bestimmte Richtung vorwärtszubewegen. Und diese Richtung entspricht unseren unverstandenen, unbewussten Zielen. Letztendlich hat das viel zu tun mit unseren Kindheitsgefühlen, die uns so vertraut sind, dass wir sie selbst immer wieder herstellen.

Ja, ich weiß, das ist ein harter Brocken. In unserer Beraterausbildung haben wir daran auch geknabbert. Weitaus bequemer wäre das übliche Verständnis, dass Gefühle einfach so über uns kommen. Denn dann sind wir nicht selbst verantwortlich.

Nichtsdestotrotz möchte ich auf Deine Frage antworten, liebe Valerie. Ich habe Dich so verstanden, dass Du wissen wolltest, wie es mir mit den Gefühlen von früher geht. Bis vor Kurzem dachte ich, der größte Teil davon wäre aufgeräumt und gut sortiert. Vermutlich stimmt das auch. Doch neuerdings steigt diese beklemmende Sorge um die Welt, in der wir leben, in mir auf. Schon als Kind lähmte es mich, wenn dicke Luft entstand und Menschen sich kritisch beäugten. Was hätte ich als kleine Tini dagegen tun können, als ängstlich abzuwarten, dass es wieder besser wird? Manchmal weinte ich mich einfach in den Schlaf. Und als ich wieder aufwachte, war es wieder gut, der kleine Streit verflogen und meine Befürchtungen entkräftet. Ich wünschte, ich würde mich heute von diesen Kindheitsgefühlen nicht irritieren lassen. Heute bin ich doch nicht mehr klein und hilflos, auch wenn ich mich manchmal so fühle. Ich habe dazugelernt und bin mit anderen Menschen verbunden. Unter die Bettdecke kriechen ist also keine Option. Dein Fahrlehrer hatte recht. Aufs Gas treten ohne Spiegelarbeit ist viel zu riskant. Toll, dass Du Dich an seinen Standardspruch erinnerst.

In meinem Kindheitsrückspiegel taucht gerade etwas auf: Wie oft hob mich mein Papa auf seine Schultern, wenn ich nicht mehr laufen konnte. Er trug mich zielsicher nach Hause. Oder meine Mama versorgte fürsorglich meine blutenden Wunden. Stell Dir vor, einmal spielte ich »Rasendes Wildschwein« auf einem Gartenstuhl und fiel dabei fürchterlich auf die Nase. Das gab böse Verletzungen. Während ich von meiner Mama verarztet wurde, wollte ich doch lieber wieder das kleine, ruhige Mädchen sein anstatt ein Tier im Wald. Warum mir das gerade jetzt einfällt? Keine Ahnung. Vielleicht, weil so viele Menschen sich in Rage reden und schreiben. Vielleicht, weil wir alle jemanden brauchen, der unsere Wunden verbindet. Ich will nicht, dass jemand auf die Nase fällt. Gleichzeitig wünsche ich mir endlich wieder Ruhe in unserer Gesellschaft. Ob sie jemals kommen wird?

Die Kindheit schwingt mit und treibt uns an. Das ist bei uns allen so. Nur bei allen anderen ahnt man ja nicht, was sie umtreibt. Ob sie selbst darüber nachdenken? Vielleicht können wir einfach anfangen, uns darüber auszutauschen. Ich wäre so gespannt, wo uns dieses Experiment hinführt. Ich hoffe, zu mehr Goldrand.

Während Du meinen Brief liest, streicht vielleicht euer gelber Kater schnurrend um Deine Beine. Auch das sind »carpe-diem«-Momente, die es zu genießen gilt ... Streichle Euren Kater von mir. Kannst ihm ja erzählen, dass ich schon als Kind das Schnurren der Katzen liebte.

Deine Christina

2. WURZELN UND FLÜGEL

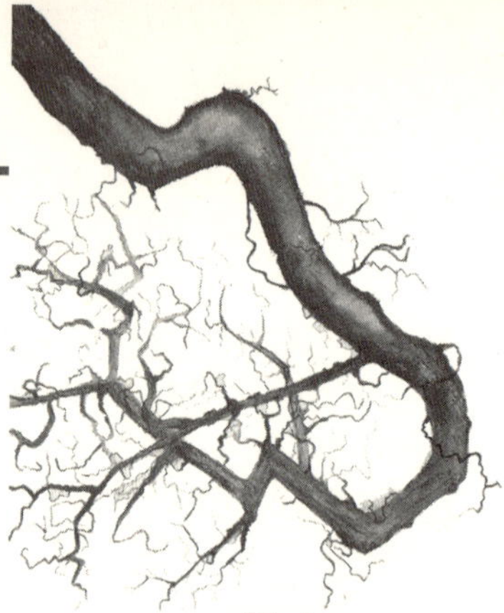

2.1 Liebe Christina!

25. Januar

Danke für Deinen Brief und für die wundervolle Idee mit dem Hin- und Herschreiben! Früher hab ich viel und gerne Briefe geschrieben, aber heute ist man doch mit Mails und Handy-App viel schneller und unmittelbarer in Kontakt. Als ich gerade Deinen liebevoll beklebten Umschlag im Briefkasten fand, fiel mir erst wieder ein, wie schön ein analoger Briefwechsel ist.

Deine Fragen haben etwas in mir angerüttelt oder besser gesagt aufgeschüttelt. Das Thema mit den Kindheitserfahrungen begleitet mich auch schon länger. Wie sehr wir doch geprägt sind von unserer frühen Vergangenheit! Im Geiste sehe ich mich im Matrosenkleidchen und den roten Zopfspangen in die Pfützen hüpfen. Geht es Dir auch so, dass Du Dich eigentlich immer noch genauso fühlst? Ich denke manchmal, ich bin immer noch die Valle von damals. Nur jetzt in einem groß gewordenen, älteren Körper. Dann gucke ich mich im Spiegel an und frage mich, ob sie noch zu mir passt. Ob sie mir noch ähnlich ist. Findest Du das seltsam? Eigentlich mochte ich sie gern, die Kleine. Sie war zu schüchtern, das schon. Aber sie hatte ein weiches Herz und viele bunte Flausen im Kopf. Wenn ich daran denke, wie wir meiner Puppe die Haare geschnitten haben (fast hätte sie gebrannt, nachdem ich sie direkt unter die Schreibtischlampe gesetzt hatte!) oder wie wir unsere eigenen Hörspiele erfunden und aufgenommen haben! Noch heute muss ich lächeln, wenn ich an das sommersprossige Gesicht meiner kleinen Schwester denke, die immer die Mama sein wollte beim »Vater, Mutter, Kind«-Spiel. Ich war gern das Kind. Da konnte ich den ganzen Unsinn machen, der in der Wirklichkeit verboten war.

Ja, aber wahrscheinlich meintest Du mit Kindheitserfahrungen eher die schwierigen und herausfordernden Tage? Wenn ich ehrlich bin, denke ich nicht so gern daran. Auf dieses schwirrende, verwirrende Gefühl im Bauch könnte ich gern verzichten. Interessant, dass Du schreibst, dass wir nicht von unseren Gefühlen gelenkt werden, sondern dass sie unbewusst von uns in eine bestimmte Richtung gesteuert werden. Heißt das etwa, dass wir uns unsere Kindheitsgefühle immer wieder neu »machen«? Wenn ich Dich richtig verstehe, wären wir dann selbst verantwortlich für unsere Emotionen. Ich bin gespannt, wo diese Fragen uns hinführen werden, liebe Freundin. Vielleicht hast Du manche Antworten schon gefunden, auf die ich noch warte und andersherum. Aber ich bin überzeugt davon, dass Fragen viel mehr Entwicklungspotenzial haben als Hochglanz-Antworten. Darum, ja – Du darfst gerne viele Fragen stellen. Das kannst Du ja so gut! Und ich versuche behutsam zu sein mit dem Drang, sie schnell zu beantworten.

Sicher kennst Du es, das folgende berühmte Zitat. Auch wenn es oft Goethe zugeschrieben wird, ist der Autor wohl unbekannt: »Zwei Dinge sollen Kinder von ihren Eltern bekommen: Wurzeln und Flügel.« Was hat in Deiner Kindheit überwogen? Die Wurzeln oder die Flügel?

Wenn man sich das bildlich vorstellt, dann merkt man doch, dass das schier unmöglich ist! Wie soll etwas, das tief verwurzelt ist, sich in die Lüfte schwingen? Als ich zum ersten Mal Mutter wurde, schrieb mir jemand diesen Spruch auf eine Glückwunschkarte. Ich weiß noch, dass ich damit nicht viel anfangen konnte. Soll ich mein Kind nun festhalten oder loslassen? Nach den ersten Wochen wurde mir schmerzlich bewusst, dass man viel schneller mit dem Loslassen anfangen muss, als es mir lieb war! Ich wollte meinen Kindern vor allem ein sicheres Nest bieten, in dem sie geborgen und geschützt vor der großen, bösen Welt aufwachsen konnten. Gleichzeitig freute ich mich über jeden Entwicklungsschritt und sehnte den ersten Zahn herbei und damit die langsame Umstellung von der Brust zum Brei. Dann kam die Krabbelphase und kurze Zeit später konnte mein Kind schon an der Hand die ersten wackeligen Schritte gehen! Waren Deine Kinder auch im Kindergarten? Das war das erste richtig krasse Loslassen, finde ich. Aber ich wusste ja, dass es neben der Geborgenheit in einem zuverlässigen Zuhause genauso wichtig ist für Kinder, dass man ihnen etwas zutraut und sie ermutigt, sich Freiräume zu erobern.

Aber ich schweife ab. Deine Frage drehte sich ja um uns heute, nicht wahr? Um unsere eigenen Kindheitserfahrungen und wie sie uns in der Gegenwart unbewusst beeinflussen. Du kennst mich ja ein bisschen. Wenn mich ein Thema beschäftigt, dann werden aus den Wortspielen oft Töne oder Zwischenzeilen. So war es auch heute Nacht. Auf einmal war sie da, die erste Zeile zu einem Gedicht über Wurzeln und Flügel. Ich schicke es Dir im Umschlag mit und hoffe, dass es Dir vielleicht gefällt.

Ganz herzliche Grüße sende ich Dir und bin gespannt auf Deinen nächsten Brief!

Deine Valerie

Loslassen

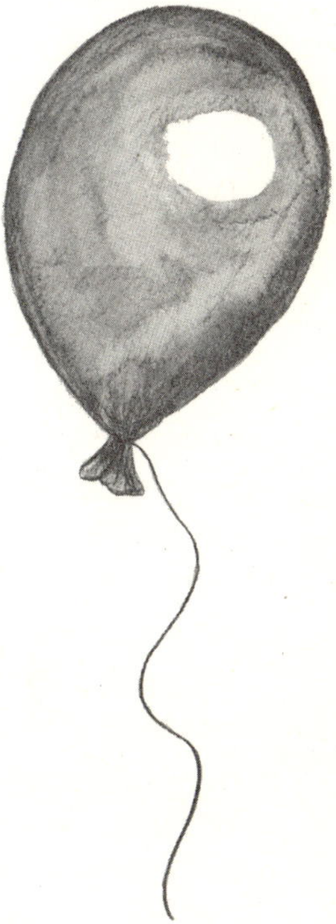

Den will ich haben, den Himbeerroten,
besitzerstolzgeschwellte Brust,
prall gefüllt mit Heliumodem
und aufstrebender Lebenslust.

Fröhliches Hüpfen an knapper Leine,
zügle den Entdeckerdrang.
Zöglinge haben kurze Beine,
drum halte gut fest ein Leben lang.

Die leuchtende Farbe wird langsam matter,
der Traum von himmelhoch verblasst.
Nur ab und an noch ein leises Flattern,
der große Flug – er ist verpasst.

Den will ich haben, den Himbeerroten,
den halt ich fest, bleib brav an der Hand.
Es gibt doch nichts Traurigeres als diese toten
verrunzelten Ballone am Band!

2.2 Liebe Valerie, 29. Januar

da flattert das Bild vom himbeerroten Ballon in meine Welt. Und ob ich es mag, Dein Gedicht! Was alles durch Deinen Kopf geht, während andere schlafen. Sie ist ein Schatz, Deine Fähigkeit, in Bildern zu denken und zu sprechen!

Ich sehe die Kleine vor mir – ihre Spannung, ihr Glück, ihre Freude. Die Angst loszulassen und ihre Enttäuschung nach dem verpassten Moment. Nach solchen Erfahrungen wird doch ein Kind meist klüger für das nächste Mal, oder? Ich stelle in Gedanken einen Erwachsenen dazu, der das Kind liebevoll tröstet, es für die nächste Gelegenheit stärkt. Der sagt: »Trau dich! Lass los!« Wie viel es doch zu lernen gilt für das Leben ...

Das Zitat über Wurzeln und Flügel kenne ich auch. Vielleicht ist es so bekannt und berühmt geworden, weil genau diese Doppelsinnigkeit sich einprägt. Nicht: Wurzeln und Blätter. Oder Federn und Flügel. Die Psychologie spricht ja heute von Bindung und Entwicklungsmöglichkeiten. Oder davon, dass Kinder dazugehören wollen und eine eigene Rolle spielen. Das passt für mich zu Wurzeln und Flügeln.

In Kartenaufstellern vor Buchläden entdeckt man das Zitat auch immer wieder. Ich mag es, dort zu stöbern. Die Sprüche und Zitate, die dort zu finden sind, spiegeln doch recht gut, was an Lebensgefühl gerade unterwegs ist. Das Zitat über Wurzeln und Flügel klingt total modern. Man könnte es auch als Wandtattoo anbringen. Im Wohnzimmer? Im Kinderzimmer? Doch das wäre mir zu viel.

Du fragtest, was bei mir stärker war, Wurzeln oder Flügel. Ich glaube, es waren die Wurzeln. Zu wissen, wohin ich gehöre. Wo mein sicherer Standort ist und wer neben mir steht. Eben fällt mir etwas auf: Meine Wurzeln wurden gut genährt. Gewässert und gedüngt. Der Boden rundherum gelockert. Ja natürlich, manchmal trampelte auch jemand darauf herum. Doch das waren die Ausnahmen.

Im Grunde können Eltern ihren Kindern gar keine Wurzeln geben. Sie können nur den Boden bereiten, damit das Kind selbst seine Wurzeln ausstreckt, sie vertieft und kräftigt. Es gibt ja ganz verschiedene Wurzeln. Pfahlwurzeln und die flachen, weitverzweigten. Bestimmt erspürt ein Kind, welche Art von Wurzeln es auf diesem Familienboden ausbilden kann. Eine Pflanze passt sich an ihre Umgebung an und ein Kind an sein System. Das ist schon spannend, wie vielfältig ein solches Zitat die Gedanken in Bewegung bringt. Irgendwie glaube ich, gute Ideen hat man nie einfach aus sich selbst heraus. Von irgendetwas werden sie angestoßen und fließen dann weiter.

Und Du, meine poetische Freundin? Siehst Du das kleine Mädchen mit dem himbeerroten Ballon von außen, wenn Du es so lebendig beschreibst? Oder stehst Du selbst an seinem Platz? Und wie war es bei Dir mit Wurzeln und Flügeln?

Als Kind in Ostdeutschland hatte ich nur kleine Flügel, doch überraschenderweise sind sie später noch weitergewachsen. Aber das schreibe ich Dir ein anderes Mal. Mag sein, dass in einem sozialistischen System die eigenen Wurzeln in der christlichen Familie umso wichtiger waren. Während ich das schreibe, durchflutet mich die Dankbarkeit.

Bis hoffentlich bald,
Deine Christina

2.3 Liebe Freundin mit den Stummelflügeln. 😉 3. Februar

über Deine Aussage mit dem Nachwachsen derselben musste ich lächeln. Was für eine schöne Vorstellung, dass es möglich ist, einen im wahrsten Sinne des Wortes zu kurz gekommenen Aspekt des Lebens noch nachreifen zu lassen! Ich bin gespannt, wenn Du davon mehr erzählen wirst.

Aber zuerst noch einmal zu Deinem Briefanfang: Das ist ja interessant, was Du aus meinem Gedicht herausliest! Ich denke an meine Deutschlehrerin mit den kurz geschorenen blonden Haaren und dem vornehmen Doppelnamen zurück. Wie oft hat sie gefragt: »Was will uns der Autor damit sagen?« Und wie oft habe ich gedacht, dass ihre Meinung doch auch nicht immer die einzige Wahrheit sein muss. Das ist übrigens ein spannendes Thema: Was ist Wahrheit und was ist das, was ich für die Wahrheit halte? Gerade Lehrer und Eltern geben häufig ihre Sicht der Welt so weiter, als sei es die einzig wahre.

Aber ich wollte ja gerade erläutern, was ich mit dem Gedicht eigentlich sagen wollte und warum ich so überrascht bin, dass

Du scheinbar mühelos eine weitere, kostbare Ebene darin gefunden hast. In meiner Vorstellung ist »die Kleine«, die den Luftballon in der Hand hält, eine Mutter oder ein Vater. Sie bekommen ein wunderschönes, frisches Geschenk, wenn ein Kind in ihre Obhut gegeben wird! Es ist bis an den Rand gefüllt mit Schöpferatem, der in die Weite zieht. Aber sie stehen in der Gefahr, das Kind so sehr zu »lieben«, dass sie es festhalten wollen. Aus der Angst heraus, dass dem Kind etwas passieren könnte, geben sie ihm zu wenig Freiraum. Das Kind in dem Gedicht hat seine Flügel zu wenig benutzt. Sie wurden gestutzt. Darum auch das traurige Ende mit dem verrunzelten Ballon am Band, der niemals das tun konnte, wozu er geschaffen wurde: fliegen!

Und dann kommt Dein Brief mit diesem hoffnungsfrohen Nebensatz über die Flügel: »... doch überraschenderweise sind sie später noch weitergewachsen.« Manchmal sind Nebensätze die Hauptsätze! Du denkst also, dass Flügel im Nachhinein entwickelt werden können? Vermutlich stimmt das Gleiche auch für Wurzeln. Das ist eine sehr tröstliche Vorstellung. Es entlastet mich als Mutter, sagt es doch, dass unsere Kinder sich auch dann gut entwickeln können, wenn etwas nicht perfekt für sie gelaufen ist (und es läuft ja NIE perfekt).

Meinst Du, dass genau das auch auf unser inneres Kind zutrifft? Denkst Du, dass wir der Kleinen, die wir gewesen sind, im Nachhinein noch helfen können, tiefere Wurzeln und stärkere Flügel zu bekommen? Indem ich diese Fragen aufschreibe, legt sich ein zuversichtliches Lächeln auf mein Gesicht. Ja, so muss es sein! Die Hoffnung lebt eben doch zuletzt. Ich sei »hoffnungslos optimistisch«, hat mir jemand mal augenzwinkernd gesagt. Dabei bin ich von meinem Typ her eigentlich ziemlich melancholisch. Aber irgendwann habe ich beschlossen, glücklich zu werden. Nicht trotz meiner Vergangenheit, sondern mit ihr.

Nach solch einem Satz passt wohl ein Punkt. Für heute lass ich es so stehen und freue mich, dann wieder von Dir zu hören.

Nur das noch schnell: Wie geht es dem gierigen Eichhörnchen – war es wieder einmal zu Besuch auf Eurem Balkon?

Liebste Grüße sendet Dir
Valerie

2.4 Liebe Valerie, 10. Februar

sobald ein Brief von Dir ankommt, möchte ich am liebsten sofort antworten. Wie bei unseren echten Begegnungen, wenn ein Gedanke den nächsten hervorlockt. Was bin ich froh, dass dies auch per Brief gelingt.

Danke, dass Du so gelassen mit meiner Interpretation Deines Gedichtes umgehst. Wie gut, dass ich Dich gefragt habe! Wobei – meine Frage traf ja schon im Ansatz nicht das, was Du wirklich meintest. Deshalb bin ich froh, dass Du mir Deine Gedanken erklärt hast.

Ein Kind lieben, beschützen, unterstützen – und unbemerkt festhalten. Davon sind wir Mütter und Väter wohl alle nicht ganz frei, auch wenn wir uns darum bemühen. Pädagogen und Psychologen sagen, dass Verwöhnung einem Kind ebenso schadet wie Vernachlässigung. Doch wo hört Liebe auf und fängt Verwöhnung an? Oder wann fühlt sich ein Kind vernachlässigt?

Wie die Interpretation eines Gedichtes ganz unterschiedlich sein kann, ist es auch das Empfinden einer persönlichen Geschichte. Vielleicht würden unsere Eltern etwas ganz anderes über unsere Kindheit sagen als wir selbst. Und unsere erwachsenen Kinder wiederum interpretieren ihre Kindheit anders als wir.

Natürlich wollten wir ihnen Wurzeln und Flügel geben. Wer wünscht es sich nicht, genau das zu fördern? Ob es gelungen ist, beides wachsen zu lassen, müssten die Kinder selbst eines Tages beantworten. Auch bei uns lief es alles andere als perfekt, liebe Valerie. Mit dem Wissen von heute könnten wir manches anders machen und ihr bestimmt auch.

Doch Deine Bemerkung weitet mein Herz. Ja, Wurzeln und Flügel, sie reifen nach. Ich will es hoffen und erbeten für alle, die es brauchen. Wie gerne möchte ich auch meine innere Kleine dabei unterstützen. Sie ist ja nicht starr, sondern weich und empfindsam. Wenn sie erst einmal erkennt, dass die Veränderung guttut, ist sie sicher dabei. Denn sie will ihre Flügelchen nutzen. Nur mag sie es nicht, sich gedrängt zu fühlen.

Für ein gelingendes Leben brauchen wir Gottvertrauen und Selbstvertrauen. Das sage ich so gern und auch immer wieder. Diese Kombination ist der gesündeste Humus, der beste Nährboden. Wenn wir in Gottvertrauen und Selbstvertrauen investieren, lässt das Wurzeln wachsen. Und Flügel breiten sich wie von allein aus. Wer weiß, vielleicht gibt es sogar Wachstumsschübe?

Doch dann passt so manches nicht mehr, was vorher wie angegossen saß. Aus manchem werden wir rauswachsen und es hinter uns lassen. Wie die trockene Schlangenhaut oder den seidenen Kokon. Genau – warum dachte ich immer an Vogelflügel und nicht an die des Schmetterlings? Dessen Flügel sind jedenfalls plötzlich da, wenn es an der Zeit dafür ist.

Unser Eichhörnchen hat wieder den Blumenkasten durchwühlt. Erstaunt stelle ich fest: Es ärgert mich gar nicht. Dem putzigen Tierchen gebe ich Narrenfreiheit. Dafür erteilt es mir kleine Lektionen: unbesorgt und fleißig das Tagesgeschäft erledigen, immer schön beweglich bleiben, unkonventionelle Orte suchen und großzügig verteilen, was man hat. ☺

In diesem Sinne eine gute Woche Dir, liebe Freundin. Sei behütet!

Deine Christina

Tiefer graben

Gottvertrauen – Haltung des Vertrauens und des Sichanvertrauens

Es ist die Lebensgrundhaltung eines Menschen, der sich dafür entschieden hat, Gott als dem Vater im Himmel zu vertrauen. Das schließt persönliche Belange ebenso ein wie das Geschehen in der Welt.

Von uns wird es verwendet im Sinne von: »Gott meint es gut mit mir und der Welt. Er wird mich niemals im Stich lassen. Seine Gedanken sind größer und weiser als alle meine eigenen Gedanken und Vorstellungen vom Leben. In Jesus Christus und durch seinen Heiligen Geist steht er mir zur Seite. Auch wenn das manchem naiv erscheinen mag, halte ich daran fest, dass Gott tatsächlich vertrauenswürdig ist.«

Wie sich die Tragfähigkeit des Gottvertrauens in einer Extremsituation bewähren kann, zeigte uns der evangelische Theologe Dietrich Bonhoeffer. Er dichtete während seiner Haft aufgrund des Widerstandes gegen die Nationalsozialisten das berühmte Lied: »Von guten Mächten wunderbar geborgen, erwarten wir getrost, was kommen mag. Gott ist mit uns am Abend und am Morgen und ganz gewiss an jedem neuen Tag.«

Selbstvertrauen – Ich traue mir selbst etwas zu

Es wirkt sich massiv auf die Bewältigung des Alltags aus, ob eine Person sich vorrangig mit Selbstzweifeln quält oder ob sie gesundes Selbstvertrauen hat. Gemeint ist damit eine gewisse innere Stärke, die sich im Vertrauen in sich selbst und die eigenen Fähigkeiten zeigt. Ein Mensch mit Selbstvertrauen kennt seine Stärken und Schwächen. Er befindet sich nicht ständig im Kampf mit sich selbst, sondern kennt seine Bedürfnisse und kann sie angemessen ausdrücken. Er traut sich zu, in Kooperation mit anderen die Herausforderungen des Lebens zu bewältigen, und entwickelt selbst unter Belastungssituationen Mut.

Wer dankbar wahrnimmt, was er in seinem Leben alles schon gemeistert hat, kann auf diese Weise sein Selbstvertrauen stärken.

2.5 Liebe Christina! 14. Februar

So, so, da hat dieses Eichhörnchen schon wieder Deinen Blumenkasten durchwühlt? Hattest Du Deine berühmten Tulpenzwiebeln schon drin, die es angelockt haben, oder wollte es vielleicht seine Eicheln und Nüsse darin ausgraben? Vielleicht wirst Du im Frühjahr mit kleinen Haselnusskeimen und Eichenbäumchen für Deine Nachsicht belohnt.

Um gleich bei dem Gärtnerbild zu bleiben: Vertrauen als gesunder Humus für menschliche Zöglinge – das passt zu Dir! Ich denke, wo Kinder gesättigt sind mit Vertrauen, entwickeln sie sich gut. Sie haben erlebt, wie es ist, dass ihre Bedürfnisse gesehen werden. Sie wurden versorgt mit Schutz und Nahrung, mit Aufmerksamkeit und Anerkennung. In solch einer Umgebung kann man in die Tiefe wurzeln und seine Flügel zum Flugtraining entfalten. Dass Du dabei von Gottvertrauen und Selbstvertrauen sprichst, hat mich zuerst überrascht. Doch bei näherem Betrachten gefällt mir das sehr gut. Es rührt etwas in meinem Herzen an.

Du fragst ja nach meinen Wurzeln und Flügeln. Lange Zeit dachte ich, dass sowohl meine Wurzeln als auch meine Flügel sehr zu wünschen übrig lassen. Dabei ging es mir gar nicht so um die Schuldfrage, wer dafür die Verantwortung trägt. Ich dachte einfach, dass Gott mich übersehen hätte, als er Begabungen verteilte. Es fühlte sich so an, als ob es sich nicht gelohnt hätte, in mich zu investieren. Ich frage mich, ob es schwierig für mich war, Selbstvertrauen zu entwickeln, weil mein Gottvertrauen so klein war oder, besser gesagt, mein Glaube an seine bedingungslose Liebe? Aber auch in dieser Beziehung stimmt dieser Satz mich zuversichtlich: Die Hoffnung lebt zuletzt! Beides durfte mit der Zeit stärker werden!

Schön auch, dass Du das Bild von dem Schmetterling erwähnst! Den habe ich tatsächlich ebenfalls vor Augen beim Thema »Flügel«! Es beflügelt mich geradezu, dass auch Kokonzeiten für etwas gut sind. Dort, im Kokon hängend, scheint die Zeit einfach stillzustehen. Fühlbar wird die Luft immer dünner und der Raum enger. Sichtbar passiert nichts. Nichts ist schlimmer als nichts! Und doch wird etwas unsichtbar schon vorbereitet, reift im Verborgenen heran. Weißt Du, dass Deine Gedanken mich begleitet und zu einem Gedichtchen angeregt haben? Ich schenk es Dir:

Kein Grab

Und doch so dunkelstill
kein kühnes Seelenschimmern
im Schattenland summt sorgenmatt
ein blankes Sehnsuchtswimmern

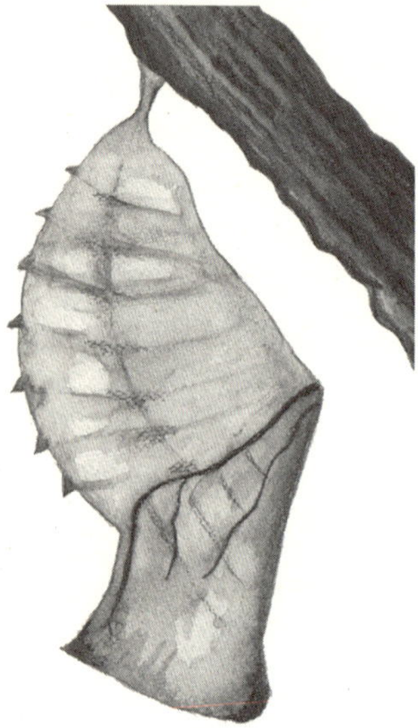

Von Schneeglöckchen ein Lied so lind
nach winterkaltem Klagen
und wolkenschwanger weht ein Wind
an sturmzerzausten Tagen

Aus Enge flieht durch Wehenkraft
noch wundertrunken taumelnd
ein Himmelsstürmer-Schmetterling
und sein Kokon, der baumelt

Und bleibt als Hülle leer zurück
als Denkmal für das Hoffen
als tief beschwingtes Mutterglück:
der Ausgang steht weit offen

JA, liebe Freundin, ich wünsche Dir sichtbare Flügelschlagmomente heute! Und unsichtbare Vorfreude auf das, was noch reift und in Zukunft fliegen will. Ich wünsche Dir Seelenweite und freie Gedanken und das tiefe Wissen um Licht, wo es gerade dunkel ist in Deiner Herzkammer.

Ich umarme Dich,
Deine Valerie

Dein letzter Brief hat – wie es so oft mit Deinen Gedanken und Worten der Fall ist – mein Herz erreicht. Sichtbare Flügelschlagmomente wünschtest Du mir. Und über allem baumelte der leere Kokon. Welch symbolträchtiges Bild, ich sehe es förmlich vor meinem inneren Auge. Diese Metapher wirkt wie eine kleine Verheißung.

Du schreibst: »Nichts ist schlimmer als nichts.« Das stimmt, so empfinden wir es oft. Vor allem, wenn jemand in seinem Leben feststeckt und sich keine Veränderung zeigt. Mit dem Kokon im Hinterkopf könnte man das »Nichts« auch anders betrachten. Der geistliche Autor Tomas Sjödin schreibt solch wunderbare Sätze wie diesen: »Auch wenn ich nichts tue, geschieht etwas.«[2] Dieser Satz macht mich nachdenklich. Und erwartungsvoll. Wer vermag schon zu sagen, was gerade wächst und reift? Dieses Zutrauen hat etwas. Und da leuchtet es auch schon wieder auf, das Gottvertrauen. So wie der Schöpfer die wundersame Verwandlung für die Entwicklung eines Schmetterlings vorgesehen hat, darf auch bei uns Menschen einfach mal Stillstand sein, Rückzug und Verpuppung. Ein Klärungsprozess. Und wenn die Zeit dafür reif ist, kann etwas Neues beginnen. Jemand fliegt los. Jemand wacht auf, steht auf, beginnt zu strahlen und sich zu bewegen. Vielleicht beginnt es kaum hörbar, so wie Schmetterlinge schweben. Doch habe ich die zarten Flügelschläge eines Schmetterlings tatsächlich auch schon gehört, während ich auf einer Bank saß. Welch atemberaubender Moment.

Genauso großartig ist es, Menschen zu erleben, die in ihrem Selbstvertrauen und Gottvertrauen gewachsen sind. Mit Selbstvertrauen meine ich diese grundsätzliche Gewissheit, die Fähigkeiten zur Bewältigung meines Lebens mitzubringen. Sie anwenden zu können und auszubauen. Kein Schmetterling oder Vogel würde überlegen, ob ihn seine Flügel auch wirklich tragen. Er breitet sie einfach aus und fliegt los. Ein Mensch aber kann schon ins Zweifeln kommen. Und gerade diese Grübeleien machen es dann umso schwerer. Selbstvertrauen ist ungemein wichtig, um sich ins Leben einzubringen, Kontakte aufzunehmen, zu teilen, was jemand hat, und dabei Kooperation und Nähe zu erleben.

Weißt Du, liebe Valerie, am liebsten stelle ich mir die Kombination von Selbstvertrauen und Gottvertrauen immer wie zwei Beine vor. Keines davon sollte zu kurz sein, damit es sich gut laufen lässt. Wenn ich nur Selbstvertrauen hätte ohne Gottvertrauen, wäre etwas schief. Mir würde dieser tiefste Halt fehlen. Die Zuversicht, dass mein Leben mehr ist als nur eine Anhäufung von Zufällen. Ich wüsste nicht, wofür ich lebe. Und meine Endlichkeit würde mich vermutlich peinigen. Stell Dir vor, all die göttlichen Geheimnisse, über die wir so gern sprechen, wären dann kein Thema für uns. Doch wenn ich nur Gottvertrauen hätte ohne Selbstvertrauen, würde ich keine Verantwortung mehr übernehmen. Ich würde alles an Gott delegieren und dabei immer unsicherer werden. So kann es doch nicht gedacht sein, oder was meinst Du? Immer wieder treffe ich auf Christen, die so instabil in ihrem Selbstvertrauen sind und meinen, mit mehr Gottvertrauen ließe sich das kompensieren. Doch meine Beobachtung ist, dass das so nicht funktioniert.

Wurzeln und Flügel brauchen tatsächlich beides: Gottvertrauen und Selbstvertrauen. Ohne dass wir es genau auseinanderdividieren könnten, dürfen wir unsere Wurzeln in den Boden der göttlichen Gnade tief hineinwachsen lassen und gleichzeitig im Selbstvertrauen wurzeln. Und dann mit dieser Lebens- und Glaubenskraft losfliegen. Wie in dem Bibelvers, den Du mir kürzlich per WhatsApp geschickt hattest: »Die aber auf den Herrn hoffen, empfangen neue Kraft, wie Adlern wachsen ihnen Flügel. Sie laufen und werden nicht müde, sie gehen und werden nicht matt.« (Jes 40,31, nach der Einheitsübersetzung)

Wohin sollten wir denn fliegen, liebe Valerie, wenn nicht ins Leben??? Es tut so gut, dabei nicht allein zu sein.

Herzlichst,
Deine Christina

PS: Meine »Stummelflügel« sind übrigens dadurch nachgewachsen, dass ich sie einfach in den Wind gehalten habe. Damals nach der Wende, als es plötzlich viel mehr Möglichkeiten gab, als wir sie bisher hatten. Oft schubste mich mein wagemutiger Mann ein wenig an, bis ich mir selbst immer mehr zutraute.

2.7 Liebe Christina! 1. März

So viele »bemerkens-werte« Gedanken, meine kluge Freundin! Deinen Brief habe ich gleich zweimal hintereinander gelesen, damit mir nichts durch die Lappen geht. Wie sehr trösten mich diese Kokon-Worte: »Auch wenn ich nichts tue, geschieht etwas.« Und dann erst Deine Frage: »Wohin sollten wir denn fliegen, liebe Valerie, wenn nicht ins Leben?« Ja, das ist so wahr – wohin sonst? Genau dieses Bestreben ist in uns allen tief verwurzelt: der Wunsch, ins Leben zu fliegen! Wären da nicht die ungünstigen Umstände, Verwundungen, Beschämungen, die unser aller Flügel gestutzt hätten! Der eine kommt besser darüber hinweg als der andere, denke ich. Ich kann alle verstehen, die verängstigt lieber im offenen Käfig sitzen bleiben, als sich im Himmel zu erden.

Und dennoch (hatte ich Dir eigentlich gesagt, dass *dennoch* eines meiner Lieblingsworte ist?): Auch die mit den gestutzten Flügeln und abgerissenen Wurzeln haben die Möglichkeit nachzureifen (hab ich von einer klugen Freundin gelernt 😉). Vor ein paar Tagen habe ich einige interessante Details zum Thema »Anzuchterde« gelesen. Du kennst ja unser kleines Gewächshaus. Noch halten die Hortensien dort in ihren Kübeln Winterschlaf, aber bald wollen wir anfangen mit den neuen Sämereien. Ja, und dann erfuhr ich in dem Artikel, dass Anzuchterde nicht besonders reichhaltig, sondern besonders karg ist! Das hat mich wirklich erschüttert, denn man möchte die Kleinen doch ganz besonders gut versorgen mit allem, was sie brauchen! Du merkst schon, dass ich es gleich in mein Leben übersetzt habe. Und dann habe ich mich hingesetzt und meiner Betroffenheit Worte verliehen:

Anzuchterde

Märzerwärmende Tage!
Während draußen der Boden friert,
beschlagen die Scheiben.
Hier drinnen passiert ein Wunder!
In kleinen Töpfen treiben
in stillschweigender Zwischenzeit Keime.
Wollen hoch hinaus
und tief hinein,
wurzeln in Vergangenheit.

Mein Hoffen war,
dass die Blätter, die mir die Welt bedeuten,
unter meinen Fittichen alles haben,
was sie brauchen,
eintauchen in gute Anzuchterde eben.
Sich laben an Nährstoffen:
ein leichter Start ins Leben!

Und dann lerne ich,
dass Anzuchterde karg ist,
damit das Wurzelbaby nicht vergisst,
sich selber zu dehnen und zu strecken,
sich mit eigener Kraft in die Tiefe zu recken.
Dem Lebenssaft entgegenzusehnen.

Irgendwie ernüchternd,
Anzuchterde zu sein.
Und gleichzeitig befreiend!
Ich muss nicht alles geben,
ich kann es nicht allein!
Himmelhoch schreiend
wächst der Keim zum Leben.
Und ich?
Auch ich darf meinem Werden
vor langer Zeit verzeihn
und meine Wurzeln weiter erden.

Man würde doch jedem Kind wünschen, gesegnet zu sein mit einem weitverzweigten Wurzelballen. Wenn die Keimzelle des Lebens auf guten Boden gefallen ist, konnte sie wahrscheinlich recht schnell viele Wurzeln bilden. Für diejenigen aber, die auf hartem, felsigem Boden einen herausfordernden Start ins Leben hatten, gibt es dann diese wirklich gute Nachricht: Wir können das Wachstum der Wurzeln unseres inneren Kindes rückwirkend positiv beeinflussen. So habe ich Dich jedenfalls verstanden, Christina. Und das bestätigt die Biologie: Je mehr der Keim seine Wurzeln in die felsige Tiefe recken musste, um ans Grundwasser zu kommen, desto fester wird der Baum wahrscheinlich stehen. Er hat gelernt, auch unter schwierigen Umständen zu überleben. Ein sandiger, leichter Boden mag gnädiger erscheinen, aber vielleicht verwöhnt er das Kleine sogar?

Oder andersherum: Ich denke an eine liebe Freundin, die einen wirklich herausfordernden Start ins Leben hatte, und heute leitet sie eine Theaterarbeit für Geflüchtete. Weil sie weiß, wie es sich anfühlt, fremd zu sein, hat sie ein tolles Gespür für Menschen entwickelt und ist so etwas wie eine Oma für viele der jungen Migranten geworden.

Mit diesen nachdenklichen Zeilen verabschiede ich mich für heute. Irgendwie bin ich getröstet worden bei dem Gedanken daran, dass nicht alles in der Kindheit perfekt gewesen sein muss, um dennoch zuversichtlich im Heute zu leben.

Kannst Du Dir vorstellen, dass ich heute die ersten Kraniche über uns am Himmel gehört habe?! Es ist eigentlich doch noch zu früh im Jahr, oder? Aber das war vielleicht ein Glücksgefühl, sag ich Dir! Der Winter kann nicht endlos sein, er wird auch dieses Jahr dem Frühling weichen. So wünsche ich Dir märzerwärmende Vorfrühlingstage und drücke Dich aus der Ferne.

Deine Valerie

Liebe Leserin, lieber Leser,

an diesem Punkt laden wir Dich ein, innezuhalten und ein paar persönliche Fragen in Deinem Kopf und Herzen zu bewegen. Nimm Dir ruhig Zeit, bevor Du weiterliest. Dadurch können die angerissenen Themen in Dir nachklingen und eine individuelle Wirkung entfalten. Danke, wenn Du Dich auf diesen Prozess einlässt.

SELBSTREFLEXION

Fragen:

❖ *Kannst Du den Goldrand an Deinem Leben schon erkennen? Wie sieht er aus? Vielleicht ist er klar und strahlend, vielleicht eher matt und brüchig. Egal, wie er beschaffen ist, die Hauptsache: Du beginnst ihn wahrzunehmen.*

❖ *Welche Erfahrungen in Deinem Leben sind ausgesprochene »Kairos-Momente« gewesen?*

❖ *Aus welchem Kokon hast Du Dich in der Vergangenheit schon befreien können? Könnte Dich diese Erfahrung ermutigen, auch einer augenblicklichen Kokonzeit Geduld entgegenzubringen?*

❖ *In Bezug auf was wünschst Du Dir, beflügelnde Freiheit zu erfahren? Wovon würdest Du träumen, wenn Träumen erlaubt wäre? Auf wessen Erlaubnis wartest Du, obwohl Du weißt, dass Du längst selbst entscheiden darfst?*

❖ *Wir finden, es wäre an der Zeit, dass Du die Wachstumsleistung Deiner Wurzeln zu würdigen beginnst. Du und Deine Wurzeln, Ihr habt diese Wertschätzung beide verdient.*

❖ *Wenn Du noch weiterdenken magst: Mit welchem Inhalt ist für Dich das Wort »Gottvertrauen« verbunden? Kannst Du eine Geschichte dazu erzählen, in der Du es erlebt hast? Gab es einen Punkt in Deinem Leben, an dem Dein Gottvertrauen Schram-*

men bekam? Oder ist es Dir völlig fremd? Die Entscheidung, darauf zu vertrauen, dass Gott Dich nie im Stich lässt, kannst Du jederzeit neu treffen. Dieses Gottvertrauen kann wachsen wie ein kleines Samenkorn.

❖ *Wie stark oder schwach schätzt Du Dein eigenes Selbstvertrauen ein? Sichtbar wird es beispielsweise an folgenden konkreten Fähigkeiten: Wünsche äußern können * Komplimente annehmen können * Nein sagen können * Sich Fehler erlauben * Mit Kritik umgehen können * Kontakte knüpfen können * Seine Meinung hörbar sagen * Bedürfnisse ernst nehmen * Sich über eigenen Erfolg freuen*[3]

❖ *Wenn Du Freude daran hast, zeichne Dir hier in der Skizze eine Skala von 1 bis 10. Markiere mit zwei unterschiedlich farbigen Punkten, wo Du heute stehst im Hinblick auf Gottvertrauen und Selbstvertrauen. Nach einiger Zeit – vielleicht auch nach der Lektüre dieses Buches – kannst Du nachschauen, ob Du diese Punkte neu, an anderer Stelle der Skala, einzeichnen möchtest.*

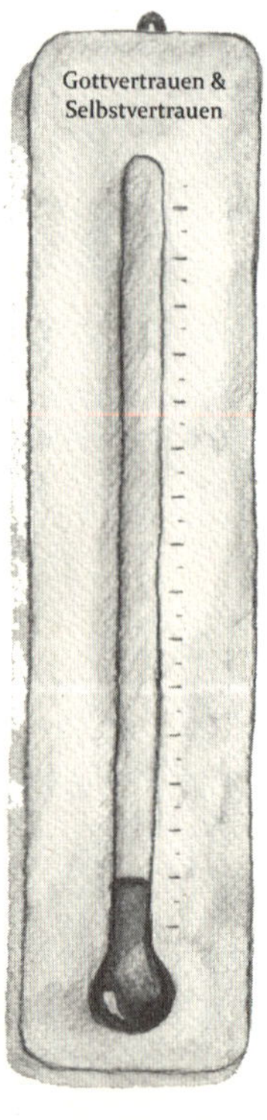

flügellahm

Was wünsch ich dir? Was brauchst du wohl am meisten?
Was kannst du dir nicht leisten?
Die bodenständige SchwerKraftReserve vielleicht neu befüllen,
oder deine LeichtSinnSuche stillen?
Du kennst Menschen dieser Sorte,
denen beklagenswerterweise durch abgeklärte,
leise Worte man die Flügel stutzte?
Bist du auch so einer, der sie seither nicht nutzte?
So als wäre Fliegen Sünde,
als stünde es auf einer imaginären No-go-Liste
ohne Angabe der ungefähren Gründe.
Bist du auch so einer, der sich nicht traut, laut zu schreien?
Der sich zu leise wünschte,
seinen Träumen Flügel zu verleihen?
Warum denkt keiner daran,
dass man Flügel auch verschenken kann?
Anstatt den KleinLautSprecher endlich auszustellen,
flickst du deine Hemmschwellen.
Und ich sag hier nicht »ausbessern«,
weil es ein Verschlechtern ist.
Weißt du, dass du Wächter bist?
Hüte dein Herz – take care of your heart!
Sei dein eigener Bodyguard!
Und außer den Nägeln und Haaren lass dir nichts
zurechtstutzen, schon gar nicht die Flügel!
Lass dir nichts sagen!
Du darfst sie benutzen, nicht nur für »gute Tage« aufsparen,
denn das hier sind die guten Tage!
Und klage nicht, wenn sie verschmutzen – das kann passiern.
Dann kann man sie auch wieder putzen
und gegen Kleinmut imprägniern.

3. VOM SORGENKIND ZUM GEBORGENKIND –
DAS SCHÖNE UND DAS TRAURIGE DER KINDHEIT

3.1 Liebe Valerie, 4. März

der Vorfrühling meldet sich auch bei uns hier in der Stadt. Wie genial, dass die Route der Kraniche über Euren kleinen Ort führt. Meine Frühlingsboten sind die Amseln, die es glücklicherweise auch hier gibt. Sie trällern nun schon regelmäßig morgens und abends ihr Lied. Sobald es erklingt, fühle ich mich ein bisschen freudiger und zuversichtlicher. Ja, jeder Winter muss dem Frühling weichen. Das tut der Seele einfach gut und die Amseln erinnern mich daran.

Du sprichst mir mit Deiner Erleichterung aus dem Herzen. Danke, dass Du sie an das Ende Deines Briefes gesetzt hast. Nein, die Kindheit muss nicht ideal oder gar perfekt gewesen sein. Und trotzdem kann ein erfülltes und gesegnetes Leben daraus wachsen.

Weil wir gerade beim Thema »Kindheit« sind: Heute habe ich etwas Tolles erlebt und davon möchte ich Dir direkt erzählen. Ganz unvermutet und spontan war ich zum ersten Mal mit dem kleinen Noah unterwegs. Er ist eineinhalb Jahre alt und wohnt in unserem Haus. Beim Plausch mit seiner Mama im Treppenhaus fiel mir auf, dass sie heute krank war. Um sie zu entlasten, schlug ich vor, mit Noah ein Stündchen rauszugehen. Bisher war er lediglich ab und zu für eine Weile zu Besuch in unserer Wohnung gewesen. Also war das heute ein echtes kleines Experiment – vor allem für mich!

Weißt Du, so bin ich jahrelang nicht mehr unterwegs gewesen. Einen Kinderwagen schiebend und immer mit dem Blick auf diesen kleinen Menschen. Ich dachte mir: Kind sein ist einfach schön. Dick angezogen im Wagen sitzen und alles ringsherum wach beobachten. Noahs Leidenschaft sind gerade Hunde. Also schaute ich sie mir heute ebenfalls genauer an. Der Kleine spricht noch nicht, doch er macht sich sehr gut verständlich. Als ich ihn im Park selbst laufen ließ, war er voll in seinem Element. Innerhalb kürzester Zeit wurde er zum Lehrer und ich zum Schüler. Ich ging andere Wege als je zuvor und entdeckte andere Dinge. Nur allein aus dem Blickwinkel des kleinen Noah zu schauen, war eine Erfrischungskur für meine Sinne.

Mit Ehrfurcht dachte ich daran, dass gerade aktuell so viel geschieht in diesem Kind. Der Kleine macht sich seinen Reim auf die Welt, die ihn umgibt. Und natürlich auch auf seine Rolle darin. Er hat super Voraussetzungen, denn seine Eltern sind richtig klasse. Sie lassen ihn die Umgebung erkunden. Freilich meine ich damit nicht, dass sie ihm alles gestatten, was er will. Nein. Doch sie strahlen Ruhe aus und lassen ihm ausreichend Zeit. Ich bin so gespannt, wie Noah sich weiterentwickeln wird. Ich werde es mit Freude beobachten. Denn als unsere eigenen Kinder in diesem Alter waren, wusste ich vieles noch nicht.

Wir beide hatten doch kürzlich dieses Thema auch in einem Gespräch, kannst Du Dich daran erinnern? Es ging darum, wie das Schöne der Kindheit und das Traurige eine gute Balance finden können. Denn bei keinem Menschen war alles schön und leicht oder alles traurig und schwer. Beide Erfahrungswelten haben uns geprägt und sind tief in uns abgespeichert. Wir erinnern uns sowieso nur ausschnittweise, alles andere ist in der Versenkung verschwunden.

Hast Du auch schon erlebt, wie ein erwachsener Mensch aufblühen kann, wenn er von einer positiven Kindheitserinnerung erzählt? Manchmal hatte ich fast den Eindruck, derjenige würde die gleichen Gefühle dann noch einmal erleben. Für einen Moment wieder glücklich sein, zufrieden, geborgen, mutig oder stolz. Ehrlich gesagt wünschte ich, wir alle würden viel häufiger über das Gute in unserer Kindheit sprechen. »Das Gute« meine ich nicht allgemein, sondern sehr konkret. Erlebte Szenen sind am besten. Was gäbe es da für wunderbare Geschichten voller Erfindungsreichtum, Fürsorge, Entdeckerfreude oder wohligem Geborgensein zu hören!

Und noch eins: Kleine Episoden aus der Kindheit sind irgendwie nie langweilig. Die meisten Zuhörer spitzen ihre Ohren. Weil sie selbst auch Kind gewesen sind und die kindlichen Gefühle sehr gut kennen. Oft schmunzeln in solchen Momenten die Leute ringsherum, ist Dir das schon aufgefallen? Wenn wir uns wieder treffen, würde ich so gern mit Dir einen »Kleine-Mädchen-Tag« machen. Vielleicht auf der Wiese sitzen, aus Gänseblümchen Kränze flechten, einen Lolli lutschen und anschließend unsere blaue Zunge zeigen. Dabei könnten wir kunterbunt erzählen, was uns von früher einfällt. Hast Du Lust dazu??? Dann stellen wir vielleicht fest, wir hätten auch damals schon Freundinnen werden können.

Allerliebste Grüße,
Deine Christina

3.2 Liebe Amselfreundin, 9. März

ich wünschte, Du könntest gerade mein Lächeln sehen! Wie gut kann ich es mir vorstellen, dass Du mit diesem kleinen Entdecker zusammen durch Euren schönen Stadtpark streifst. Ja, da hast Du wohl recht – bei Kindergeschichten fangen die Menschen an zu schmunzeln und zu nicken. Jeder kennt das, weil wir alle mal Kinder waren. Du hast diesem schönen Erinnerungsgefühl Worte gegeben, es auch in mir geweckt gerade. Danke! ☺

Weißt Du, dass genau das eines meiner Lieblingsthemen ist? Ich habe ein Lied, das ich damals für meinen großen Bruder geschrieben habe, mit diesen Gefühlen angemalt: Dankbarkeit,

Freiheit, Neugier und Abenteuerlust. »Unbesiegbar« heißt es und während des Liedes lade ich die Zuhörer immer ein, über ihre eigene Kindheit nachzudenken. Vor allem an das Schöne sollen sie sich erinnern, an das, wofür sie dankbar sind, und an das, was glückliche Empfindungen ausgelöst hat. Wie oft sehe ich bei diesem Lied lächelnde Erwachsene vor mir, die sich am Ende verstohlen eine Träne aus den Augen wischen. Mit diesen Menschen juble ich innerlich.

Aber da ist auch immer mindestens eine Person, die sich abwendet. Man fühlt förmlich mit, wie die Gesichtszüge hart werden bei der Anmoderation. Ich sehe ihren traurigen, bitteren Blick, während ich singe. Was hat diese Person wohl erlebt?, frage ich mich im Stillen, dass sie sich nicht erlaubt, dem Schönen und Leichten nachzuspüren? Welche Kindheitserlebnisse haben sie so verletzt, dass diese noch heute alles Gute überdecken? Wie kann man (wieder) einen Zugang zu den verschütteten Glücksmomenten von früher finden? Oder ist das einfach nur mein idealistischer Wunschgedanke?

Jetzt bin ich gleich in die Tiefe abgerutscht. Dabei wollte ich noch ein wenig bei Deiner zauberhaften Erzählung von dem kleinen Noah bleiben. Weißt Du was? Ich werde später weiterschreiben und mir jetzt einen kleinen Spaziergang gönnen. Die Sonne kommt gerade raus und ich will das mit dem Noah-Blickwinkel gerade mal selbst wieder ausprobieren. Indem ich das schreibe, breitet sich ein leises Kribbeln in meinem Bauch aus. Du hörst von mir ...

Du glaubst nicht, was ich alles erlebt habe in der vergangenen Stunde! Es war wie eine kleine Expedition ins Glück! Zuerst fiel mir auf, dass meine Schuhe bei jedem Schritt geschmatzt haben. Der aufgeweichte Waldweg war so schlammig, dass es mir irgendwann ganz egal war, wo ich hingetreten bin. Dann war da der rauschende Bach! Mit meinen wachen Noah-Ohren hörte ich nichts anderes mehr. Und ich habe es wirklich getan: die Schuhe ausgezogen und mich ins eiskalte Wasser getraut! Das Wasser ist wirklich gerade eisig! Ich muss ein lustiges Bild abgegeben haben in meinem dicken blauen Anorak, der roten Pudelmütze und dann barfuß im Bach. Weil ich natürlich kein Handtuch dabeihatte, bin ich einfach so wieder in die Socken und Schuhe geschlüpft. Noch jetzt kribbeln meine Füße und sind herrlich knallwarm! Und dann diese Schätze überall auf dem Weg, die bewundert werden wollten: eine taubenblaue Fliesenscherbe, ein kleines Stück Moos, das aussieht wie eine Koralle, ein Schneeglöckchen und – ach, ich konnte gar nicht alles mitnehmen! Auf dem Rückweg habe ich »meinen« Kühen noch die Stirn gekrault. Die kennen mich schon und kommen gleich zum Zaun, wenn ich auftauche. Weißt Du, wie weich sie sich anfühlen und wie zutraulich sie geworden sind? Das lässt mein Herz jedes Mal ein bisschen hüpfen. Zum Schluss habe ich meine Schuhe noch vom gröbsten Schmutz in einer Pfütze reinigen wollen. Aber weil ich nun schon mal drin war, bin ich auch ein bisschen drin herumgestapft. Als die »Wellen« sich gelegt haben, konnte ich im schmutzigen Pfützenwasser den Himmel sehen. Er hatte blaue Flecken!

Du siehst: Ich habe schon mal ein bisschen vorgefühlt, wie sich so ein »Kleine-Mädchen-Tag« anfühlen könnte. Was ist das für ein bezaubernder Vorschlag, liebe Christina! Ich freue mich schon darauf, mit Dir Gänseblümchenkränze zu flechten und Lollis zu lutschen! Aber wir sollten es in den späteren Frühling schieben, damit es etwas wärmer ist. Vielleicht magst Du mir ja schreiben, was Deine liebste Kindheitserinnerung ist? Meine findest Du in dem Liedtext von »Unbesiegbar«.

Für heute schicke ich Dir eine feste Umarmung, denk Dir einen tintenblauen Lolli dazu! Und ja – ich bin mir ziemlich sicher: Wir wären auch damals schon Freundinnen geworden!

Herzallerliebste Grüße,
Valerie

Unbesiegbar

1. Früher war das Glück so leicht,
schwimmt wie Nussschalen unsinkbar.
Wir sind abenteuerlustig: Pippi, Tom und Annika.
Einen Steinbruch weit entfernt: unser kleiner Granny Canyon.
»Wehe du erzählst davon!« Glück hab ich im Wald gelernt.
Und wir sind unbesiegbar, unbeschwert und frei!

2. Warum fall'n die Sterne nicht wie Kastanien vom Baum?
Bussard oder Rotmilan, Räuberleiter übern Zaun.
Mit nassen Haaren im Gesicht, ein Vogel pfeift auf unser Tipi,
meine Füße sind ganz kalt vom Bach, von unserm »Missis Pipi«.
Und wir sind unbesiegbar, unbeschwert und frei!
Weißt du noch, weißt du noch, weißt du noch?!

3. Manchmal kommt die Angst vorbei,
grinst wie ein ungezogener Bengel.
Wir fesseln sie an einen Baum und lassen sie dann wieder frei.
Fass den Schmetterling nicht an!
Wo Staub ist, da soll Friede sein!
Wir wissen, dass er fliegen kann!
Ich wünscht', ich wär noch mal so klein.
So klein, so unbesiegbar, unbeschwert und frei!
Weißt du noch, weißt du noch, weißt du noch?! Weißt du's noch?

aus Deinem Brief schwappt die Freude an sinnlichen Erfahrungen so richtig zu mir rüber. Irgendwie hast Du sie Dir bewahrt, obwohl sie etwas typisch Kindliches ist. Du bist so gar nicht etepetete, das imponiert mir ungemein. Der Knaller war für mich Dein Pfützenstampfen. Wann habe ich so was zum letzten Mal gemacht? Es muss Jahrzehnte her sein. Und dann diese Szene mit dem spiegelnden Blau in der Pfütze. Vielleicht hast Du andächtig dagestanden und das Heilige dieses Moments erspürt. Es klingt für mich so symbolträchtig. Der Himmel spiegelt sich nicht nur im klaren Wasser, sondern auch in unseren aufgewühlten Lebenspfützen. So als wollte der Schöpfer uns versichern: »Mein Kind, du darfst du sein. Und ich bin da.«

«Wir sind unbesiegbar, unbeschwert und frei« – wenn Du dieses Lied singst, hast Du eine ganz besondere Ausstrahlung, liebe Valerie. Nicht nur einmal habe ich das beobachtet und sehe es jetzt genau vor mir: Du hebst das Kinn ein wenig mehr in die Luft als bei anderen Liedern. Und Du trittst energischer mit dem Fuß auf, während Du Dich zum Rhythmus bewegst. Dein Körper spürt, was Du singst. Wer weiß, vielleicht erreichst Du jene Zuhörer doch, die sich am liebsten dem Kindheitsthema verschließen möchten. Oder sogar jene, die befürchten, ihre Geschichte wäre so kompliziert, dass da nichts zu machen sei. Dein »Weißt du noch?« am Schluss des Liedes hallt so eindringlich nach. Das Publikum klatscht und dabei sind wohl die meisten in Gedanken ein wenig mit ihrer eigenen Erinnerung beschäftigt. Wer darauf nicht in diesem Moment einsteigen kann, wird sich möglicherweise später behutsam dem Thema annähern.

In der Begleitung von Menschen habe ich das kleine Wunder immer wieder erlebt. Der Wunsch aufzublühen wird plötzlich stärker als die Angst davor, alte Wunden noch einmal anzuschauen. Und meistens passiert auf diesem Weg etwas, das mehr Frieden und Zufriedenheit hervorruft. Das ist so viel besser als weggedrückte Wunden und Enttäuschungen. Sie entwickeln sonst ihr Eigenleben und strahlen auf das Leben heute aus, ohne dass derjenige merkt, was da eigentlich passiert.

In unserer Beraterausbildung haben wir regelmäßig mit unseren eigenen Kindheitserinnerungen gearbeitet. Dabei kamen Schmerz und Enttäuschung, Einsamkeit und all die anderen negativen Gefühle zur Sprache, die in einem Kind entstehen, wenn es hilflos ist, schwach und überfordert. Wenn es die Welt nicht mehr versteht und die Menschen ringsum ihm keinen Schutz bieten. Wir lernten, wie heilsam es sein kann, die Gefühle des Kindes anzuerkennen. Unsere Gefühle von damals, die uns irgendwie immer noch in den Knochen sitzen, die Bauchgrummeln verursachen, weiche Knie oder Herzklopfen hervorrufen. Zu verstehen, dass sich damit das ängstliche Kind in mir meldet und seine unreifen Trümpfe ausspielt, ist der erste Schritt zum Reiferwerden.

Die Rede vom »Inneren Kind« ist ja heute in aller Munde. Eigentlich ist diese Formulierung nur ein Modell, um über etwas zu sprechen, das sich der Sprache entzieht. Letztlich geht es um das Verständnis dafür, dass in jedem von uns einiges an Unreifem und Unausgegorenem abgespeichert ist.

Am liebsten mag ich es, über das Schöne und das Traurige der Kindheit fast parallel nachzudenken. Das puffert so schön ab. Deshalb erzähle ich Dir jetzt, was ich schon als Kind geliebt habe. Du fragst nach meiner liebsten Kindheitserinnerung. Es ist gar nicht eine einzelne. Es gibt viele kleine Episoden zu verschiedenen Themen: Nachbarskinder, Haustiere, Familie, Gemeinde, Wald und Garten. In letzter Zeit dachte ich oft daran, wie gern ich schon als Kind in der Badewanne saß. Bis mein Papa für unsere Familie ein eigenes Bad gebaut hatte, vergingen einige Jahre. Bis dahin nutzten wir die große Zinkbadewanne. Meine Mama füllte immer wieder mit dem Kessel warmes Wasser nach, damit wir Kinder noch ein wenig länger in der Wanne bleiben konnten. Wenn ich mit meinem älteren Bruder in der

Wanne saß, war mein Platz am Fußende, dem schmalen, flachen Stück. Wenn ich mit meiner kleinen Schwester das Vergnügen teilte, durfte ich ins tiefe Wasser auf der großen, halbrunden Wannenseite. Damals habe ich gelernt, mit beidem zurechtzukommen. Der privilegierte Platz war die Ausnahme und deshalb umso schöner. Kürzlich, also fast fünf Jahrzehnte später, habe ich mich selbst dabei beobachtet, dass ich mit geschlossenen Augen dem knisternden Badeschaum lauschte und mit den Fingern im Schaum spielte. Es war genauso schön wie damals.

Ups, mein Brief ist lang geworden, liebe Valerie. Deshalb schließe ich jetzt mit einem Zitat: »Es ist nie zu spät, eine glückliche Kindheit gehabt zu haben.« Wie sehr wünschte ich, das könnten viele Männer und Frauen, die im Moment noch mit ihrer Kindheit hadern, ebenfalls erfahren. Wenn schon Psychologen und Life-Coaches davon überzeugt sind, wie viel mehr können wir als Christen darauf hoffen!

Morgen kommen zwei Klientinnen zu mir, die gerade aus der Sicht des Glaubens Unterstützung für ihre Kindheitsthemen suchen. Ich hoffe und bete, gemeinsam mit ihnen den richtigen Zugang zu finden.

Ich wünsche Dir dankbare und zuversichtliche Tage,
Deine Christina

Tiefer graben

Inneres Kind – Wir sind nicht immer so erwachsen, wie es scheint

Der Begriff »Inneres Kind« wird in der Psychologie seit den 1970er-Jahren gebraucht. Er umschreibt die Summe aller abgespeicherten Erfahrungen aus der Kindheit, sowohl freudige als auch schmerzliche. Das Modell geht davon aus, dass in jedem Menschen von Zeit zu Zeit unverarbeitete Kindheitserlebnisse aktiv werden können, die ihn in unreife Verhaltensmuster zurückfallen lassen. Das Verständnis für die innere Not des Kindes von damals ist die Basis der »Innere-Kind-Arbeit«. Sie hat das Ziel, negative Hauptgefühle der Kindheit nach und nach mit reiferen Gefühlen und Handlungsstrategien zu ersetzen.

Anfangs wurde dieses Modell in der Traumatherapie angewendet. Der Bestseller von Stefanie Stahl »Das Kind in dir muss Heimat finden« brachte 2015 den Gedanken des inneren Kindes einem breiten Publikum nahe. Unterschiedlichste Strömungen arbeiten heute damit. Wir werden das Modell des inneren Kindes explizit aus der christlichen Perspektive gebrauchen und erachten es für hilfreich.

Der geistliche Autor Henri J. M. Nouwen verwendete die Formulierung »angstvolles Selbst«. Er riet: »Versuch, dein kleines angstvolles Selbst nah an dich zu nehmen.«[4] Dazu sollen unsere Anregungen dienen.

Am liebsten hätte ich Dir sofort geantwortet. Dein Brief hat ein paar Gedanken in mir angestoßen. Aber ich war so beschäftigt diese Woche, dass ich mir einfach keine Zeit für mich genommen habe. Seltsame Formulierung, oder? Ich nehme mir Zeit für mich! Da liegt es doch nahe, an »wegnehmen« zu denken. Viel logischer wäre es doch, »Ich gebe mir Zeit für mich« zu sagen. Die Themen, von denen Du schreibst, erfordern genau das: sich Zeit zu geben!

Ich mag Deine positive Art, die Welt und die Menschen darauf zu sehen! Du lockst etwas hervor, das an eine Zukunft glauben lässt. Das merken sicher Deine Klienten auch. Wie oft dachte ich in Gesprächen, dass Du es gleichzeitig schaffst, den alten Schmerz Deines Gegenübers zu würdigen und ihm dennoch eine Perspektive zu öffnen. Ist es vielleicht das, was Du mit dem »abpuffern« meinst? Dass wir das Schöne und das Traurige der Kindheit nicht innerlich voneinander trennen sollen. Und ja, genau das passiert ja bei Deiner Badewannen-Geschichte: Mal sitzt Du auf dem Lieblingsplatz im Warmen und mal an der anderen Seite. Der Schaum knistert hier und dort! Und ebenso ist es mit meinem Pfützenerlebnis: Die Schuhe sind dreckig und die Hose muss in die Waschmaschine, aber das Glücksgefühl war wichtiger. Der Himmel hat blaue Flecken. Er hat sich vielleicht gestoßen, aber die Wolken reißen auf und es wird nicht ewig verhangen sein.

Mir hat mal jemand gesagt, dass ich »hoffnungslos optimistisch« bin. Für mich war das ein fettes Kompliment, denn ich war früher ein richtiger Melancholiker. Heute liebe ich das Wort DENNOCH! Wir können dennoch mutig sein, dennoch glücklich, dennoch auf dem Weg der Heilung. Und es muss nicht perfekt sein, damit wir Dankbarkeit fühlen und Glück. Es ist mehr eine Herzensentscheidung oder eine Blickrichtung. Verstehst Du, was ich meine? Oder findest Du das naiv?

Heute Morgen hat mich Klara mal wieder besucht. Ich wünschte, Du könntest sie einmal kennenlernen! Sie ist einfach großartig. Ich glaube, dass sie geweint hatte, bevor sie an meine Tür geklopft hat (die Klingel geht immer noch nicht, da-rum klopft sie und drückt dann die Nase an die Fensterscheibe daneben). Eigentlich war ich in Eile, aber Klara guckte so unglücklich, dass ich mir ein paar Minuten freigeschaufelt habe. Sie hatte mir ein Bild gemalt, aber ich glaube, das war ein Vorwand, damit sie mich besuchen konnte. Ist das nicht herzerwärmend? Und dann guckte sie mich mit ihrem sommersprossigen, schiefen Lächeln an und ich atmete automatisch einmal tief ein und aus ... und merkte, dass ich die Luft angehalten hatte. Das ist doch erstaunlich: Als sie ging, hatte sie das taubenblaue Fliesenstückchen von mir bekommen und ein paar Minuten Zeit. Aber im Grunde war *ich* die Beschenkte! Sie erinnert mich ein bisschen an mich, so wie ich damals war. Ich war nur nicht so mutig wie sie. Aber: »Was lange gärt, wird endlich Mut!« – das sag ich mir gerne und bin mir sicher, dass auch mein Mut mit der Zeit gereift ist.

Ich finde übrigens, Du hast absolut recht mit Deiner Schlussbemerkung über die Verarbeitung von schweren Kindheitserlebnissen. Es überrascht mich, wenn Menschen Frieden finden, ohne sich von Gott so uneigennützig und bedingungslos geliebt zu wissen. Ohne meinen Glauben könnte ich mir den Friedensprozess gar nicht vorstellen, den ich am eigenen Leib erfahren durfte.

Du liest vielleicht zwischen den Zeilen heraus, wie dankbar ich bin. Aber es ist gut, das zwischendurch mal wieder aufzuschreiben und sich bewusst daran zu erinnern! Vielleicht fange ich wieder einmal an, mein Dankbarkeitstagebuch weiter zu füllen. Und Du, liebe Freundin? Du bist ein von Grund auf dankbarer Mensch, denke ich. Trotz widriger Umstände auch in Deiner Kindheit höre ich Dich nie bitter davon reden. Ich kann es mir gar nicht vorstellen, wie es damals in der DDR als Kind und Jugendliche gewesen ist. Du durftest nicht das studieren, was Dir in die Wiege gelegt war. Aber anstatt darüber frustriert zu sein, machtest Du das, was damals dann möglich war. Du hast es sogar gern gemacht, wenn ich das richtig verstanden habe, oder? Und heute lebst Du dennoch Deine Berufung und bist psychologische Beraterin geworden. Das imponiert mir: also dieses unerschütterlich Hoffnungsfrohe, das Du ausstrahlst. Ist es eine Wurzel aus diesen vergangenen Jugendtagen oder hast Du es mit den Jahren geübt?

Für heute verbleibe ich mit einem ganz herzlichen Gruß an Dich und Deine Lieben! Nach einer ganzen Woche Regen scheint heute die Sonne und es ist Zeit, sie auf der Haut zu spüren!

Hab Sonne im Herzen – sagt man ja so. Ich wünsch es Dir wortwörtlich!

Deine Valerie

3.5 Meine liebe Freundin, 21. März

fast eine Woche habe ich nicht geantwortet auf Deinen lieben Brief. Auch jetzt kann ich nicht sofort an Deine Gedanken anknüpfen. Bitte sei nicht traurig, ich brauche es erst noch, eine kleine Schleife zu drehen. Die in den letzten Wochen unvermittelt entstandene Kriegssituation bedrückt mich enorm. Es fühlt sich einfach falsch an, unbekümmert im warmen Wohnzimmer Briefe zu schreiben, während Menschen bombardiert werden oder auf der Flucht sind. Bei manchen Nachrichten steigen mir die Tränen in die Augen, besonders, wenn es um Kinder geht. Hast Du das auch gelesen? »120 jüdische Kinder aus Ukraine in Berlin angekommen. Ein Teil der Kinder sind Waisenkinder, andere wurden von ihren Eltern oder anderen Verwandten auf die 2.000 Kilometer lange Reise über Moldau, Rumänien, Ungarn und Tschechien geschickt. Das jüngste Kind war ein im Januar geborenes Baby …«[5]

Wie werden diese Kinder verarbeiten, was sie da erlebt haben? Meine Eltern waren ein paar Tage zu Besuch und wir teilten unsere Fassungslosigkeit. Besonders meinen Vater quälte die Situation. Er kam selbst vor 76 Jahren als Flüchtlingskind ohne Eltern nach Ostdeutschland. Darüber spricht er immer nur sehr vage. Wenn ich es richtig verstanden habe, war er damals erst zwei Jahre alt … Bevor meine Eltern wieder abreisten, betete mein Vater ein herzbewegendes Gebet, das seine eigenen Erfahrungen spiegelte. Seine dringlichste Bitte war, dass die Geflüchteten auf freundliche Menschen treffen, die bereit sind, ihnen zu helfen – so hat es mein Papa damals selbst erfahren dürfen.

Warum schreibe ich das alles, liebe Valerie? Bestimmt, um mich zu sortieren. Um den angstvollen Gefühlen Raum zu geben und mich selbst zu beruhigen. Mein Vater ist ein gutes Beispiel dafür, wie zuversichtlich und lebensmutig ein Mensch sein kann trotz traumatischer Kindheitserfahrungen. Er hat immer aus tiefster Überzeugung gesagt: »Gott hat mein Leben gut geführt.«

Ich glaube, jetzt bin ich so weit, um den Faden aus Deinem Brief wieder aufzunehmen. Du hattest nachdenklich angemerkt, dass Du Dich fragst, ob und wie Menschen Frieden mit ihrer Kindheit finden können, ohne sich von Gott bedingungslos und uneigennützig geliebt zu wissen. Die Adjektive, die Du gewählt hast, sind so ausdrucksstark. Sie beschreiben diese unfassbar andere Qualität der Liebe. Eine Qualität, zu der nicht einmal die besten Eltern uneingeschränkt in der Lage sind. Weißt Du, ich glaube, Frieden mit der eigenen Kindheit können Menschen auch ohne diesen Glauben finden. Doch es bleiben andere Fragen offen wie die Frage nach Sinn und Ziel eines Lebens. Wenn diese Fragen gut beantwortet sind, hat das auch Auswirkungen auf die eigene Sicht auf die Vergangenheit. Wer eine Ahnung von Gottes uneigennütziger und bedingungsloser Liebe hat, ist vermutlich eher bereit, die Spuren seiner Fürsorge und Treue auch in der Vergangenheit entdecken zu wollen. Das ändert natürlich den Blick ganz gewaltig. Dieses universale Aufgehobensein in der Beziehung zu Gott mischt jeder Lebenskrise eine hoffnungsvollere Nuance bei. Wie eine stärkende Medizin. Das gilt für die Gegenwart und für die Vergangenheit.

Das passt zu Deiner »DENNOCH-Hoffnung« als Herzensentscheidung und Blickrichtung. Ja, ich verstehe, was Du meinst. Ich finde es überhaupt nicht naiv, sondern lebenstauglich und weise. Warum haben wir eigentlich Sorge davor, für naiv gehalten zu werden? Eine gewisse Schlichtheit des Denkens ist doch oft recht angemessen.

Du hast mir so anschaulich von Klara berichtet. Wie schön, dass Du Dir die Zeit genommen hast für diese kleine Unterbrechung. Um Deine Formulierung vom Briefanfang aufzunehmen: Du hast Ihr Zeit »gegeben«, und Dir auch! ☺ Eine tolle Erfahrung, dass Ihr nach dieser kurzen Begegnung beide beschenkt gewesen seid. Ich schätze mal, Klara wird bald wieder bei Dir aufkreuzen. Ein Kind spürt so genau, wo es sich hinwenden kann. Ich stelle mir Klara bildlich vor, dabei hattest Du gar nicht erwähnt, wie alt sie ist. Woher kennst Du sie denn?

Langsam komme ich zum Schluss. Doch einen Gedanken will ich noch loswerden. Jedes Kind erlebt die Not, in der es gerade steckt, als beängstigend und schlimm. Wir als Erwachsene relativieren vielleicht, wenn wir an die Not von Kindern im Krieg denken und ihr den Kummer von Kindern in unserem Umfeld gegenüberstellen. Doch für das Kind ist einfach nur furchtbar, was es gerade erlebt. Vielleicht ist der Hamster gestorben, es wurde gehänselt oder hält sich daheim die Ohren zu, um den Streit der Eltern nicht zu hören. Die Fähigkeit, diese Erfahrungen einzuordnen, kommt erst viel später dazu.

Ich weiß schon, was ich Dir unbedingt im nächsten Brief erzählen will. Es geht ums innere Kind. Doch dafür habe ich heute keine Energie mehr. Ich werde ein bisschen Schlaf nachholen. Die Nachrichten der letzten Tage haben mich länger wach gehalten als gewöhnlich.

Dir wird es ähnlich gegangen sein, vermute ich, liebe Valerie. Ich wünsche Dir ein gutes Maß mitzufühlen, mitzuleiden, zu klagen und zu beten. Und dann auch wieder Hoffnungsfunken und Kraft für die täglich anstehende Arbeit.

Ich bin so froh, dass wir im Frieden leben.

Sei behütet, liebe Freundin.
Deine Christina

3.6 Liebe Christina! 27. März

So wertvolle Sätze sind es, die Du mir schreibst! Ich musste Deinen Brief wiederum mehrmals lesen, damit nichts von seinen Schätzen ungehoben bleibt. Dein Wunsch nach Frieden klingt so eindrücklich, liebe Freundin! Und ich vermute, dieses Mal meinst Du neben dem inneren Frieden besonders auch den äußeren Frieden!

Oh ja, ein gutes Maß mitzufühlen, mitzuleiden, zu klagen und zu beten – das brauchen wir dieser Tage! Du kannst Dir nicht vorstellen, wie viel hier passiert ist in der Zwischenzeit! Ich hatte ja schon per WhatsApp ein paar ganz kurze Infos geschickt, damit Du jedenfalls ein wenig im Bilde bist über unsere neue Wohnsituation. Ist es vielleicht unhöflich, wenn ich gleich von mir berichte, anstatt auf Deine Fragen und Gedankenanstöße »ordentlich« zu reagieren? Aber ich sehe Dich in Gedanken vor mir vehement mit dem Kopf schütteln und höre förmlich Deine fröhliche Stimme: »Nee Valerie! Das ist doch klar, dass Du gerade dieses eine Thema hast! Und ich will unbedingt alles darüber hören! Und über die anderen Themen sprechen wir, wenn es dran ist.«

Obwohl: Unser Erleben hier hat ganz viel mit dem zu tun, was Du geschrieben hast. Mit dem Krieg in der Ukraine und auch der Frage, wie Kinder so etwas wohl erleben und für sich in ihre Lebensgeschichte einordnen werden.

Seit zehn Tagen leben sieben Menschen aus der Ukraine bei uns. Seit zehn Tagen ist unser Leben so viel bunter und trauriger, anstrengender und dennoch froher. Es handelt sich um eine ganz junge Familie mit Vater und Mutter und vier kleinen Mädchen plus die jüngere Schwester der Mutter. Ich habe also jede Menge Gelegenheit, Deine Fragen aus nächster Nähe zu beleuchten: Die kleinen Mädchen kommen direkt aus der hart umkämpften Stadt Charkiw und haben gerade Kälte, Angst und Sirenengeheul am eigenen Leibe erfahren müssen.

Aber vielleicht fange ich einfach vorne an: Dienstagmorgens standen sie in aller Frühe vor unserer Tür: ein verschüchtertes Grüppchen von Menschen, die mich kaum ansehen konnten. Das Schwierigste ist, dass wir keine gemeinsame Sprache haben bis auf Hände und Füße und Herz. Und so nahm ich sie erst einmal fest in die Arme, brachte sie hinein in die warme Küche, wo ein frischer Hefezopf und heißer Kaffee auf sie wartete. Natascha ist zu dem Zeitpunkt in der 38. Schwangerschaftswoche gewesen. Zehn Tage abenteuerliche Flucht über drei Ländergrenzen hinweg hatten sie da hinter sich. Die ersten Tage waren komplett mit Behördengängen ausgebucht, denn wir brauchten so schnell wie möglich eine Anmeldung und eine Krankenversicherung, vor allem für Natascha. Eine Woche vor dem errechneten Termin bin ich dann abends mit ihr ins Krankenhaus gefahren, weil es ihr nicht gut ging. Am nächsten Morgen fand dann der Kaiserschnitt statt. Du kannst es Dir nicht vorstellen, was für ein Hickhack es war, bis ich es geschafft hatte, ihren Mann Sascha, der keinen Impfschutz besaß, auf die Wöchnerinnenstation zu bekommen! Aber wir kamen genau rechtzeitig, um die winzig kleine Mayla in Empfang zu nehmen!

Christina, stell Dir vor: Ich durfte dieses neugeborene Mädchen, das vor Krieg und Bomben gerettet worden war, in seinen ersten Lebensstunden in den Armen halten, während Sascha neben mir mit der frischgebackenen Oma und Tante ein Videotelefonat führte! Sie winkten überglücklich aus einem Keller mitten im Kriegsgebiet zu uns herüber und lachten und redeten alle durcheinander! Ich wurde vorgestellt als »Babuschka Germany« – also als die deutsche Oma. Was für eine Auszeichnung! Und es fühlte sich gleichzeitig so falsch an, dass ich dieses Baby herzen durfte, während sie dort im Keller verschanzt waren. Und dennoch beglückwünschten sie uns so froh und dankbar! Dieses Erlebnis war so ziemlich das Emotionalste in den letzten Tagen! Wie die kleine Mayla das wohl einmal erzählt bekommt? Wie sie es wohl in ihre Geschichte einbauen wird? Wird sie sich als Hoffnungsschimmerprinzessin sehen? Ich hoffe es sehr! Ach, und die anderen drei Mädchen sind so allerliebste Geschöpfe! Die Scheu der ersten Tage war schnell verflogen und jetzt hängen sie wie die Kletten an mir, wenn sie mich sehen. Mein Herz hat eine mächtige Erweiterung erfahren. Jetzt passen sieben liebenswerte Menschen mehr hinein!

Weißt du, es tut mir gut, diesem beängstigenden Krieg etwas entgegensetzen zu können! Ich stopfe lieber Windelberge in unsere viel zu kleine Mülltonne, als mir stündlich die Nachrichten anzusehen! Wir sitzen abends in dicke Wolldecken gehüllt am Lagerfeuer und lernen russische Lieder von unseren Gästen. Und wir können zusammen beten, Christina. Ist das nicht schön? In unterschiedlichen Sprachen zwar, aber zum gleichen Gott. Und so erleben wir mitten in der allgegenwärtigen Sorge um ihre ukrainische Familie und Freunde auch eine trostvolle Geborgenheit. Sascha und Natascha sind ganz wunderbare Eltern! Sie lachen und singen viel mit den Kindern. Es ist nicht so, dass nicht über den Krieg gesprochen wird, aber er ist nicht fühlbar als alles überschattende Macht. Was bei den Kindern dann dennoch ankommt an berechtigter Angst und Zukunftssorge? Das weiß keiner von uns. Aber ein mögliches Trauma muss sich ja auch nicht sofort zeigen, oder? Wenn ein lauter Trecker hier vorbeifährt (was auf dem Dorf leider häufig passiert), schrecken sie zusammen, schauen sich ängstlich um und weinen. Und im nächsten Moment sind sie wieder eifrig mit dem Bemalen unserer Hofpflastersteine beschäftigt oder spielen kichernd mit mir Fangen.

Ach, ich könnte Dir noch ganz viel erzählen, liebe Freundin, aber ich bin gerade so müde, dass ich im Stehen einschlafen könnte. Beim nächsten Mal dann mehr. Ach ja, Du hast nach Klara gefragt – Klara ist einfach klasse! Ich schreibe Dir auch bald wieder von ihr.

Segen über dich! Und Frieden im Innen und im Außen wünsche ich Dir! Getrost zu sein auch und gerade in den unsicheren Zeiten! Das Gebet Deines Vaters verstehe ich so gut! Wie gut, dass Leute wie er von der Unsicherheit der Kriegszeit berichten können und dennoch so positive und hoffnungsvolle Menschen geworden sind. Mein Segensgebet für die kleine Mayla stecke ich mit in den Umschlag. Wusstest du, dass Mayla »Hoffnung« bedeutet?

Ich drücke Dich hoffnungsvoll!
Deine Valerie

Mayla

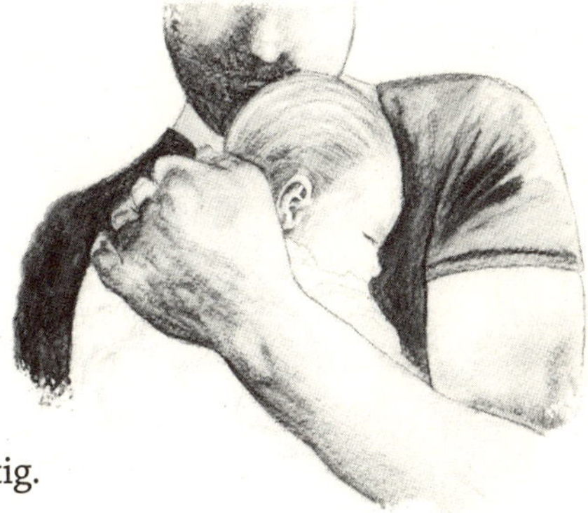

Mayla – Sorgenkind,
so klein, so federleicht
du auch bist:
Das, was von dir abstrahlt,
ist groß und mutig und mächtig.
Ich trage pure,
kostbare Hoffnung auf Händen.
Und du knurrst das Leben an, das diesseits auf dich wartet,
dir nicht aufwartet, wie du es verdient hättest.

Und dann, dein erster Augenaufschlag:
»Wie aus einer anderen Welt«,
denke ich und so ist es wohl auch.
Eine ohne Gewalt und Hass!

Mayla – Hoffnungskind!
Mögest du immer eine Zuflucht finden,
dem Krieg von der Schippe springen,
entkommen, um zu schimmern!

Mayla – Geborgenkind!
Gut 3 kg Glück,
gehalten von starken Armen.
Wollte man es wiegen,
dann müsste man die Freudentränen mitbemessen
und den hellen Hoffnungsschimmer,
den sie hinterlassen.
Hier bei uns
und drüben in den Kellern.

wie dankbar bin ich Dir, dass Du mir ein Stückchen Anteil gibst an Eurem aufwühlenden Erleben in den letzten Wochen. Schon die Dichte und Intensität Eurer Erfahrungen kann ich kaum ermessen. Wie viel weniger ist all das vorstellbar, was die junge Familie durchlebt und durchlitten hat. Gefühlt schlug mein Herz langsamer beim Lesen. Das wandelte sich zum inneren Freudensprung, als Du von der Geburt der kleinen Mayla schriebst. Ein Hoffnungszeichen, das alles Schwere überstrahlt.

»Babuschka Germany« – hast Du je einen schöneren Namen bekommen?

Euer Zuhause ist für sechs Menschen zu einem Refugium geworden. Einem Zufluchtsort mit Hefezopf, Straßenkreide, Feuerschale, gemeinsamen Gebeten und Liedern. Und nun auch noch mit Windeln. Die siebente Person, das winzige Mädchen, wurde genau da hineingeboren. Was könnte es Wichtigeres geben? Du hast ganz recht, darüber wollte ich ohne Umschweife Einzelheiten erfahren! Irgendwie finde ich es auch angemessen, dass unser Briefwechsel anderen Regeln folgt als denen, die wir früher gelernt haben. Damals sollten wir uns bei der Patentante immer schön höflich zuerst für das Geschenk bedanken und dann ein wenig von uns berichten. Doch unser Briefwechsel ist etwas anderes. Es ist ein Herzensaustausch, ein Mitschwingen und Weiterdenken, Weggemeinschaft und gemeinsame Spurensuche nach Gottes Gnade in unserem Leben.

Die göttliche Gnade erlebt ihr gerade hautnah, inmitten aller emotionalen Erschütterung. »Trostvolle Geborgenheit« nennst Du das. Wie zutreffend. Und sogar zu den Zurückgebliebenen in der Ukraine scheint etwas davon hinüberzuschwappen.

Dein Abschlusstext über Mayla wiegt schwer in seiner Symbolhaftigkeit. Du kleidest es eindrücklich in Worte, welche Bedeutung und quicklebendige Hoffnung in dieser Geburt steckt. Bewegend, denn viel zu schnell verblassen solch intensive Erfahrungen wieder. So bleibt dieser Moment erhalten für Dich und für andere. Der helle Hoffnungsschimmer ist dadurch auch bei mir aufgeleuchtet und ich danke Dir dafür!

Die vier Mädchen dieser Familie wurden in so unterschiedliche Lebensverhältnisse hineingeboren. Wie gut, dass sie sich gegenseitig haben, dass die Atmosphäre sogar jetzt zuweilen fröhlich ist und der Glaube an den Vater im Himmel trägt. Tatsächlich ist die Atmosphäre in einer Familie zutiefst prägend für ein Kind, wichtiger als Worte oder Lebensumstände. Bei dieser Formulierung stocke ich. Gilt das, was allgemein in der Entwicklungspsychologie gesagt wird, auch für Kinder mit Kriegserfahrungen? Die Traumatherapie ist ein ganz spezielles Feld, in welches ich wenig Einblick habe. Eine Freundin von mir, die als Kind den Krieg in Kroatien erlebt hat, profitierte hier in Deutschland von einer exzellenten Traumatherapie. Bei ihr kamen noch Unsicherheiten in der Familie dazu, was das Gesamtpaket verschlimmert hat. Und das ist bei den ukrainischen Mädchen Eurer Familie nicht der Fall – Gott sei Dank. Meine Freundin ist heute übrigens eine lebensfähige, reife und engagierte Frau, großartige Mama und Partnerin.

Es erfüllt mich mit Staunen, wie viel Überwindungskraft in einem Menschen steckt. Der österreichische Psychiater Viktor Frankl prägte dafür den Begriff der »Trotzmacht des Geistes«. Also die Fähigkeit, mittels geistiger Kräfte allem Furchtbaren ein TROTZDEM entgegenzusetzen. Ich spinne den Faden mal noch ein Stückchen weiter: Gehört der Glaube zu diesen geistigen Kräften? Ja – und doch ist er noch mehr. Das Mitgehen Gottes auf unserem Lebensweg, durch alle Krisen und Prozesse, ist ein tiefer Halt und Trost. Selbst Menschen, die erst spät zum Glauben kommen, können im Nachhinein ein Stück Geborgenheit trotz der Ungereimtheiten ihres Lebens geschenkt bekommen.

So weit für heute, liebe Valerie. Was ich Dir vom inneren Kind erzählen wollte, kann warten. Ich werde es nicht aus den Augen verlieren. Vielleicht kehrt ja bei Euch trotz aller Turbulenzen auch eine Form der Routine ein in der nächsten Zeit? Das würde ich Euch sehr wünschen, damit auch Deine Aufgaben und Projekte ungehindert weiterlaufen können.

Ich bete um Kraft für Euch alle und Segen. Drück Deinen Mann von mir! Ohne seine still-beharrliche, anpackende und zugewandte Art wäre Euer Refugium nicht das, was es ist.

Deine Christina

3.8 Liebe Christina, 5. April

es ist so schön, Deine Sätze zu lesen, Dein Mitfreuen und Mitfühlen! Mein erster Gedanke war: Was habe ich für eine kluge und liebenswürdige Freundin! Und es war auch der letzte Gedanke beim Lesen Deines Briefes. Es ist eine »wundervolle« Horizonterweiterung, mit Dir zu schreiben. Und darum würde ich Dich wirklich bitten: Erzähle mir alles zum Thema »Inneres Kind«, denn es interessiert mich wirklich sehr! Besonders aus der Perspektive einer Christin. Für mich ist es schon länger ein Teil meines Gebetslebens, mit Jesus darüber zu sprechen, wie es der Kleinen in mir geht. Gerade wenn sich kindliche Ängste und Antreiber zurückmelden, rede ich mit ihm darüber. Aus Deiner fachlich-kompetenten Sicht dazu etwas zu lernen, würde mich freuen!

Oft bin ich überrascht, wie sehr das, was mir damals zu schaffen gemacht hat, noch heute Macht und Einfluss auf mein Gefühlsleben hat. Die »Trotzmacht des Geistes«, von der Du sprichst – ja, das klingt spannend! Ich verstehe Dich so, dass der Mensch widerstandsfähig ist, weil er sich durchringt, trotzdem weiterzumachen, weiterzuhoffen, weiterzulieben usw. – auch oder gerade in schwierigen Lebenssituationen. Ist diese Trotzmacht, von der Du sprichst, das Gleiche wie »Ressourcen«, ein

Wort, das mir bekannter ist? Oder ist es vielleicht ein Synonym von dem Wort »Resilienz«, das viele gerade benutzen, ohne genau zu wissen, worum es eigentlich geht? Und wenn ja, dann ist es doch so, dass wir unterschiedlich viel davon mitbekommen haben auf unserem Weg, oder nicht? Ich kenne Menschen mit einem unglaublichen Ressourcen-Reservoir. Sie nehmen das Leben irgendwie leichter, lächelnder und lebensbejahender an, habe ich das Gefühl. Kann man Resilienz auch im Nachhinein noch nachlernen, so wie die Flügel und die Wurzeln sich noch rückwirkend entwickeln dürfen?

Und spätestens da fängt die Sache mit Gott an, denke ich. Die Beziehung zu ihm ist eine starke Ressource in meinem Leben. Als von Haus aus etwas melancholischer Mensch hat das eine wirkliche Veränderung in meinem Erleben bewirkt. Mich bedingungslos geliebt zu wissen, hat Frieden und Trost in meine Vergangenheit gebracht! In allem geborgen zu sein, hilft mir, hoffnungsvoll in meine Zukunft zu sehen. Und in der Gegenwart immer mit ihm verbunden zu sein, macht mich mutig und stark.

Eine Sache liegt mir immer besonders am Herzen, wenn ich über das Schöne und das Traurige in der Kindheit nachdenke: Bevor sich jemand, der viel Schweres in der Kindheit erlebt hat, durchringt, das Gute dankbar wahrzunehmen, muss der Schmerz gewürdigt werden dürfen. Sich gesehen zu wissen und klagen zu dürfen, das sind wichtige Schritte im Heilungsprozess. Ohne diese Schmerzwürdigung wird das Schwere einfach »schöngeredet« und ich kann mir nicht vorstellen, dass das hilfreich ist. Dieses »Kopf-hoch-Gerede« gegenüber Menschen mit seelischen Verwundungen finde ich wenig liebevoll. Die christliche Variante ist noch schlimmer: »Wenn du nur Jesus in dein Herz lässt, dann wird alles gut!« Da steckt natürlich etwas Wahrheit drin, aber sie hilft den Menschen in der Lebenssituation doch nicht! Möglicherweise fühlen sie sich dann auch noch schuldig, weil sie nicht »richtig fühlen« oder sogar nicht »richtig glauben«? Du merkst, dass ich da leidenschaftlich werde. 😉

Dieses Thema liegt mir am Herzen. Oder nein, richtiger wäre: Diese Menschen liegen mir am Herzen.

Weißt Du, das älteste der vier kleinen Mädchen unserer ukrainischen Gäste ist gerade fünf Jahre alt. Sie ist ein ernstes, eher verschlossenes Kind, das nicht schnell Vertrauen fasst. So habe ich sie jedenfalls kennengelernt – ich weiß ja nicht, wie es vor dem Krieg war. Gerade sie berührt mein Herz besonders. Letzte Woche hat sie für ihren Stofftier-Igel mitten auf der Straße ein Stoffzelt als Unterschlupf gebaut. Umzäunt hat sie den Zufluchtsort mit ihrer rosa Prinzessinnenkrone, die sie dafür von ihrem Kopf genommen hat. Dieses Bild von dem Igel, der dort mitten auf der Straße einen Ort bekam, wo er geborgen ist, hat mir die Tränen in die Augen getrieben. Sie spielte auf der Straße das nach, was sie kurz vorher erlebt hatte: Da war jemand, der eine Zufluchtsstätte für sie baute mitten in der Gefahrenzone! Da legte jemand seine Krone nieder vor einem kleinen Schutz suchenden Lebewesen. Wie sehr wünsche ich ihr, dass ihre Angst so zur Ruhe kommen darf wie dieser kleine Igel! Wie sehr wünsche ich ihr, Geborgenheit und Frieden zu spüren trotz der Erfahrungen der letzten Wochen!

Nun muss ich Schluss machen mit Schreiben für heute, denn ich habe noch einiges vorzubereiten: Wir lassen zurzeit die Abende mit einem Lagerfeuer im Hof ausklingen. Dann beten wir gemeinsam mit unseren ukrainischen Gästen und einigen Nachbarn um Frieden und lernen deutsche und russische Lieder. Du kannst Dir vielleicht vorstellen, wie tröstlich diese gemeinsame Zeit ist, wo alle in Decken gehüllt ins Feuer gucken und miteinander singen und Würstchen mit Kartoffelsalat essen. Es macht mich verängstigt, eingeschüchtert und hilflos, nur an den Krieg zu denken. Viel besser ist es, etwas Handfestes zu tun: Von den Windelbergen habe ich ja schon erzählt. Aber auch das hilft mir: mit bunter Knete einen Frosch formen, Würstchen braten oder Verstecken im Dunkeln spielen. So darf das Schwere seinen Platz haben, aber wir fühlen uns dennoch glücklich, hoffnungsvoll und gebraucht, wenn wir abends todmüde ins Bett fallen.

Nun ende ich doch wieder mit sehr nachdenklichen Worten, liebe Christina. Aber die Zeit bringt das auch mit sich. Die Hoffnung schimmert durch die Zeilen, hoffe ich!

Allerliebste Grüße von der
Babuschka Germany

3.9 Liebe Valerie, 10. April

dass Du so schnell Zeit zum Antworten gefunden hast, war eine schöne Überraschung. Und ja, Du hast völlig recht mit Deiner Bezeichnung »Horizonterweiterung«. Das empfinde ich andersherum genauso. Ich darf doppelt von Dir lernen. Zuerst, indem ich Dir zuhöre, was Du erlebst. Und anschließend davon, wie Du auf diese Erfahrungen reagierst, was sie in Dir auslösen und wozu sie Dich animieren. Danke für diese kostbaren Einblicke.

Heute soll also endlich das Thema »Inneres Kind« zur Sprache kommen. Dann wird das wohl ein längerer Brief werden. Ich hoffe, Du sitzt gemütlich und hast ein halbes Stündchen Zeit, alle Gedanken in Ruhe auf Dich wirken zu lassen.

Doch vorher noch mal zur »Trotzmacht des Geistes«. Du hattest mich gefragt, ob sie dasselbe meint wie Ressourcen. Ich versuche mal, das klar zu bekommen, auch für mich selbst. Worin liegt der Unterschied zwischen Resilienz, Ressourcen und Trotzmacht des Geistes?

Ressourcen im psychologischen Sinne sind vorhandene und abrufbare Fähigkeiten bzw. Lebensschätze, auf die der Mensch jederzeit zurückgreifen kann. Das Online-Lexikon für Psychologie und Pädagogik nennt es »die einem Menschen zur Verfügung stehenden schützenden und fördernden Kompetenzen und Handlungsmöglichkeiten«[6].

Resilienz gehört in den Bereich der Ressourcen und meint Widerstandskraft. In den vergangenen Monaten war das ja ein allgegenwärtiges Thema. Durch die Pandemie wurde plötzlich im Privatleben und im Beruf spürbar, wie sehr wir Resilienz brauchen. Abgeleitet ist der Begriff von der Elastizität einiger Materialen, die sich unter Hitzeeinfluss verformen und anschließend in ihre ursprüngliche Form zurückgehen. Diese Fähigkeit, flexibel mit den Anforderungen mitzugehen und dabei unbeschadet zu bleiben, steckt erstaunlicherweise auch in uns Menschen – zumindest ansatzweise.

Die *Trotzmacht des Geistes*[7] ist dann noch mal etwas ganz anderes. Sie setzt bei der inneren Haltung an. Viktor Frankl lenkte den Blick darauf, dass wir geistige Kräfte aktivieren können, um Schweres zu bewältigen. Er sagte, der Mensch habe die Fähigkeit, selbst über sich zu bestimmen und sogar über sich selbst hinauszuwachsen. Das klingt vordergründig nach großer Willensstärke. Doch für Frankl steht fest: Der Wille wächst mit seinem Ziel. Also hängt die Trotzmacht des Geistes mit der Entscheidung zusammen, auch in widrigsten Situationen Sinn zu suchen und zu finden.

Ist das nicht erstaunlich, liebe Valerie? Nicht nur der Körper, sondern auch die menschliche Psyche und der menschliche Geist verfügen über enorme Kräfte. Sie können einem Menschen helfen, Schlimmes zu überwinden. Vor diesen inneren Prozessen habe ich höchste Ehrfurcht. Und noch mehr vor dem Schöpfer, der sie in uns Menschen hineingelegt hat.

Was die ukrainische Fünfjährige bei Euch tut, ist ein rührendes Hoffnungszeichen. Sie verarbeitet die erlebte Not auf spielerische Weise. Sie ist selbstvergessen damit beschäftigt, ihrem Igel Schutz zu verschaffen. Auf Facebook hatte ich dieses Bild vom kleinen Plüschigel im Stoffzelt gesehen. Ich fand es gut, dass Du dieses Bild geteilt hast als winzigen Einblick in eine Kinderseele. Du hattest das so dezent beschrieben, dass die Botschaft dahinter auf feine Weise ankam. Ich glaube tatsächlich, solche Botschaften sind wichtig in den sozialen Medien, in denen vieles so plakativ rausgeknallt wird.

Auch das Thema »Inneres Kind« kann man behutsam tastend oder plakativ anpacken. Im Netz findet sich da allerlei. In den letzten Wochen habe ich das mal recherchiert und beobachtet. Und – was soll ich sagen? Ich war platt, was einem da alles begegnen kann. Eine private Facebook-Gruppe beispielsweise. Sie nennt sich »Dein Inneres Kind heilen«. Aus Interesse habe ich mich dort direkt mal angemeldet. Vor einigen Wochen hatte sie über 22.000 Mitglieder, heute sind es schon 23.890. Das zeigt einen riesigen Bedarf an. Auch bei dem dort angepriesenen Online-Seminar zur »Transformation deines Inneren Kindes« war ich mit sage und schreibe 792 Männern und Frauen aus allen Teilen Deutschlands als erstaunte Beobachterin dabei. Ist das nicht bemerkenswert? So viele Menschen, die wissen, dass in ihnen einiges rumort und gärt. Eine Community, in der Menschen ihre Probleme erzählen und sich Rat holen. Natürlich immer über den Knotenpunkt »Inneres Kind«. Mir ist davon vieles zu öffentlich, zu allgemein oder zu plakativ. Doch ich finde, wir sollten die Thematik nicht dem Online-Markt oder gar den Esoterikern überlassen. Dafür ist das Denkmodell »Inneres Kind« viel zu gut. Es kann helfen, ein Phänomen zu verstehen, welches wir selbst schon erlebt haben: wenn wir z. B. plötzlich total unreif in einer bestimmten Situation reagieren und es uns gar nicht erklären können.

In der Ausbildung zu Psychologischen Beratern kam das »Innere Kind« natürlich vor. Doch erst, nachdem wir die Grundlagen der Psyche des Menschen erfahren und verstanden hatten. In der Adlerianischen Psychologie[8] spielen Kindheitserinnerungen ja eine grundlegende Rolle für das Verständnis des jeweiligen Menschen. Dass die frühe Kindheit prägenden Einfluss hat, ist unbestritten. Die grundlegenden Fragen lauten: Wie bin ich? Wie sind die anderen? Wie ist die Welt und wie ist das Leben? Wie muss ich demzufolge sein, um in dieser Welt zurechtzukommen, nicht unterzugehen, gesehen zu werden und meinen Platz zu sichern?

Jeder Mensch kreiert seine eigenen Antworten auf diese Fragen. Das geht natürlich nicht bewusst vor sich, sondern unverstanden. Also unbewusst, doch sehr stringent. Alle Erfahrungen werden in dieses innere Gebäude eingegliedert. Passendes gesucht und ergänzt und Unpassendes ausgeblendet. Wenn ein Kind meint, die Welt sei feindlich, es selbst sei schwach und niemand würde ihm beistehen, wird es alle Erfahrungen, die diese Annahmen bestätigen, wahrnehmen. Und die anderen dementsprechend übersehen.

Später kommen reifere Erfahrungen dazu. Auch der Verstand. Oder das Wissen, wie man sich eigentlich verhalten sollte, was andere sagen, wie das Leben ist oder man selbst. Und trotzdem fallen wir manchmal in die tief verinnerlichten Überzeugungen zurück. Der berühmte Riss in der Schallplatte ist heute kein gutes Beispiel mehr. Doch ich weiß es noch genau, wie nervig das war, wenn das Geleier anfing. So ähnlich kannst Du Dir das vorstellen, wenn in unserm Leben plötzlich emotional nicht mehr alles ungestört weiterläuft und wir einrasten oder ausrasten.

Das Modell vom inneren Kind nähert sich diesem Phänomen an. Es hilft zu verstehen, dass wir oft nicht so reif sind, wie wir nach außen scheinen. Oder wie es unser Lebensalter vermuten lassen könnte. Unvermittelt sind wir wieder in unserer Rolle von damals. Und weil wir uns nicht besser zu helfen wissen, greifen wir auf unsere unreifen Strategien von damals zurück. Die beherrschen wir ja aus dem Effeff. »Sind wir selbst verantwortlich für unsere Emotionen?«, so hast Du mich in einem früheren Brief gefragt. Unsere Gefühle entstehen aus Überzeugungen und Denkmustern. Insofern sind wir tatsächlich selbst verantwortlich, auch wenn sich das im Unbewussten abspielt. Es ist echt verrückt, dass jeder Mensch immer wieder beim Hauptgefühl seiner Kindheit landet, solange er nicht bewusst damit umgeht. Das unreife, innere Kind »zwingt« uns sozusagen, auf eine Weise zu denken, die uns wieder zum altbekannten Gefühl führt. Auch wenn es negative Gefühle sind. Oder es »zwingt« uns, wieder so zu handeln, dass wir die gleiche Ablehnung und Enttäuschung erleben wie damals. Und dann sind wir wieder einsam, alleingelassen, übersehen oder benachteiligt. Genau genommen ist es nicht *ein* inneres Kind, sondern es sind verschiedene. Zu unterschiedlichen Zeiten in ihrem Reifegrad erstarrt, hilflos und ängstlich.

Im ersten Kapitel meines Buches »Unvollkommen glücklich« habe ich das ein wenig genauer erklärt und dafür das Bild von mehreren ineinandergesteckten Holzpüppchen, Matroschkas, verwendet.[9] Ein besseres Sinnbild gibt es dafür wohl nicht. Nach außen wächst der Mensch einfach weiter, doch im Inneren brennen sich einige Erfahrungen tief ein. Wenn ähnliche Situationen sich im Leben wiederholen, sind diese Vorerfahrungen wie störrische kleine Kinder, die einfach zeternd in die andere Richtung zerren und nicht mitgehen wollen. Umgangssprachlich sagt man ja sogar: Ich bin ein »gebranntes Kind«.

Es gibt verschiedene Methoden, um das innere Kind zu gewinnen und mitzunehmen, damit es im Alltag nicht querschießt. Das sollte in einem Beratungsprozess individuell mit der betreffenden Person besprochen werden. Doch auf eine Beobachtung will ich noch kurz eingehen. Für manche ist das innere Kind das Nonplusultra, für andere ein rotes Tuch. Je massiver es von einer Seite genutzt wird, desto mehr gehen andere auf Abstand, ist ja logisch. Es kann einem auch echt auf den Geist gehen, wenn jemand immerzu von seinem inneren Kind redet. Das würde mich auch stören. Die Arbeit mit dem inneren Kind ist etwas sehr Persönliches. Sie gehört in den Bereich der Privatsphäre und muss nicht als Aushängeschild präsentiert werden.

Warum sollten wir also dieses Modell nicht einbeziehen in unseren Reifeprozess als Christinnen und Christen? Du machst das ja schon, liebe Valerie. Und auch ich bin immer mal wieder dabei. Ich finde es schade, dass Christen da Berührungsängste haben. Für uns steht es doch außer Zweifel, dass Jesus zu jeder Zeit unseres Lebens an unserer Seite war. Er war dabei, als die kleine Tini oder die kleine Valle nicht mehr weiterwusste. Wir können in der Bibel lesen, dass Jesus Kinder herzte und tröstete. Warum sollte ich mir nicht vorstellen, wie er die kleine Tini auf den Schoß nimmt, nachdem sie gerade großen Kummer hatte? Das wäre etwas ganz anderes als dieser Spruch: »Wenn du Jesus in dein Herz lässt, dann wird alles gut!« Ja, es kann gut werden. Aber eher nicht wie von geheimnisvoller Hand, sondern auf einem Heilungsweg. Den geht Jesus nicht ohne uns. Ich glaube sogar, er will die innere Kleine an die Hand nehmen und sie im Tiefsten befrieden. Mich dem auszusetzen, ist eine Form, den Schmerz zu würdigen. Nein, man kann ihn nicht einfach »wegbeten«.

Oh, oh, liebe Valerie, dieser Brief war eher ein Monolog als ein Dialog. Ich hoffe, ich habe Dich nicht überflutet mit all den Gedanken. Das Thema ist halt ziemlich umfangreich und komplex. Beim nächsten Brief werde ich mich wieder bessern, versprochen. 😉

Hab gute, gesegnete Tage voller österlicher Freude. Der Auferstandene begleitet unser Leben vom ersten bis zum letzten Tag, das macht mich rund um Ostern jedes Jahr wieder zuversichtlich!

Deine Christina

3.10 Liebe Christina, 15. April

ich hätte nicht gedacht, dass man ein so komplexes Thema in einem so kurzen Brief beantworten kann! Du hast Dir ganz umsonst Sorgen gemacht, dass mich Dein Monolog »überflutet«, wie Du schreibst. Ich empfinde unseren Briefwechsel ganz und gar nicht als Monolog, denn die Gedanken wandern hin und her, aber es liegt immer etwas Zeit dazwischen, die man zum Nachdenken nutzen kann. Deine Abgrenzung von »Trotzkraft des Geistes«, Ressourcen und Resilienz ist hilfreich und leicht verständlich. Vielen Dank dafür! Resilienz ist abgeleitet von dem Prozess, dass ein elastisches Material sich durch Hitze verformen kann und nach dem Abkühlen wieder den ursprünglichen Zustand annimmt? Was für eine »wunder-volle« Erklärung komplizierter psychischer Vorgänge! Und ja, Du hast vollkommen recht: Es ist wirklich erstaunlich, wie ausgeklügelt unsere Seele »funktioniert« und wie genial ihr Schöpfer sein muss!

Bemerkenswert fand ich auch, dass die Trotzmacht des Geistes mit der persönlichen Entscheidung zusammenhängt, auch in widrigen Umständen noch Sinn zu suchen und zu finden! Jeder Mensch hat eine Entscheidungsfreiheit und ist seinen seelischen Ressourcen nicht einfach ausgeliefert. Wie oft höre ich: »Ich kann halt nicht aus meiner Haut!« oder: »So bin ich einfach!«. Aber wir haben eine Wahl – davon bin auch ich überzeugt.

Darum heißt es in der Bibel z. B. auch: »Sagt allezeit Gott, dem Vater, Dank für alles!« (Eph 5,20). Dieser Satz steht übrigens nur ein paar Verse nach Deinem Taufvers mit dem Ausnutzen der Zeit – ist das nicht interessant? Diese Entscheidung zur Dankbarkeit dürfen wir treffen, nicht weil es einfach wäre oder weil uns allezeit zum Danken zumute wäre. Nein, aber die Entscheidung, in allem dankbar zu sein, hilft uns, auch in schwierigen Situationen resilient zu bleiben. Dankbarkeit ist z. B. so eine Ressource, die ein großes Wachstumspotenzial hat, oder? Du siehst, ich lande immer wieder beim Nachwachsen der Flügel. 😊 Und erinnerst Du Dich noch an die Sache mit der Anzuchterde? Dass sie karg sein muss, damit der Keimling starke Wurzeln bekommt? Mein Herz fühlt mit jedem Kind, das keine guten Startbedingungen hat! Ich denke, die Entscheidung, dankbar und zuversichtlich zu sein, wird eine lebenslange Aufgabe bleiben. Gerade vor denjenigen, die sich dieser Herausforderung trotz karger Anzuchterde stellen, habe ich den allerhöchsten Respekt!

Dann dieser Hinweis von Dir zu den grundlegenden Fragen: »Wie ist die Welt und wie ist das Leben? Wie muss ich demzufolge sein, um in dieser Welt zurechtzukommen? (…) Jeder Mensch kreiert seine eigenen Antworten auf diese Fragen«. Unbewusst suchen und finden wir also die Bestätigung, dass das, was wir damals erlebt haben, die einzige Wahrheit ist. Und sobald wir etwas Ähnliches erleben, fängt das alte Lied wieder von vorn an: »Das kenn ich schon! Es ist doch immer das Gleiche!« Ja, ich glaube, ich verstehe Dein Bild vom Riss in der Schallplatte und ich kenne es von meinem eigenen Umgang mit altgewohnten Gedankengängen.

Wenn ich an die Schallplatte denke, dann drängt sich mir plötzlich noch ein anderes Bild auf: der Querschnitt eines Baumstammes! Das sieht doch ziemlich ähnlich aus, nicht wahr? Ein Freund von uns ist Förster und Holzkünstler. Seine Skulpturen entstehen beim Aufreißen von mächtigen Stämmen. Nicht nur die Jahresringe werden dabei sichtbar, sondern auch die ehemaligen Jungbäume. Sie stehen dort wie ein heller Kern in der Mitte des dicken, verholzten Baumes! Folgerichtig nennt der Künstler diese Skulpturen »inner child«. Wir haben so ein Exponat gekauft und ich stehe häufig davor, staunend, dass der Jungbaum so unversehrt all die Jahrzehnte dort überdauert hat. Bei manchen Skulpturen sieht man, dass in frühen Jahren ein Nagel eingeschlagen wurde oder eine andere Verletzung den jungen Baumstamm ereilte. An diesen Stellen wird in den Folgejahren viel Material um die Verwundung herumgelegt. Irgendwann ist diese Wunde dann verschlossen. Es legen sich Jahresringe darum und von außen betrachtet ist keine Verletzung mehr da. Aber innen drin steckt nach wie vor ein rostiger Nagel! Die folgenden Zeilen sind aus diesen Überlegungen entstanden. Vielleicht auch, um dem tief innen verborgenen Schmerz Worte zu verleihen und um das Kind in der Mitte mit

Trost zu ummanteln. Aus dem Sorgenkind kann ein Geborgenkind werden!

Ring um Ring

Ring um Ring
drängeln sich die Jahre
schlängeln sich die Fragen
im Innern eingeschlossen
weint immer noch ein Kind

Ring um Ring
umkringeln und umkreisen
umzingeln und umgreifen
die hellen Hoffnungsstreifen
den schattenmatten Kern

Ring um Ring
umringt, umgarnt, umschlungen
ein Netz aus Bildern und Gedanken
die jetzt verwildern, umranken
nun das seelenvolle Herz

Wir knüpfen innen Weben
und spinnen feine Fäden
aus Zuversicht und Sorgen
und leben, leben, leben
im Gestern, Heute, Morgen
und mittendrin
ummantelt und geborgen

Ich stimme Dir zu, Christina: Die Matroschkas sind ein geniales Bild für unser inneres Kind. Bei Deinen Vorträgen zeigst Du das so beeindruckend! Ich sehe Dich vor mir, wie Du eine Matroschka nach der anderen ineinandersteckst und dabei erklärst, wer Du damals warst und mit welchen Problemen Du zu jener Zeit kämpftest.

Diese Themen sind privat! Kinder brauchen Schutzräume und genauso braucht vielleicht auch unser inneres Kind einen Schutzraum, der nur bis zu einem gewissen Grad in der Öffentlichkeit und in den sozialen Medien entblößt werden sollte. Es ist nicht immer leicht, denke ich, da eine gesunde Balance zu finden. Aber es geht ja nicht nur um die Wahrnehmung dieser inneren Prozesse, sondern auch um den Weg der Heilung von alten Verwundungen. Für mich steht fest: Es ist möglich, dass unser inneres Kind rückwirkend heil wird! Dass es Frieden findet in den damals so bedrängenden Fragen und Beschämungen. Und es wäre wirklich traurig, wenn wir als Christen nicht darüber sprechen würden, wie uns der Glaube an den lebendigen Gott geholfen hat. Du beschreibst es so wunderbar: »Für uns steht es doch außer Zweifel, dass Jesus zu jeder Zeit unseres Lebens an unserer Seite war.« Ja, das kann ich genauso unterstreichen! Und diese Tatsache hilft mir nicht nur bei der »Zurück-Sicht« in alte Zeiten, sondern sie hilft mir auch im Heute und im Morgen! Das innere Bild, das Du mir vor Augen gemalt hast mit einem liebevollen Jesus, der die kleine Tini oder die kleine Valle auf den Schoß nimmt, um sie zu herzen und zu trösten, berührt mich! Danke dafür!

Bleib behütet von diesem ewigen Gott, liebe Freundin! Bleib hoffnungsvoll auch in den heute drängenden Problemen, die Krieg, Angst und Misstrauen mit sich bringen! Und bleib getröstet in dem Wissen, dass er Dich sieht.

Mit einer festen Umarmung verabschiede ich mich für heute von Dir,

Deine Valerie

3.11 Liebe Valerie! 20. April

Danke für Deine weisen und vielschichtigen Worte, meine tiefsinnige Freundin. Du hast Deinen Brief mit der Erinnerung an den behütenden und ewigen Gott beendet. Wie wunderbar, denn das macht wieder die Perspektive deutlich, aus der wir auf unser Leben schauen wollen.

Ein biblischer Zuspruch kam mir dazu in den Sinn. Er galt zuerst dem Volk Israel zu Zeiten des Propheten Jeremia, ich weiß. Doch gleichzeitig wird auch Gottes Herzschlag sichtbar, und der gilt uns ausnahmslos allen: »Mit ewiger Liebe habe ich dich geliebt. Darum habe ich dich zu mir gezogen aus lauter Gnade.« (Jer 31,3) Diese generelle, zeitlich unbegrenzte Liebe steht über unserem Leben. Das Kind von damals und die alte, gebrechliche Frau, die ich vielleicht eines Tages sein werde, sind darin eingeschlossen.

Gottes Anliegen ist und bleibt es, um unser Vertrauen zu werben. Das gefällt mir supergut als Zielrichtung unseres Lebens, liebe Valerie. Jeder Mensch ist auf ganz individuelle Weise zu diesem Prozess des Vertrauenlernens eingeladen. Der reife, erwachsene Mensch wird dabei genauso angesprochen wie das ängstliche Kind in uns.

Welch passende Ergänzung von Dir, mir über die Entdeckungen aus der Welt der Holzbildhauer zu berichten. Nein, ich wusste nicht, dass im Baumstamm dieser Kern steckt. Ich finde es interessant, dass Euer Freund den Begriff »inner child« dafür gewählt hat. Ein bisschen erinnert es mich daran, wie ich als Kind Mohrrüben rundherum abgeknabbert habe. Am Ende blieb nur dieser feste Kegel übrig, der in der Mitte der Mohrrübe steckte. Kann ich mir das so ähnlich vorstellen im Inneren des Baumstammes? Der Querschnitt mit Jahresringen ist viel bekannter als diese herauszuschälende »Figur«. Ein Baum ist ein anschauliches Beispiel dafür, dass die Verwundungen mit verwachsen. Sie bleiben sichtbar, doch sie stören die Lebensfähigkeit oder Funktion des Baumes nicht.

Bei Menschen kann das teilweise anders sein. Ihre adäquate »Funktion« in einem bestimmten Setting ist manchmal nicht mehr möglich. Weil eben ihr »inner child« nicht nur aus Holz ist, sondern mit starken Gefühlen reagiert. Und diese neigen dazu, sich ganz frech immerzu die Vorfahrt zu nehmen, wenn es drauf ankommt.

An diesem Punkt muss ich Dir unbedingt erzählen, wie unreflektiert der esoterische Gebrauch des Inneren-Kind-Modells mir erscheint. Ich hatte beim Stöbern im Buchladen ein Kartenset entdeckt, das sich mit dem inneren Kind beschäftigt, und es aus Neugier gekauft. Ich wollte wissen, worauf Menschen zurückgreifen, die sich für die Arbeit mit dem inneren Kind interessieren. Was soll ich sagen, liebe Valerie? Meine Ernüchterung war groß. Auf den Karten werden allgemeine Lebensweisheiten mit dem inneren Kind in Verbindung gebracht, so als ob es der weiseste Ratgeber fürs Leben wäre. Ich finde es eigenartig, einfach eine Karte zu ziehen, um dann der Stimme des inneren Kindes zu folgen, wie es in der Anleitung vorgeschlagen wird. Mich stört, dass hier das innere Kind zum Zentrum des Lebens erhoben wird, zum Ratgeber, fast zum gottgleichen Mittelpunkt. Dem inneren Kind die Führung übergeben??? Nein, das würde ich niemandem empfehlen! Doch genau das wurde mir in diesem Kartenset nahegelegt. Dabei sollte doch der innere Erwachsene die Führung übernehmen, anstatt sich vom unreifen inneren Kind treiben oder blockieren zu lassen. Du merkst schon, das erscheint mir alles überhaupt nicht stimmig. Und ich verstehe, dass Menschen das gesamte Modell dann als esoterisch besetzt ablehnen. Das innere Kind wird wie ein reiner, heiliger Kern vorgestellt – da gehe ich überhaupt nicht mit. Warum nicht? Das innere Kind ist aus demselben Holz geschnitzt wie ich. Neben all den guten und kostbaren Eigenschaften ist es eben auch anfällig, unsicher, kränkbar, ängstlich und manchmal verzweifelt. Rein und heilig ist nur Gottes Geist in mir.

In Deinem »Ring um Ring«-Poetry kommt das Wort »ummantelt« vor. Wie treffend als Sinnbild für das, was in uns geschehen darf und worauf es ankommt: die Kleine in uns – oder den Kleinen in ehemaligen Jungs – schützend einhüllen. Ihr oder ihm Raum und Geborgenheit geben. Und uns selbst in dem großen Mantel der heilenden Liebe des himmlischen Vaters geborgen wissen. So kann unser »Sorgenkind zum Geborgenkind« werden. Diesen Reim finde ich so gewinnend, meine begnadete Wortschöpfungsfreundin! Dahin darf unsere Entwicklung gehen. Genauer gesagt: die Entwicklung unseres inneren Kindes.

Das Schöne und das Traurige der Kindheit sind in unsere Jahresringe eingeflossen, wenn wir im Bild des Baumes bleiben wollen, liebe Valerie. Lebendig, stabil, ein wenig knorrig schon an manchen Stellen und einfach einmalig, so sind wir gewachsen durch all die Jahre. Wenn das kein Grund zur Dankbarkeit ist!

Der Frieden mit der eigenen Geschichte ist so wichtig, um nicht heute die Kämpfe von damals fortzusetzen. Wie schön, dass uns dieses Bedürfnis verbindet. Klar, die Kleine ist auch in uns noch aktiv. Doch wir haben beide schon eine Menge darüber gelernt, wie wir sie ernst nehmen und mitnehmen können. In meiner Bibel liegt ganz vorne drin, neben anderen Schätzen, ein Foto von der kleinen Tini. Wenn ich sie sehe, wird mein Herz warm. Alle Entwicklungsschritte meines Lebens und Glaubens sind Gott wohlvertraut. Ich darf so sein, wie ich heute bin. Und auch das ist noch längst nicht das Ende der Entwicklung.

Liebe Valerie, gibt es etwas Kostbareres, als über Herzensthemen zu sinnieren? Der Austausch mit Dir hat mir wieder ein Stück mehr Klarheit verschafft. Und auch Achtung vor dem unergründlichen Geheimnis, das jeder Mensch ist. Danke, dass Du mir an Deiner geheimnisvollen Innenwelt ein Stück Anteil schenkst. Und dass ich mich Dir ebenfalls zeigen darf mit allen Fragen und Unfertigkeiten.

Sei behütet mit Deinen Lieben.
Deine Christina

PS: Die Sache mit den kreierten Antworten auf unsere Lebensfragen, wie Du es nennst, wollte ich noch mal aufnehmen. Es gibt allgemeingültige Fragen, auf die jeder eine Antwort sucht. Diese Fragen meinte ich in meinem letzten Brief. Daneben stehen sehr individuelle Lebensfragen.

3.12 Liebe Christina! 29. April

Dein letzter Brief war gefüllt mit wertvollen Erkenntnissen, die anstößig sind im besten Sinne! Denn sie stoßen etwas an bei mir, bringen mich und meine Ansichten in Bewegung.

Gegrinst habe ich bei Deinem »Möhren-Beispiel«! Genauso kannst Du es Dir vorstellen mit den Skulpturen unseres Freundes, ja! Er lässt meist die hintere Hälfte komplett stehen. Er schält also den inneren Kern nur im vorderen Bereich heraus. So kann man sozusagen ins Innere gucken. Und dort eben z. B. auch diese alten Baum-Verletzungen von früher sehen. Ganz in der Mitte, ummantelt von verholzten Jahresringen, ist das »inner child«.

Puh – und manche Deiner Sätze musste ich erst einmal sacken lassen. Bisher habe ich das Beschäftigen mit dem inneren Kind überhaupt nicht mit der Esoterik in Verbindung gebracht. Ich sah es einfach als hilfreiches Modell an, um seelische Vorgänge besser zu verstehen: Wieso reagiere ich manchmal so »kindisch«? Weshalb kann ich in einer Situation ganz gechillt und erwachsen sein und in einer anderen fühle ich mich gleich gekränkt, beschämt oder alleingelassen?

Bei diesen oder ähnlichen Fragen hilft es mir, darüber nachzudenken, wie ich schon als Kind reagiert und gefühlt habe, welche »Fühlart« ich sozusagen von klein auf eingeübt habe. Das war das, was sich in mir festgesetzt hat, als meine individuelle und damit begrenzte Sicht der Wahrheit. Was Du schreibst, finde ich, genau wie Du, befremdlich: Das innere Kind als meinen inneren Ratgeber betrachten? Ich habe mal gehört, dass Kinder sehr gute Beobachter sind, aber unreife Deuter. Sollte ich mir von jemandem raten und helfen lassen, der die Bedeutung nicht oder unzureichend versteht? Bei einer Reise in unbekanntes Gebiet vertraut man doch auch besser dem eigenen Verstand als dem kleinen Kind auf der Autorückbank, das bestimmen will, wo es langgeht. Da finde ich Deinen Ansatz doch viel überzeugender: »Der innere Erwachsene sollte die Führung übernehmen, anstatt sich vom unreifen inneren Kind treiben oder blockieren zu lassen.«

Du weißt ja, dass ich Kinder sehr liebe! Sie sind einfach wunderbar, authentisch und erfrischend! Aber: Sie sind verletzlich! Und jedes noch so geliebte Kind wird auch irgendwo Verletzungen davontragen. So möchte ich mein eigenes inneres Kind mit verständnis- und liebevollen Augen anschauen! Die kleine Valle ein Stück weit verstehen lernen, sie trösten, wo sie da noch Nachholbedarf hat, und Beschämungen behutsam aufdecken. Ich möchte sehen, wie ihre Flügel nachwachsen, und miterleben, dass die Verwurzelung im christlichen Glauben immer tiefer wird. So sehe ich die »Innere-Kind-Arbeit«.

Dass das innere Kind zum heiligen Zentrum meines Wesens erhoben wird, ist dagegen nicht nur skurril, sondern vor allem egozentrisch! Alles dreht sich um mich und meine kindlichen Bedürfnisse?! Die armen Menschen, die mit so einem Egozentriker zusammenleben müssen! Wenn ich noch mal im Bild mit den Jahresringen bleibe, dann wäre die Mitte das »Allerheiligste«, um das sich alles dreht. Und genau da wird es richtig spannend, finde ich!

In der biblischen Schöpfungsgeschichte lesen wir davon, dass Gott jeden Abend sein Werk mit »gut« beurteilt. Nur am sechsten Tag, an dem er den Menschen schafft, sagt er »sehr gut«! Am Anfang eines jeglichen Lebens steht Gottes »sehr gut« darüber! Ist das nicht wunderschön, Christina? Bei Dir kann ich das auch sofort bestätigen, ☺ aber uns selbst gegenüber sind wir doch oft unbarmherzig und über die Maßen kritisch: sehr gut?! Soll das ein Scherz sein? Wir wissen doch um die Fehler, die Unzulänglichkeiten und Bosheiten, die auch in uns wohnen! Und das nicht erst, seitdem wir Erwachsene sind! Wir wissen doch um das egozentrische Kreisen um unsere empfindliche Mitte. Es wäre viel einfacher, diese heiligzusprechen, als mich dem Unfertigen und Fehlerhaften zu stellen!

Darum ist diese biblische Empfehlung wirklich sinnhaft: »Lasst euch in eurem Denken verändern und euch innerlich ganz neu ausrichten.« (Eph 4,23) Es geht ums Herz. Um die Mitte. Um unser Wesen im Innersten. Aber jetzt drifte ich ab in ein neues Thema: Identität! Vielleicht sag ich einfach in dem Zusammenhang mal augenzwinkernd: »Edentität«.

So wie Gott uns im Garten Eden gemacht hatte, so sind wir »sehr gut«, aber das ist nicht das Gleiche wie perfekt! Durch Fehlverhalten, Verwundungen, Beschämungen und Gewalt jeglicher Couleur verlieren wir die innige Beziehung zu unserem Schöpfer. Der sollte eigentlich in unserem Zentrum sein! Um ihn sollte sich alles drehen. Stattdessen setzen wir Menschen unser Ich auf den Thron in der Mitte und huldigen unserer Egozentrik.

Ich bin gespannt, wie Du den Faden weiterspinnen wirst, liebe Freundin! In der Zwischenzeit ist es weit über Mittag geworden und in meiner Mitte meldet sich ein ganz ursprüngliches Bedürfnis: Hunger! Für heute lege ich das Schreibzeug also weg und warte voller Freude auf Deine Antwort!

Bleib behütet und hoffnungsvoll,
liebste Grüße von
Valerie

SELBSTREFLEXION

Nach diesem Kapitel verzichten wir bewusst auf intensive Fragen zur »Arbeit mit dem Inneren Kind«. Sie gehören in ein professionelles Setting.

Fragen

- *Was war das besonders Schöne an Deiner Kindheit? Gönne Dir die Ruhe, diese ausgewählten Szenen an Dir vorüberziehen zu lassen. Mit einem Lächeln verbunden kannst Du Dich darin üben, dankbar dafür zu werden oder zu bleiben, der Dankbarkeit Raum zu geben.*

- *Was war für Dich der traurige Anteil an Deiner Kindheit? Vielleicht ist es endlich an der Zeit, ihn zu benennen, ihm einen Namen zu geben. Damit kannst Du diesen Teil besser in das Gesamtpaket Deines Lebens einordnen, als wenn er im Unterbewussten rumort.*

- *Welche Deiner Eigenschaften kann Dir nützlich sein, um ein wenig mehr »Trotzkraft des Geistes« zu leben? Die Trotzkraft will Dich dazu bringen, nicht zu resignieren, immer wieder Sinnmöglichkeiten zu finden und über Dich selbst hinauszuwachsen.*

- *Gibt es einen konkreten Schmerz, der aus Deiner Sicht noch nicht genügend gewürdigt wurde? In welchem Rahmen oder mit welchem Menschen möchtest Du Dich da heranwagen?*

❖ *Welches Lebensthema, welche Frage zieht sich von Kindheit an durch Deine Geschichte? (Vielleicht: Bin ich gut genug? Ich traue mir das nicht zu! Keiner sieht mich! Die anderen können alles besser!) Wie möchtest Du zukünftig mit diesem Lebensthema umgehen?*

Auch wenn es heute noch unwahrscheinlich in Deinen Ohren klingen sollte: Dein inneres Sorgenkind kann ein Geborgenkind werden! Vielleicht wartet es längst darauf. Du darfst auch in Bezug auf Dich selbst darauf vertrauen: »Was lange gärt, wird endlich Mut!« Wir wünschen Dir zuversichtliche, beharrliche Schritte hin zu diesem Ziel.

4. EDENTITÄT – VOM URSPRUNG DER IDENTITÄT

4.1 Liebe Valerie, 5. Mai

Deine augenzwinkernde Idee im letzten Brief, von »Edentität« zu sprechen, hat für mich ein riesiges Fenster geöffnet. Was für eine geniale Kombination! Mit Eden verbinde ich die Worte »vollkommen« und »ursprünglich«. In mir meldet sich die leise Ahnung, dass wir über diesen Zugang unser Sein und unsere Bestimmung klarer ausloten können als nur über den Begriff der Identität. Wollen wir das mal gemeinsam durchspielen? Es würde mich brennend interessieren, auf welche Goldadern wir dabei stoßen!

Die Sache mit der Identität ist ziemlich schillernd und schwer greifbar. Paradoxerweise scheint sie sogar in immer weitere Ferne zu rücken, je mehr wir krampfhaft nach ihr suchen. Ist das eine Krankheit des modernen Menschseins? Identität kann doch keine Fata Morgana sein! Sie ist wichtig für unser Selbstverständnis. Und auch für unser Lebensziel. Doch gerade im Zeitalter von Social Media ist das alles andere als einfach. Gerade erst gestern machte mich mein Mann beim Stadtbummel auf etwas aufmerksam. Er sagte: »Es ist unglaublich, wie manche Frauen sich in Pose stellen können.« Mir war es nicht aufgefallen und Johannes beschrieb es mir. Eine junge Frau hatte abrupt die Ausstrahlung verändert: erst ihr strahlendes Selfie vor malerischer Kulisse und schlagartig ein todernster Blick, nachdem die Szene vorbei war. Dieses Phänomen ist mir auch schon oft begegnet. In Sekundenschnelle wird der Schalter umgelegt. Auf dem Foto ist man ein Star und im realen Leben scheinbar ein Niemand. Ziemlich traurig. Wie viel gefühlte Leere steckt da letztendlich dahinter? Wir arbeiten eifrig an unserer Außenwirkung. Doch je ausgefeilter die Performance ist, desto fragiler wird unser Ich.

Wer sagt mir, wer ich wirklich bin? Wie kann ich es für mich erfassen, annehmen und zuversichtlich ausleben? Diese Fragen laufen ein Leben lang mit. Meine Gedanken wandern an den Lebensanfang zurück. Ein kleines Kind braucht fast zwei Jahre, bis es bemerkt, dass es eine eigene Person ist. Du kannst die verschiedenen Entwicklungsstufen bei Euren ukrainischen Gastkindern ja gerade wunderbar beobachten. Anfangs ist ein Kind stolz, wenn es zur spielerischen Frage »Und wo ist deine Nase?« das richtige Körperteil zeigen kann. Doch das ist erst mal nur ein auswendig gelerntes Wiederholungsspiel. Später kann das Kind seinen Namen aussprechen. Irgendwann redet es dann in der Ichform. Ich weiß noch, wie wir als Eltern aufhorchten, als unsere Kinder diese Entwicklungsschwelle überschritten. Wow, welche Veränderung!!! Die Entdeckung seines Ichs ist für jedes Kind eine überwältigende Erfahrung. Doch mit der Erkenntnis »Ich bin ich und anders als die anderen« fängt das Herantasten an dieses Ungreifbare erst zaghaft an.

Natürlich hat es einen großen Einfluss, in welchen Rahmen ein Kind hineingeboren wird. Und welche Botschaften vertraute Personen dem Kind mit auf den Weg geben. Da kann es manchmal ziemlich widersprüchliche Botschaften geben. Doch eins steht fest: Jedes Kind versteht früher oder später, dass es *ein Mensch* ist. Und dass sich damit eine besondere Rolle in der Welt verbindet. Ist das schon alles? Für uns beide ist klar, liebe Valerie, dass jeder nicht nur Mensch, sondern zuerst *ein Geschöpf Gottes* ist. Er trägt außer der DNA, die Erbinformationen weitergibt, auch den Lebensatem des himmlischen Vaters in sich. Den »Edenhauch« sozusagen. Manchmal mache ich mir das bewusst, wenn ich vorüberströmende Menschenmassen staunend unter diesem Blickwinkel anschaue: Jeder dieser

Menschen ist ein Original, gestaltet sein einmaliges Leben und ist grundsätzlich von Gott geliebt. Das gilt für die Glanzmomente und auch dann, wenn derjenige sich selbst gerade gar nicht leiden kann …

Die Hauptfrage zur Identität kam mir gestern kurz vorm Einschlafen. Sie lautet: Ist Identität mir gegeben oder muss ich sie selbst schaffen? Darüber möchte ich noch ein Weilchen nachdenken. Die Antwort, die eine Person darauf gibt, stellt Weichen. Denn eins ist klar. Unsere Identität umfasst viel mehr als nur die Daten, die bei einer Grenzkontrolle via Reisepass geprüft werden. Da haben wir uns auf ein spannendes Feld begeben, Valerie! Ich werde jetzt mal meinen Gedankenfluss stoppen und Dir den Ball zuspielen. Kannst Du Dich erinnern, was für Deine Identität von klein auf besonders wesentlich war?

Vor mir liegt ein strahlender Urlaubstag. Den werde ich jetzt mit Johannes genießen.

Sei behütet, liebe Freundin. Ich wünsche Dir heute das Staunen darüber, dass Du die sein darfst, die Du bist. Denn genauso bist Du »Made in Eden«! 😉

Deine Christina

4.2 Liebe Christina, 8. Mai

mit einem Brief aus Deinem Urlaub hatte ich gar nicht gerechnet. Umso mehr hab ich mich gefreut. Und dann auch noch so ein spannendes Thema! Ja – da fange ich Deinen Ball doch gerne auf – und mache eine gedankliche Seifenblase daraus:

Seifenblase

Sie träumt, dass sie fliegt,
die Schwerkraft besiegt und
schillernd will sie überzeugen,
die Leere betäuben. Nur Sausen
im Kopf! Was bitte ist Identität?
Und wie wird sie wahrhafte Rea-
lität? Verzweifelnd fragil ver-
gleicht sie sich. Die Frage,
das Spiel mit dem: Wer
bin ich? Wirklich?

Du merkst schon, dass es ein bisschen spielerisch gemeint ist. Aber dieses dünnwandige Symbol flog mir gerade in den Sinn, als ich Deine Zeilen las. Wenn Identität nur darauf beruht, etwas nach außen hin scheinen zu lassen, dann wäre sie allerdings seifenflutschig, flüchtig und vergänglich. Was für eine eigentlich doch traurige Beobachtung Dein Mann da gemacht hat! Ein Moment, der glücklich hätte sein können, wurde zu einer leeren Farce. Dabei mag ich Seifenblasen so! Aber die werden ja eigentlich auch gern als Metaphern für Endlichkeit und die Schönheit eines Augenblicks benutzt und stehen für gewöhnlich nicht für Selbstverliebtheit, sondern eher für Selbstverlorenheit.

Überhaupt fällt mir auf, dass dieses »selbst« in so vielen Worten drinsteckt! Selbstbewusst, selbstbestimmt, selbstständig, selbst gemacht, selbstherrlich, selbstkritisch, selbstgerecht, selbstlos, selbstsüchtig, Selbstentfremdung ... ach, die Liste könnte ich noch viel länger machen! Schon kleine Kinder wollen alles alleine machen! Teenies wollen auf eigenen Beinen stehen und selbst bestimmen, wer sie sind. Aber ist es nicht auch wichtig, zu mir selbst zu stehen? Dass ich mich bejahen kann, so wie ich bin? Und ist es nicht auch richtig, dass ich mir von Zeit zu Zeit diese Frage stelle: Wer bin ich wirklich? Und ähnle ich noch der Person, die ich im Tiefsten sein will? Weißt Du, ich möchte behutsam ausloten, wo ich mich ganz mit mir identifizieren kann. Wenn Identität »Gleichheit« und »Übereinstimmung« beinhaltet, dann frage ich mich, was soll das Bild sein, dem ich gleiche? In der Bibel steht ja, dass wir als Ebenbilder Gottes erschaffen wurden. Um das Bild noch einmal zu nutzen: als »Edenbilder« bekamen wir das Prädikat »sehr gut«! Wenn das nicht identitätsstiftend ist! So ein Selbst zu sein, finde ich erstrebenswert und dabei weiß ich doch um meine Begrenztheit und mein »Ungenügend«. Gestern habe ich eine junge Frau, die schon zahlreiche Schönheitsoperationen hinter sich hatte, sagen hören: »Ich gestalte meinen Körper wie eine Leinwand, bis er ein perfektes Kunstwerk ist.« Alles an ihr wirkte irgendwie künstlich. In mir hat das eine Traurigkeit ausgelöst: Warum wünscht sich jemand so leidenschaftlich, perfekt zu sein, obwohl wir schon dieses Edenprädikat »sehr gut« in uns tragen? Ich fürchte, es ist kein Einzelfall in unserer Social-Media-gefilterten Welt, dass jemand seine Identität auf rein äußerliche Merkmale reduziert. Ich fürchte, dass wir alle mehr oder weniger von diesem Gift genascht haben.

Ob ich mich erinnern kann, was für meine Identität von klein auf besonders wesentlich war? Da muss ich wirklich überlegen, liebe Freundin. Da ich zwar die Zweite in der Geschwisterfolge, aber das erste Mädchen war, habe ich mich von klein auf über das Wesensmerkmal »Mädchen« definiert. Oft haben meine Eltern betont, was mein Name bedeutet: »Die Gesunde, die Starke«, und dann gelächelt, weil ich immer zart und anfällig war. Ich glaube also, dass ich mich so sehe: zart und dennoch stark.

Was für eine spannende Frage, die Du da stellst: »Ist Identität mir gegeben oder muss ich sie selbst schaffen?« Uff! Ich hoffe, dass Du nicht erwartet hast, von mir die fertige Antwort geliefert zu bekommen. Ich tendiere dazu, dass mir Identität gegeben ist. Darum auch »Edentität«. Aber sie ist nicht nur Gabe, sondern auch Aufgabe! Ich darf daran feilen und die Stellen polieren, die mir besonders wichtig sind. Ich darf neue Aspekte suchen und finden und ausprobieren, ob sie zu mir passen. So viel muss Dir als Antwort erst einmal genügen, denn ich werde weiter darüber nachdenken.

Wie gern würde ich weiter nachsinnen, den Faden weiterspinnen. Wenn Du wieder zu Hause bist, machen wir das. Bis dahin wünsche ich Dir einen entspannten Urlaub mit Deinem Mann! Genieße die Tage ohne Alltagspflichten!

Liebste Grüße von
Valerie

Tiefer graben

Identität - Wer bin ich wirklich?

Die Unverwechselbarkeit einer Person geht mit ihrer Identität Hand in Hand. Das Wort »Identität«, abgeleitet aus dem Lateinischen (»identitas« = Wesenseinheit; von »idem« = derselbe, dasselbe), beinhaltet Gleichheit und Übereinstimmung. Polizeilich kann die Identität an äußeren Merkmalen festgestellt werden. Diese Fakten bilden nur den sichtbaren Anteil der persönlichen Identität ab. Schwerer zu definieren, doch außerordentlich bedeutsam ist das Ich-Verständnis: Wer bin ich wirklich? In der Kindheit werden dafür die Weichen gestellt, während der Pubertät hinterfragt und gefestigt. Lebenslang bleibt die Auseinandersetzung mit der Identität durch Wandlungs- und Veränderungsprozesse relevant. Reflexionsfläche dafür sind positive oder negative Erfahrungen in sozialen Beziehungen.

Vom christlichen Glauben her betrachtet ist das Fundament der Identität Gottes Ja zu unserem Leben. Wir sind »gewollt, geschaffen, geliebt«.[10] Auf diesem Fundament können wir unsere Identität als einzigartige Geschöpfe entfalten. Dies geschieht im Wechselspiel von Annahme, Reflexion und gestalterischer Freiheit.

4.3 Liebe Valerie, 15. Mai

der Austausch mit Dir ist mal wieder voller unerwarteter Wendungen. Im Handumdrehen wird aus dem zugespielten Ball eine Seifenblase. Und wie Du Dir sicher vorstellen kannst, habe ich mich durch Deine Wortspielerei gleich anregen lassen zu einer Seifenblasen-Pause auf dem Balkon. Das gelbe Fläschchen steht dort griffbereit auf dem Fensterbrett. Noah, der kleine Nachbarsjunge, weiß das auch schon ganz genau. Manchmal fasst er mich bei der Hand, zieht mich wortlos in Richtung Balkon und pustet mit seinen kleinen Lippen schon mal in die Luft, um sich verständlich zu machen. Seifenblasen scheinen ihm nie langweilig zu werden. Ja, sie sind wirklich wunderschön, doch von kurzer Lebensdauer. Was die Identität im Unterschied dazu braucht, ist nicht nur einen brillanten Kurzauftritt, sondern Substanz. Woraus diese bestehen könnte, beschäftigt Menschen zu Recht – bewusst oder unbewusst.

Deine Betroffenheit über die Aussage der jungen Frau teile ich von Herzen. Sie scheint sich das Projekt vorgenommen zu haben, sich selbst als Kunstwerk zu gestalten. Geht es Dir auch so, dass Du dahinter eine große Sehnsucht ahnst? Es wäre zu vage, diese Sehnsucht entschlüsseln zu wollen, denn es könnten verschiedene Nuancen verborgen sein: das Herzensbedürfnis, gesehen zu werden, Bedeutung zu haben, aus der Masse der Menschen hervorzustechen oder einfach nur, mit dem eigenen Leben etwas vermeintlich Sinnvolles anzufangen. Du schreibst, es wirkt künstlich. Das kann ich mir gut vorstellen. Das Projekt »Ich als Kunstwerk« bringt für sie nicht nur Schmerzen und Kosten mit sich, es hat auch in der Vergänglichkeit einen unerbittlichen Gegner. Die Werke von großen Künstlern wie Michelangelo sind in Stein gemeißelt oder auf Wänden verewigt. Und sie haben nicht sich selbst zum Hauptthema. Ihre Selbstporträts reihen sich in eine große Schaffensbreite ein. Ichbezogenheit und Perfektionismus sind auf alle Fälle ungünstige Identitätsbausteine, die im Verlauf eines Lebens nicht leicht wieder abzulegen sind. Unsere Identität braucht etwas Solides, Stabiles, das möglichst ein Leben lang trägt.

Die Interaktion mit anderen Menschen spielt dabei eine ganz wichtige Rolle. Denn wie wir uns selbst in unserer Umwelt und in sozialen Beziehungen erleben, lässt uns Rückschlüsse auf unsere Identität ziehen. Bei der von Dir genannten jungen Frau könnte es sein, dass sie besonders wegen ihres hübschen Aussehens schon als Kind oder Jugendliche Bestätigung bekam. Dann ist es nur verständlich, dass sie das fortsetzen möchte. Oder sie wurde aufgrund ihres Äußeren gehänselt und will sich gerade deshalb vom hässlichen Entlein zum Schwan hocharbeiten. Das ist natürlich sehr vereinfacht ausgedrückt, doch ich bin mir sicher, Du verstehst, was ich damit meine. Man könnte es auch so sagen: Das war die beste Idee, die das Kind damals haben konnte. Doch nun wäre es Zeit, diese Ideen gegen neue auszutauschen ...

Der jüdische Religionsphilosoph Martin Buber sagte einmal: »Der Mensch wird am Du zum Ich.« Die Ich-Entwicklung ohne das Du ist also gar nicht möglich. Es gab ja mal ein solches Experiment, in dem Neugeborene versorgt wurden ohne echte Beziehungsaufnahme. Ich meine gelesen zu haben, dass sie alle nicht überleben konnten. Ein solches Experiment ist eine Tragödie und zeigt unsere Bedürftigkeit nach menschlicher Zuwendung. Das andere Extrem wäre das aus Deinem Beispiel. Darin werden – überspitzt gesagt – alle anderen nur als bewunderndes Publikum der Selbstinszenierung einer erwachsenen Frau missbraucht. Auch das sind keine echten Beziehungen. Das Ich sucht die echte und nahe Begegnung, um stabil zu werden.

Du merkst, das war ein längerer Gedankengang, den Deine kleine Erwähnung ausgelöst hat. Damit sind wir auch noch nicht fertig. Doch jetzt möchte ich lieber noch einmal auf uns selbst schauen.

Für Dich war also schon sehr früh wichtig, dass Du ein Mädchen bist. Dem Namen nach gesund und stark, doch gleichzeitig auch zart. Ist das nicht spannend, dass aus dem Klang der Worte Deiner Eltern, verbunden mit ihrem besonderen Lächeln, ein Stück Deiner Identität geworden ist?

Ich habe auch über meine ersten Identitätserfahrungen nachgedacht und bin erstaunt, was sich dabei in mir meldet. Ich bin ja auch ein Mädchen mit einem großen Bruder, doch das war für mich nicht so wichtig. Vielmehr sehe ich die sich wiederholende Sonntagsszene meiner frühen Kindheitsjahre vor mir. Mit weißen Strumpfhosen und Sonntagskleid lief ich mit meinem Bruder zur »Sonntagsschule«, so hieß das christliche Kinderprogramm. Dort wurden Lieder gesungen, die ich bald auswendig konnte. »Meinem Gott gehört die Welt«, »Ein kleiner Spatz zur Erde fällt«, »Gott ist die Liebe«, »Weil ich Jesu Schäflein bin«. Ja, ich weiß, heute sind sie alle unmodern und werden in keiner Kinderstunde mehr gesungen. Doch diese Melodien und Texte haben sich tief in mein kindliches Herz eingegraben. Stell Dir mal die Kinderseele vor, in die diese Sätze fallen: »Und sein Eigen bin auch ich. Gottes Hände halten mich, gleich dem Sternlein in der Bahn, keins fällt je aus Gottes Plan.« Das hat mich tief geprägt, beruhigt und ermutigt. Schon damals wurde der kindliche Glaube an Jesus ein Grundstein meiner Identität. Natürlich hat sich später mein Glaube verändert, das war auch gut so. Aber dieses Aufgehobensein ist für mich nicht wegzudenken. Mit einer Kindheit in Ostdeutschland ist das nicht selbstverständlich. Der christliche Glaube war eher verpönt und stand den allgemeinen Werten in der Gesellschaft entgegen. Doch ich gehörte zu dieser christlichen Familie, die noch dazu fremd war im Dorf. Aber das hat mich nicht gestört.

Wie viel davon persönliche Konstitution ist, kann ich nicht sicher sagen. Es ist ja immer auch eine Frage der Persönlichkeit: Was ist genetisch und was selbst geschaffen? Das lässt sich ebenfalls auf die Identität ausweiten. Was bringe ich mit auf die Welt und was konstruiere ich mir selbst? Ich mag einen bildlichen Vergleich, den wir in unserer Beraterausbildung verwendet haben. Er versucht, genetische Veranlagung, Umwelteinflüsse und die eigene schöpferische Kraft bei der Ausgestaltung eines persönlichen Lebensstiles in Balance zu bringen. In diesem Sinnbild geht es um Bausteine und das Gebäude, das daraus gebaut wird. Die Erbanlagen stehen für das Baumaterial, welches mir zur Verfügung steht. Die Umwelteinflüsse entsprechen dem Mörtel, mit welchem ich die Bausteine verbinde. Und meine eigene kreative Kraft ist dafür verantwortlich, welches Gebäude ich aus dem Material baue, mit welcher Stimmung und mit welchem Tempo es vorwärtsgeht.

Und nun bringe ich mal noch die Identität oder Edentität dazu ins Spiel. Denn man könnte dieses Bild erweitern um denjenigen, der den »Baukasten« überreicht. Und das ist Gott, oft unerkannt und nicht beachtet. Mit ermunterndem Blick übergibt er uns beim Start unseres Lebens Festgeschriebenes und Gestaltbares. Ganz bestimmt ist der Schöpfer voller Vorfreude, was daraus alles werden könnte. Er sieht die vielen Bauvarianten, die sich uns eröffnen. Er hat das Umfeld im Blick mit allem, was fördernd oder hemmend auf uns einwirken könnte.

Ja, ich glaube sogar, er hat gewisse Pläne, was aus unserem Leben werden könnte, ohne uns festzulegen. Vielleicht steckt in der Suche nach der Identität der Versuch der Rückkopplung mit dem Schöpfer? Wenn die Verbindung abgebrochen ist, wird das schwierig. Dann gibt es für die Identität keinen äußeren Halt.

Vielleicht eile ich mit diesen Gedanken voraus. Doch es könnte auch sein, dass sie eine gute Grundlage bilden, um weiter nachzudenken. Du merkst schon, ich empfinde es ähnlich wie Du, wenn Du dafür plädierst: »Edentität ist gegeben, doch nicht starr und statisch.« Du schreibst von feilen, polieren, suchen, finden und ausprobieren. Das sind wunderbar praktische Verben voller Entdeckerdrang und Lebensfreude. Manches erleiden wir wohl auch auf dem Weg zu unserem reifenden Ich und Ich-Bewusstsein. Irrtümer sind eingeschlossen, falsche Wege und Korrekturen gehören dazu. Dieses Wunder des Seins und Werdens erfüllt mich mit Ehrfurcht. Besonders wenn ich Menschen sehe, die mit Ausdauer daran arbeiten, ihre Identität aus einem neuen Blickwinkel zu betrachten.

Genug für heute. Jetzt setze ich einen Schlusspunkt. Nach so viel Denken brauche ich erst mal Bewegung. Du wirst schon herausfiltern, was Dir brauchbar erscheint. Ich freue mich schon jetzt auf Deine weiterführenden Gedanken und bin gerade kolossal froh, nicht der Weisheit letzten Schluss liefern zu müssen. Auch im Austausch mit Dir werde ich ein Stück mehr ich, liebe Valerie. Dafür danke ich Dir!

Deine Christina

4.4 Meine liebe, kluge Christina! 21. Mai

Viele Impulse waren in Deinem Brief, die ich in meinem Herzen hin und her bewegen durfte: Wir sammeln Elemente unserer Identität wie Mosaiksteinchen zusammen, schärfen das Bild im

Kontext mit unseren Mitmenschen, bauen beständig weiter daran und bestimmen ganz nebenbei auch, was wir bauen. Besonders Letzteres hat mich erstaunt und meine Fantasie regelrecht beflügelt!

Eines meiner Lieblingsbilderbücher seit meiner eigenen Kindheit handelt von Seraphin. Er baut sich gemeinsam mit seinem Freund Plume sein Traumhaus. Das Bild in dem Buch ist so umwerfend fantasievoll, bezaubernd und sehnsuchtsvoll, dass man es nie mehr vergisst! Es gibt einen Anbau in Form einer gläsernen Kugel, ein verschnörkeltes Türmchen, einen Kranausleger und eine Treppe bis in den Himmel. Unsere Söhne haben das Buch ebenso geliebt wie ich und so müssen wir nur das Stichwort »Seraphins Haus« nennen und wir sind wieder mittendrin in diesem wohligen, alten, geborgenen Gefühl. Ja, mit so einem Bild im Kopf möchte ich das Thema »Identität« angehen! Es macht Lust, da einzutauchen, um ein wenig mehr von dem zu verstehen, was uns Menschen ausmacht. Besonders der Gedanke, dass Identität nicht statisch ist, sondern sich weiterentwickelt und ausbaufähig ist, gefällt mir.

Die Treppe bis in den Himmel hat mich schon als Kind fasziniert. Wie gern hätte ich so eine Treppe gehabt! Manchmal, um vor den Problemen hier auf der Erde zu fliehen, aber vor allem, um zu schauen, wo Gott wohnt. Er war auch für mich immer gegenwärtig. Seit ich denken kann, bete ich zu ihm und finde Trost und Geborgenheit bei ihm. Ich habe ihn aber ebenso gefürchtet wie geliebt. Da rumorte auch immer eine hinterlistige Angst in meinen Gehirnwindungen, die mich erschauern ließ, weil ich befürchtete: Ich bin nicht genug! Nicht genug brav, nicht genug treu, nicht genug ehrlich, nicht genug hilfsbereit und so weiter. Heute denke ich: Wenn man sein Selbst – sein »Ich bin« – davon abhängig macht, was dahinter geschrieben steht (»nicht genug …«), landet man automatisch in der Selbstabwertung. Es ist gar nicht so leicht, hinter dem »Ich bin« einfach einen Punkt zu setzen. Verstehst Du, was ich meine?

Dein tiefes Verwurzeltsein im christlichen Glauben hat mich beim Lesen berührt, strahlt es doch so viel Frieden aus! Dass Gott gute Pläne für uns hat, ist ein tröstlicher Gedanke. Ich liebe diesen Vers aus dem Propheten Jeremia (29,11): »Denn ich weiß wohl, was ich für Gedanken über euch habe, spricht der Herr: Gedanken des Friedens und nicht des Leides, dass ich euch gebe Zukunft und Hoffnung.« Aber seine Pläne mit uns sind nicht dieser Art, dass es nur *einen einzigen* richtigen Weg, *eine* Entscheidungsmöglichkeit, *einen richtigen* Lebenspartner oder *eine einzig mögliche* Berufung gibt – und wenn wir diese verpassen, versäumen wir das Leben, das Gott für uns gedacht hat. Jenes Leben, das er mit Zukunft und Hoffnung segnen will. Nein – ich glaube, dass er Freude hat, uns dabei zuzuschauen, was wir mit dem Baumaterial anfangen! Wozu wäre sonst unsere Fantasie gut, wenn wir sie nicht einsetzen könnten? Gott ist bestimmt kein Langeweiler, der nur quadratische, praktische Bungalows mag, da bin ich mir sicher! In einem Deiner Sätze las ich heraus, dass es neben den Baumaterialien, über die wir uns freuen, auch andere gibt: Irrtümer, Leid und – das möchte ich noch hinzufügen – Verwundungen und Beschämungen. Ja, ich nicke innerlich dazu, liebe Christina. Selbst das bauen wir wohl ein und sicher tragen diese Materialien zur Standfestigkeit unseres Gebäudes bei, auch wenn wir auf diese Erfahrungen lieber verzichtet hätten.

»Ichbezogenheit und Perfektionismus sind in jedem Fall ungünstige Identitätsbausteine«, schreibst Du. Wahrscheinlich sind sie besonders unglücklich in gerade dieser Kombination! Die junge Frau in der Talkshow war ja nur ein Beispiel für Social-Media-fixierte Influencerinnen und Influencer. Perfektionismus an sich ist ja schon schwierig. Wenn er sich aber ausschließlich auf die eigene Person, insbesondere das Äußere dieser Person bezieht, dann ist dieses Kunstwerk-Bauprojekt zum Scheitern verurteilt. Denn, wie Du ja auch schreibst, spielt die Zeit ja immer gegen Dich! Was bleibt von Deiner Identität noch übrig, wenn Du alt und faltig und grau geworden bist? »Identität schreit nach Sinn!«, denke ich gerade. Wenn meine Identität damit nicht gefüllt wird, wird es in mir weiterschreien. Darum blieben die Bilder der jungen Frau auch so traurig bei mir in Erinnerung. Ich will mich gar nicht darüber erheben. Ich schrieb ja schon, dass ich ebenfalls von dem Gift genascht habe. Man kann sich gar nicht dagegen wehren, wenn man nicht als Einsiedler in einer Höhle leben will. Dennoch möchte ich mir dessen bewusst bleiben, um nicht abhängig von diesem Gift zu werden. Es bleibt ein tägliches Ringen um das, was wirklich wichtig ist. Und das sind echte Beziehungen und Interaktionen! Ja, liebe Freundin, das sehe ich zu hundert Prozent genauso wie Du. Von den erschütternden Experimenten mit Liebesentzug für Babys und ihrem Tod hatte ich auch gehört. Es ist heute allerdings nicht klar, ob sie wirklich so stattgefunden haben, dazu gibt es verschiedene Theorien. Wie sehr wir aber den anderen und die Interaktion mit ihm brauchen, um unser Bild von unserem Ich zu entwerfen, ist mit Sicherheit unstrittig! Martin Buber hat da einen sehr weisen Satz geäußert. Ich denke, dass Instagram, Facebook und Co. dieses Gegenüber nicht ersetzen können. Es bleibt einfach ein ständiges Suchen nach der richtigen Balance, oder? Seine Identität nicht abhängig zu machen von der Meinung anderer und dennoch in Beziehung zu sich selbst, zu Gott und zum Mitmenschen offen zu bleiben für Korrektur, Veränderung und Bestätigung. Das klingt nach einer Lebensaufgabe.

Weißt Du, ich muss dabei an die kleine Klara denken, die oft sagt: »Die anderen Kinder finden mich doof. Im Gegensatz zu der Alina, die …« (und dann kommt immer irgendwas, was diese Alina besonders gut kann, was sie hat oder gesagt hat oder zu welchem Kindergeburtstag sie geht). Es tut mir so leid, dass Klara sich mit dieser Alina vergleicht und immer schlechter abschneidet. Dabei ist sie so ein tolles Mädchen! So hilfsbereit, ehrlich und tierlieb. Leider sehen das ihre Altersgenossinnen wohl nicht so. Kinder können da mit ihrer Meinung echt grausam zueinander sein. Ich wünschte, Klara würde nicht so widerspruchlos glauben, was die anderen Kinder über sie sagen.

Was mir noch dazu auf der Seele brennt, sind diese Fragen: Worüber reden wir als Erstes, wenn wir über uns reden? Welche Episoden unserer Kindheit sind uns immer wieder vor Augen? Ich frage mich, wie viel Einfluss hat das, was wir seit den frühesten Tagen über uns denken? Unsere Identitätsentwicklung läuft vielleicht parallel zum Narrativ, zur sinnstiftenden Erzählung unseres Werdens. Ich bin sehr gespannt, ob wir gemeinsam diesen Fragen auf die Spur kommen. Du mit Deiner Erfahrung in der Begleitung von Menschen und ich … ja, ich mache es auf meine Weise und schreibe erst einmal ein Gedichtchen dazu:

Naive Narrative

An jedem Morgen läuft er.
Sie hält die Bilder fest,
presst sie sich an die kleine Brust.
Die Flimmerbilder fallen
ins frische Seelennest.

Die Leinwand wird belichtet.
Sie macht sich ihren Reim,
bevor sie selber sprechen kann.
Und ohne Worte lernt sie,
als Zeugin da zu sein.

Der Film vor ihren Augen
weiß noch nicht, was er wird.
Der Ton macht nicht nur die Musik.
Ob Drama oder Schnulze,
wer weiß schon, was passiert?
Das Drehbuch dreht sich weiter,

entwickelt sich in einem fort.
Der Rat der Zeit tagt heiter
und hat doch nichts zu sagen,
hat nicht das letzte Wort.

Sie ist der Übersetzer,
der Regisseur und auch
die Muse und die Filmmusik,
denn sie verteilt die Rollen
zum Kopfkino im Bauch.

Der greise Film verhakelt,
er stolpert und vergisst.
Sie kennt ihn in- und auswendig,
obwohl er sich verändert
und alt geworden ist.

Er hängt an ihren Lippen
und sie erhört sein Flehn:
Ich weiß, du träumst vom Happy End.
Ich kenn dich wie kein andrer,
nur ich kann dich verstehn.
Die Leinwandbilder nicken.
Schwarz-Weiß ist längst vorbei.
Das kleine Mädchen ist nun groß,
färbt rückblickend Gedanken neu
und lässt sie wieder frei.

Das Drehbuch dreht sich weiter,
nimmt die Geschichte mit sich fort.
Der Weg zum Ziel wird breiter.
Sie hat für ihre Wahrheit
das allerletzte Wort.

Für heute schließe ich meinen Füller und stecke diesen Briefbogen in einen Umschlag. Möglicherweise ist auch unser Briefwechsel so ein »Seraphins Haus«: immer im Umbau und im neugierigen Weiterfluss und ganz sicher ohne Anspruch auf Perfektion!

Allerliebste Grüße zu Dir und bitte puste mir eine Seifenblase vom Balkon – ich werde sie dann auffangen!

Deine Valerie

4.5 Meine liebe Freundin und Wortkünstlerin, 28. Mai

diese Überraschung ist Dir wieder gelungen. Tausend Dank für Deine Post! Vieles hat mich animiert, nicht nur gedanklich, sondern auch in der Fantasie. Stell Dir vor, das Traumhaus aus Deinem Kinderbuch hat vor meinem inneren Auge Gestalt gewonnen: gläserne Kugel, verschnörkeltes Türmchen und eine Treppe bis zum Himmel. Euer Kinderbuch lasse ich mir unbedingt zeigen bei meinem nächsten Besuch. Ist das nicht großartig, wie individuell, fantasievoll und im besten Sinne zweckdienlich wir unsere Identität entwickeln dürfen?

Es hat mich berührt, dass die kleine Valle sehnsuchtsvoll in den Himmel steigen wollte und wie genau Du Deine Empfindungen von damals beschreiben kannst. Eine Mischung aus Neugier diesem unsichtbaren Gott gegenüber, sich zu ihm hingezogen fühlen und gleichzeitig höchster Respekt vor ihm – das hat sich anscheinend intensiv in Deine Erinnerung eingegraben. Ich staune, wie tief Du das schon als Kind erfasst hast. Und ich glaube, fast jedes Kind macht sich früher oder später Gedanken über Gott, sobald es auf irgendeine Weise dazu angeregt wird. Vielleicht ist diese Sehnsucht und Suche nach dem Ewigen eine Facette unserer Edentität, die letztlich in jedem schlummert? Auf der anderen Seite gibt es das Wissen um unsere eigene

Mangelhaftigkeit, das Nicht-genug-Sein. Das kenne ich genauso wie Du, liebe Valerie.

Wenn ich diesen Gedanken noch mal mit unserem Faden über Außenwirkung, Social Media und echte Beziehungen verknüpfe, wird mir erschreckend bewusst, wie leicht wir dabei auf den Holzweg geraten. Oder besser gesagt: aus der falschen Quelle trinken. Wir haben »von dem Gift genascht«, so schreibst Du es. Ich weiß, was Du meinst ... Wenn es uns als über Fünfzigjährige schon so geht – wie schwer muss es erst für junge Menschen sein? Sie sind in ihrer Identitätssuche noch viel verletzlicher und unsicherer. »Identität schreit nach Sinn«, diesen Satz fand ich absolut stark! Unsere Selbstinszenierung kann diesen Schrei leider nicht stillen. Doch sie ist so verführerisch. Mit ein paar coolen Fotos fühlen wir uns gleich viel attraktiver und bedeutungsvoller. Der virtuelle Lebenslauf durch die Facebook- oder Instagram-Timeline eignet sich zur Selbstinszenierung. So scheint es zumindest kurzfristig. Bauch einziehen – Mundwinkel hoch – von zehn Fotos das Beste auswählen – Filter drauflegen und posten. Natürlich macht das viel mehr Spaß, als einen trockenen Lebenslauf nach DIN-Vorgabe abzufassen, darauf wurden wir in der Schule noch getrimmt. Doch weder das eine noch das andere bildet ab, wer wir wirklich sind. Das könnten wir jetzt kompliziert finden und enttäuschend. Kurioserweise ist es mir gerade nach dem Gegenteil zumute. Ich juble innerlich über dieses Geheimnis. Wie wunderbar und entlastend: Unser Sein ist immer größer, als wir ausdrücken und abbilden können. Nicht umsonst sagt man ja, jeder Mensch sei ein eigenes Universum. Uns mit einer gewissen Ehrfurcht an diese Komplexität heranzutasten, ist eine Lebensaufgabe. Ich finde, Du hast es sehr gut beschrieben, was da hineingehört. Sich nicht »abhängig zu machen von der Meinung anderer und dennoch in Beziehung zu sich selbst, zu Gott und zum Mitmenschen offen zu bleiben für Korrektur, Veränderung und Bestätigung«. Ein großes, dickes Ja dazu!

Mit Deinem Poetry der Naiven Narrative bringst Du eine ganz andere Kamerasicht ein als die der Selfies und Postings. Wie leicht Du Gedanken in Worte kleidest und mit ihnen spielst, fasziniert mich wieder. Was für ein hilfreiches Bild, eine imaginäre Kamera mit dem kleinen Mädchen in Verbindung zu bringen. Da ist so viel Wahres dran. Dieses Bild beschreibt absolut zutreffend, was wir alle von Kindesbeinen an tun: Szenen festhalten, sie auf unsere Weise belichten, archivieren und dann irgendwann wieder auspacken. Das ist ein völlig normaler Vorgang. Du führst die innere Wende so schön ein: »Schwarz-Weiß ist längst vorbei, das kleine Mädchen ist nun groß, färbt rückblickend Gedanken neu und lässt sie wieder los.« Welche Befreiung.

Und es stimmt, liebe Valerie, darin besteht auch die Einladung an uns. Genauso wenig, wie wir unser äußeres Image ständig weiterpolieren müssen, sind wir zu unserem bisherigen inneren Denken verpflichtet. Wir müssen nicht einfach automatisch und gedankenlos nach unserem inneren Drehbuch weiteragieren. So als ob die Wahrheit über unser Sein, über unseren Platz in dieser Welt und die sich daraus ergebende Zukunft festgeschrieben wäre. »Der Weg zum Ziel wird breiter. Sie hat für ihre Wahrheit das allerletzte Wort.« Welche befreiende Einladung. An dieser Stelle möchte ich einmal tief Luft holen, mich recken und strecken. Das tut so gut!

Ich hoffe so sehr, dass die kleine Klara das auch irgendwann erleben darf und sich von ihrem negativen Lieblingssatz »Die anderen finden mich doof« verabschieden kann. Wenn solche Sätze zur immer massiveren Überzeugung werden, ist das echt beklemmend.

Es gibt eine psychologische Richtung, die sich mit der Erzählweise einer Person über ihr Leben beschäftigt. Mit Deinem Gedicht »Naive Narrative« spielst Du vermutlich auch schon darauf an. Man spricht von »Narrativer Identität«, also von einer Identität, die wir uns selbst erzählen und die wir anderen vermitteln wollen. Dass das nur ein Ausschnitt des Ganzen sein kann, ist ja logisch. Interessant dabei ist, welchen Ausschnitt wir selbst wählen und präsentieren. Vielleicht kann man sich das vorstellen wie eine riesige Fotokiste. Aus der holt die Person gezielt bestimmte Fotos ihres Lebens heraus und erzählt anhand dieses Leitfadens, wer und wie sie ist.

Du wirst Dich vielleicht fragen, was ich daran spannend für unser Thema finde. Mir wird daran bewusst, welchen Einfluss die Färbung hat, mit der wir über unser Sein berichten. Denn letztendlich setzt sich das auch fest und wird zur erzählten Wirklichkeit. Mir fällt ein Beispiel dazu ein. Bestimmt ist das verständlicher als nur die Theorie. Ich lernte eine Person kennen, die die Beschreibung ihres Lebens am liebsten mit einem dramatischen Satz eröffnet: »Ich war das Tüpfelchen auf dem i der Katastrophen.« Boah, das sitzt – jedes Mal wieder neu. Mit diesem Aushängeschild durchs Leben zu gehen, bringt freilich eine Menge Probleme mit sich. Diesen Bekannten kann ich nur ermutigend anschauen und ihm zeigen, dass er bei uns willkommen ist, ganz katastrophenfrei. Wenn er mein Klient wäre, würde ich mit ihm an diesem Satz arbeiten. Schon eine kleine Änderung könnte viel ausmachen. »Ich wurde in schwierige Umstände hineingeboren, doch irgendwie bin ich bis heute durchgekommen« – das klänge doch schon ganz anders.

Interessanterweise gibt es auch Menschen, deren Erzählweise verklärt positiv ist. Ich erinnere mich an eine längst vergangene Episode. Als Schwesternschülerinnen in Dresden wollten wir unser Taschengeld aufbessern. Deshalb ging ich mit meiner Zimmerkollegin bei einer alten, verwitweten Dame putzen. Garantiert kam jedes Mal der Punkt, an dem sie uns ganz stereotyp mit erhobener Stimme den gleichen Satz präsentierte: »Zwischen meinem Mann und mir gab es nie ein böses Wort.« Je öfter wir das hörten, desto mehr mussten wir an uns halten, um nicht die Augen zu verdrehen. Eine solche Partnerschaft fanden wir beide nicht erstrebenswert ... Doch jene alte Dame brauchte diesen Satz für ihr Selbstbild. Offensichtlich wollte sie uns ein viel zu ideales Bild ihrer Ehe präsentieren. Steht nicht dahinter auch die Befürchtung, im Vergleich mit anderen nicht so gut dazustehen?

Mag sein, dass wir in unserer menschlichen Angst, nicht gut genug zu sein, öfter fragen: »*Wie* bin ich?« statt »*Wer* bin ich?« Das lässt sich leichter beantworten, ist irgendwie greifbarer. Und dann legen wir unsere Messlatte an in der Hoffnung, dabei gut abzuschneiden. Letztlich schreit das kleine Kind in uns nach Ansehen und Bedeutung. Auch als erwachsene Person haben wir damit noch zu tun, schwankend zwischen Selbstabwertung und Selbstüberhöhung. In diese Unsicherheit hinein ist der Megazuspruch der Therapeutin Sabine Naegeli wie eine Offenbarung: »Wer du auch immer sein magst in deinen Augen und in den Augen anderer Menschen: Gott sieht dich an, darum bist du zuallererst ein angesehener Mensch.«[11]

Wir sind angesehene Menschen durch die liebevollen Augen unseres Schöpfers, liebe Valerie. Das geht mir gerade selbst neu unter die Haut. Es ist verlässlicher, als in der VIP-Loge sitzen zu dürfen, Tausende Follower bei Instagram oder einen Wikipedia-Eintrag zu unserem Namen zu haben. Also ergänze ich Dein »Ich bin – Punkt« mit »Ich bin angesehen – Punkt«.

Und damit gehe ich beschwingten Fußes zum Gartenschlauch und besprenge unsere Pflanzen. Dabei kann ich diesen wunderbaren Satz in Gedanken so richtig in mich hineinrieseln lassen. Ach ja, fast hätte ich vergessen, was ich Dir noch sagen wollte: Wie schön, dass Du die kleine Klara so mitfühlend und verständnisvoll ansiehst. Schon eine einzelne Person kann damit richtig viel bewirken!

Ich drück Dich.
Deine Christina

Tiefer graben

Narrative Identität – Wir erzählen, wer wir sind

Mit diesem Begriff wird eine Verbindung hergestellt zwischen dem Erzählen einer Person und ihrer Identität. Wir alle sind Geschichtenerzähler. In Selbstgesprächen und Gesprächen mit anderen heben wir bestimmte Facetten hervor und lassen andere weg. Diese Auswahl zeigt, worüber wir uns definieren, wie wir wahrgenommen werden möchten und was andere über unser Ich erfahren dürfen. Wir schaffen eine »sinnstiftende Erzählung über uns selbst«[12] und werden damit als Autorinnen und Autoren unserer Lebensgeschichte aktiv. Was wir über unser Ich erzählen, stellt auch Weichen für die Zukunft.

4.6 Liebe Christina! 5. Juni

Nachdem ich Deinen letzten Brief nun noch einmal gelesen habe, bleibe ich wieder an diesem wunderbar ermutigenden Satz hängen: »Gott sieht dich an! Darum bist du zuallererst ein angesehener Mensch!« Wie viel Trost und Würdigungen stecken in diesen Worten! Eine meiner Lieblingspersonen in der Bibel ist Hagar, die ägyptische Haussklavin von Abraham und Sara. An sie musste ich bei dieser Aussage von Sabine Naegeli sofort denken. Von Hagar wird berichtet, dass sie Gott als erster Mensch der Bibel einen Namen gibt. Sie nennt ihn den »Gott, der mich sieht«! Du kennst diese Geschichte sicher auch. Für mich ist sie wortwörtlich berührend, diese Hagar. Ich habe vor einigen Jahren eine Holzskulptur gefertigt, die sie darstellt: aus Rotdornholz, das wunderbar gezeichnet ist, aber dabei sehr hart und widerstandsfähig. Die Schnitzarbeiten an ihr waren darum echt anstrengend. Irgendwann habe ich entschieden, dass »meine« Hagar keine Augen haben soll. Weil es für sie viel wichtiger ist, gesehen zu werden von dem lebendigen Gott, als selbst zu sehen. Sie darf blind vertrauen, dass ER sich wirklich um sie kümmert. Sie ist allein darum schon wertvoll, weil sie angesehen wird. Es ist ein Teil ihrer Identität, eine Gesehene zu sein, einfach weil sie geboren wurde. Das gilt für jeden Menschen – ausnahmslos! Die pure Tatsache, dass wir das Leben haben, besagt, dass Gott uns wollte! Nicht nur die »Abrahams« dieser Welt, sondern auch die Unscheinbaren und Missachteten, vielleicht sogar gerade die besonders?

Was Du über Euren Freund erzählst, hat mich getroffen. Wie furchtbar, so von sich selbst zu sprechen! Das Tüpfelchen auf dem i der Katastrophen zu sein, klingt einfach abgrundtief traurig. Ich wünsche diesem Mann sehr, dass er mit der Zeit lernt, sich abzugrenzen von den Katastrophen, die seine Lebensgeschichte offensichtlich mitgeschrieben haben! Ich denke gerade: Das Tüpfelchen hat keine direkte Verbindung zum i, es schwebt quasi darüber. Vielleicht wird es auch für diesen Menschen möglich werden, sich von diesem negativen Selbstbild zu befreien und sich losgelöst von irgendwelchen Katastrophen zu definieren? Das wünsche ich ihm von Herzen. Dein Vorschlagssatz klingt so anders. Er schließt nicht die Augen vor dem, was schwierig war, aber er begrenzt nicht alles darauf. Im Gegenteil: Das ist doch auch Trotzkraft, oder? Wenn man TROTZ der Katastrophen durchkommt, den Schmerz würdigt, aber ihm die Macht nimmt, als stärkste Kraft identitätsstiftend zu sein.

Ich verstehe Dein Ringen um die Frage »Wie bin ich?«. Aber die Versuchung liegt nahe, dass sie fälschlicherweise so gestellt wird: »Wie komme ich an?« Als wäre dies das vorrangige Merkmal unserer Identität. Ja, wir leben in einer Welt der Selbstinszenierung und des ständigen Vergleichens. Immer gibt es perfekt gefilterte Bilder von Menschen, die schöner sind, klüger, beliebter, erfolgreicher, glücklicher, sportlicher ... Ja, es scheint so, als wäre unsere Identität vor allem davon abhängig, wie wir nach außen wirken. Und selbst wenn man die Frage nach dem »Wer bin ich?« stellt, gibt es so viele Antworten, dass es einen eher verwirrt als weiterbringt. Wer war ich z. B. als Kind? Das ist gar nicht leicht zu beantworten, denn ... hmm ... ich war *viele!* Ich war die Kleinste und Stillste, die sich zu wenig getraut hat. Ich war die kreative Spielmacherin. Manchmal wäre ich gern unsichtbar gewesen und manches Mal wünschte ich mir mehr Aufmerksamkeit. Ich war das kleine i-Dötzchen mit dem großen Tornister. Und ich war die vielen Mädchen, die ich damals in mein Büchlein gemalt habe. Und sehr oft war ich jemand nur »im Spiel«, einfach, um etwas auszuprobieren, denke ich. Und Du, liebe Freundin? Warst Du schon immer die Christina, die ich kenne, oder warst Du auch viele? 😉

Ist es das, was Du meinst mit den verschiedenen Fotos unserer Vergangenheit? Aber wie lernt man es zu entscheiden, welche Fotos man sich häufig anschauen will? Wenn wir unsere narrative Identität beeinflussen wollen, dann ist das doch die automatische Fragestellung, die sich daraus ergibt. Mir ist es wichtig, dabei nicht so zu tun, als gäbe es die traurigen Schwarz-Weiß-Bilder nicht. Sie gehören zu unserer Lebensgeschichte dazu, sind Teil der Fotokiste. Verstehst Du, was ich meine? Oder gibt es vielleicht sogar eine psychologische Methode, diese Bilder zu würdigen, sie aber dann behutsam in eine kleine, rot samtene Schachtel zu legen – damit man nicht ständig nur anhand dieser Fotos seine Geschichte erzählt?

Ich denke auch an die kleine Ukrainerin Mayla, von der es schon jetzt so viele wunderschöne Fotos gibt! Aber auf keinem sind ihre Großeltern drauf. Sie entstehen »in der Fremde« und nicht in der geborgenen Heimat. »Die Kinder sind da zu Hause, wo wir sind!«, sagte Natascha, die Mutter, vor Kurzem zu mir und lächelte tapfer. Unsere ukrainischen Freunde belichten gerade Fotos für die kleinen Mädchen mit trotzigen Farben: »dennoch-sonnengelb« und rosarot und grasgrün. Das bewundere ich an ihnen.

Tja – ich kann es kaum abwarten, Deine Meinung dazu zu hören, liebe Freundin!

Liebste Grüße an Dich von der Mutter unserer Kinder und der Tochter meiner Mama von

Valerie und Valle

4.7 Liebe Valerie, 9. Juni

vielen Dank für Deinen interessanten Brief. Ich verstehe so gut, was Du meinst, wenn Du Deine Abschiedsgrüße von unterschiedlichen Frauen auf die Reise schickst. Tatsächlich, alle diese Rollen gehören zu Dir. Für mich bist Du noch dazu Freundin und Herzensschwester. Bestimmt erlebe ich damit ganz andere Nuancen als Deine Kinder oder Eltern.

Ja, jetzt sind wir mittendrin im Thema und haben viele Fäden aufgenommen. Ob wir sie auch noch sortiert bekommen?

Du schreibst, dass Du »viele« warst, und stellst mir eine seltsame Frage: »Warst Du immer schon die Christina, die ich kenne, oder warst Du auch viele?« Ich ahne es, damit spielst Du auf den Buchtitel »Wer bin ich – und wenn ja, wie viele?« von Richard David Precht an. Dass dieses Buch wochenlang auf der Spiegel-Bestsellerliste stand, zeigt ja, wie viele Menschen sich für solche Fragen interessieren. Meine schmunzelnde Antwort lautet: *Viele* war ich nicht, sondern immer nur eine Einzige. Aber es zeigten sich andere Facetten meiner Person, und dabei gab es auch unsichere, sogar unreife. Andere Teile meines Seins waren zeitlich befristet. Internatsbewohnerin, Leiterin eines Teenagerkreises, Bibelschülerin, Mama von Kleinkindern, Krankenschwester – all das war ich nur für eine gewisse Zeit. Gleichzeitig habe ich einen Teil daraus als Prägung mitgenommen in die nächsten Lebensphasen.

Mir fällt ein Märchen ein, das möchte ich Dir aus meinem Gedächtnis erzählen. Es war einmal ein Königssohn, der nach einer Braut suchte. Deshalb ritt er durch sein Land und stellte den Mädchen eine einzige Frage: »Wer bist du?« Insgeheim hoffte er, dass eines von ihnen die richtige Antwort geben würde. Das erste schöne Mädchen antwortete. »Ich bin des Müllers Tochter.« Nein, sie war es nicht. Die Nächste sagte: »Ich bin die beste Köchin im Land.« Auch sie war nicht die Richtige. Die Dritte antwortete: »Ich habe bei einem Schönheitswettbewerb gewonnen.« Traurig schüttelt der Königssohn den Kopf. Er wollte schon fast aufgeben, doch fragte er noch ein letztes Mädchen: »Wer bist du?« Sie antwortete ganz unbefangen: »Ich bin Marie.« Der Königssohn strahlte mit einem Mal und bat sie, seine Frau zu werden.

Marie ist einfach sie selbst, das machte sie im Märchen anziehend und echt. Die anderen Mädchen definierten sich über äußere Dinge. Das erste über ihre Herkunft und das Ansehen der Eltern. Das zweite über eigene Leistungen. Wir heute könnten ergänzen: über Berufsausbildung, Studium, Fleiß und besondere Aktivitäten. Die Dritte nutzt ihr Aussehen, ihre Ausstrahlung und Attraktivität als Beschreibung ihres Seins. Irgendwie ertappe ich mich dabei, dass ich auch gern Attribute ins Spiel bringe, die mich aufwerten. Beraterin, Referentin, Autorin – doch wofür ist das wichtig? Je älter wir werden, desto mehr davon werden wir sowieso wieder loslassen müssen. Immerzu mit der Frage kokettieren zu müssen, wie man ankommt, macht ganz schön müde. Du hast es sehr treffend beobachtet, liebe Valerie, wenn Du schreibst: »Es scheint, als wäre unsere Identität vor allem davon abhängig, wie wir nach außen wirken.« Da kann ich Dir nur zustimmen. Doch das ist ziemlich paradox und es wird höchste Zeit, die Gegenrichtung einzuschlagen. Dazu ist mir heute ein großartiger Satz über den Weg gelaufen. Magst Du ihn erfahren? »Wir sind nicht, was wir selbst aus uns machen, sondern was Gott mit uns vorhat.«[13] Das muss sich bei mir erst einmal setzen. Eines weiß ich jetzt schon: Diese Blickrichtung lenkt die Aufmerksamkeit auf völlig andere Fragen als nur auf unsere Außenwirkung.

Dein Bezug zur biblischen Hagar hat mich sehr angesprochen, liebe Valerie. Ich danke Dir dafür. Hagar war eine Frau mit richtig schlechten Karten fürs Leben. Benachteiligt, benutzt, unfrei. Es ist so berührend, dass gerade sie erkennen darf, dass Gott sie sieht. Ich stelle mir vor, dass daraus ihre Kraft wuchs, nicht zu verzweifeln – trotz der miserablen Umstände, bei denen jeder heutigen Frauenrechtlerin die Haare zu Berge stehen würden.

Deine Rotdorn-Hagar weiß es ohne Augen, dass sie gesehen ist, angesehen. In der biblischen Geschichte fließt diese Erkenntnis in ihre Gottesbezeichnung ein. Wenn wir das täglich betend meditieren würden – »Du bist ein Gott, der mich sieht« –, könnte uns das ein Stück mehr frei machen von der Angst, übersehen oder übergangen zu werden. Manche Irrwege könnten wir uns damit ersparen, glaube ich. Wenn wir das nicht nur für das Jetzt, sondern für unser gesamtes Leben zu glauben wagen, ändert sich vielleicht schon die Bildauswahl, die wir aus unserer imaginären Fotokiste ziehen. Manche könnten wir einfach überblättern, andere rausholen und ihnen einen Ehrenplatz in unserer Erinnerungskette verleihen. Schmerzliche Erinnerungen könnten wir ablegen an einem sicheren Ort. Deine rot samtene Schachtel gefällt mir dafür.

Ich denke, es geht nicht zuerst darum, unsere »narrative Identität zu beeinflussen«, wie Du es nennst. Das könnte ein vorschneller Schritt sein. Zuerst könnten wir uns selbst auf die Schliche kommen. Dafür müssten wir nur beobachten, was wir da gern und immer wieder aus unserer Vergangenheit erzählen und welche Wirkung wir damit erzielen. Wenn das dem dient, wohin wir uns bewegen wollen, können wir fröhlich damit weitermachen. Wenn es uns aber in die Sackgasse führt, ist es an der Zeit, damit aufzuhören. Und dann sind die übersehenen Fotos aus der Kiste eine echte Korrekturhilfe.

Unser Bekannter hätte sicher auch eine Menge ermutigender Episoden zu berichten, die er aber vielleicht für die Ausnahme hält und für nicht der Rede wert. Ich freue mich sehr auf mein nächstes Gespräch. Ich werde ihm von Deiner weisen Beobachtung erzählen, dass das Tüpfelchen vom i abgetrennt ist. Das ist mir gar nicht aufgefallen, doch es trifft haargenau zu. Vielleicht kann dieses Tüpfelchen sogar einen neuen Platz finden oder das gesamte »i« wandert in ein anderes Wort.

Nun sitze ich schon ziemlich lange an diesem einen Brief. Den einzelnen Gedanken nachzugehen, braucht einfach seine Zeit. Doch eine Sache möchte ich trotzdem noch loswerden. Es ist ein Anflug von Schwere und Traurigkeit bei einem Satz von Dir. Du schreibst über Hagar: »Es ist ein Teil ihrer Identität, eine Gesehene zu sein, einfach weil sie geboren wurde. Das gilt für jeden Menschen – ausnahmslos!« Bei »einfach, weil sie geboren wurde« stocke ich ein wenig. Ich meine schon zu wissen, was Du damit sagen möchtest. Doch ich hänge innerlich bei denen, die nicht geboren wurden oder nicht lebendig auf die

Welt kamen. Auch sie gehören zu den Gesehenen. Als Schwester auf der Frauenstation hatte ich manchmal eine Aufgabe, die mir heute noch weiche Knie beschert. Wenn Schwangere vorzeitig ihr Kind verloren hatten, mussten wir sie dabei begleiten, das Baby in Empfang nehmen und alle weiteren Verfahrensschritte einleiten. Wie oft hielt ich ein solch winziges Geschöpf – kaum größer als eine Handfläche – mit transparenter Haut und durchschimmernden Gefäßen in Händen. Ehrfurchtsvoll sagte ich mit Tränen in den Augen zu jedem dieser Babys: »Bei Gott hast du schon einen Namen!« Und jedes Mal hat mich dieser Gedanke innerlich beruhigt und getröstet.

Als kleines Gegengewicht zu diesem traurigen Abschnitt möchte ich noch mal Eure kleine Mayla erwähnen. Ihre Eltern helfen ihr jetzt schon dabei, eine zuversichtliche Erzählweise über ihr Leben zu wählen. Ich freue mich mit Euch allen, dass Ihr das gemeinsam erleben dürft. So wächst auch Deine Identität wieder weiter als Beherbergerin und Freundin dieser ukrainischen Familie. Viele fröhliche und tröstliche Momente wünsche ich Euch miteinander.

Damit sende ich den Brief auf die Reise und vertraue Dir meine Gedanken und Gefühle an. Natürlich bin ich wie immer gespannt, was Du darauf antworten wirst.

Deine Christina

4.8 Meine liebe Freundin! 13. Juni

Wow – Du hast den Faden meisterhaft aufgenommen und weitergesponnen! Vor einiger Zeit hast Du mir nebenbei erzählt, dass Du als Mädchen in der Schule Klöppeln gelernt hast. Da habe ich nicht schlecht gestaunt! Dass irgendjemand diese alte Handwerkskunst, Spitzen anzufertigen, noch lernt, das hat mich doch sehr überrascht. Nun stelle ich fest, dass Du auch

Gedanken klöppelst, sie hin und her bewegst und fast nebenbei entsteht ein filigranes Kunstwerk. Das Spitzenmuster ist von Nahem nicht gleich ersichtlich, aber wenn man einen Schritt zurückgeht, dann kann man es erkennen.

Ist es mit der Identität vielleicht ähnlich? Dass wir als kleine Kinder beginnen, an unserem Muster zu arbeiten, helle und dunkle Fäden einarbeiten, sie miteinander verweben und verknoten? Scheinbar passiert es unwillkürlich, vielleicht sogar manchmal planlos. Aber wenn wir einen Schritt zurückgehen, können wir die Muster erkennen, die uns so einzigartig machen. Tröstlich ist der Gedanke dabei, dass auch die Löcher zum Gesamtbild gehören, finde ich.

Aus dem i-Tüpfelchen etwas Neues zu machen – ja, das gefällt mir! Es müsste noch nicht einmal über einem *»i«* schweben (denn ganz ehrlich: In »Katastrophe« ist ja gar kein i drin!). Auch über einem *»j«* macht es eine gute Figur. Neben Worten wie »individuell, interessant, integer« gefällt mir nämlich dieser Satz am besten, in dem gleich zweimal das »j« vorkommt: »je und je geliebt!« Er ist aus einem meiner Lieblingsbibelverse: »Ich habe dich je und je geliebt, darum habe ich dich zu mir gezogen aus lauter Güte.« (Jer 31,3) Das ist der Satz, der vor und über einem jeden Leben steht! Wir sind angesehen und geliebt – aus lauter Güte! Jeder von uns hat dieses »Edentitätsmerkmal«: je und je geliebt!

Und Du hast vollkommen recht mit Deinem Einwand, dass auch das ungeborene und tot geborene Kind Angesehene sind! Gar keine Frage! Danke für Deinen liebevollen Hinweis, der mich berührt hat und mich hineinblicken ließ in Deine Trauer um diese kleinen, geliebten Geschöpfe.

Dieser Gedanke lässt mich noch einmal an »meine« Hagar anknüpfen: Wie viele Wochen habe ich an dieser Skulptur gearbeitet! Nicht nur das grobe Schnitzen mit Stechbeitel und Klüpfel – das war relativ schnell erledigt. Nein – das Feilen und Schleifen ist die Arbeit, die am meisten Geduld und Fingerspitzengefühl erfordert! Immer wieder geht man mit den Fingern über jede Stelle und erfühlt, wo noch etwas wegmuss oder wo es noch eine Aufrauung gibt. Oft habe ich dabei gedacht, dass Gott ebenso viel Geduld und Fingerspitzengefühl mit mir hat. Diese lebenslange Schleifarbeit an meinem Herzen erfordert von mir als seinem Geschöpf volle Hingabe und Demut. Mich seinen Händen anzuvertrauen, bedeutet, still zu halten.

Wenn wir über Identität nachdenken, hinkt das Bild etwas. Nicht nur Gott schleift und feilt und wir lassen es passiv geschehen. Ich denke, dass wir selbst auch an unserer Identität schleifen und sie weiterentwickeln. Identität ist nichts Statisches, wenn ich Dich richtig verstehe. Aber ich bin schon wieder im Tun – und Dein Vorschlag war, mir doch selbst erst einmal auf die Schliche zu kommen und mich zu beobachten, was ich immer wieder aus meiner Vergangenheit erzähle. Da ist es sicher auch hilfreich, mir die Frage zu stellen, wohin ich mich bewegen will. Ich bin gespannt, wie das meine narrative Identität beeinflussen wird.

Dein Märchen von der Prinzessin Marie hat mich berührt, Christina. Und natürlich habe ich mich gefragt, welche Antwort ich gegeben hätte. Gestern habe ich meinem Mann aus reiner Neugier diese Frage dann gestellt. Zuerst sagte er: »Ich bin Vater und Ehemann und ich arbeite in einem Job, den ich mir nicht ausgesucht habe, aber aus dem ich das Beste gemacht habe.« Auf meine Rückfrage, wer er denn aber IST – nicht, wessen Sohn oder Vater oder Ehemann er ist oder welche Leistung er vorweisen kann –, sagte er wie aus der Pistole geschossen: »Ich bin Rüdiger!« Wie sehr habe ich mich über diese Antwort gefreut! Vielleicht wäre es eine gute Übung für uns alle, diesen einfachen Satz zu sagen: »Ich bin …!« Danach kann man ja immer noch drüber nachdenken, was das bedeutet. Aber an dieser Stelle könnte man erst einmal ein Ausrufezeichen setzen.

Danke für Deine guten Wünsche für uns und unsere ukrainischen Freunde, liebe Christina! Ja, Du hast recht, die Eltern der kleinen Mayla tun schon jetzt das Beste dafür, dass sie eine zuversichtliche Erzählweise für ihr Leben wählen kann. Allein schon, indem sie ihr diesen Namen gaben! Mayla – ich hatte Dir ja schon geschrieben, dass der Name »Hoffnung« bedeutet. Du erinnerst Dich vielleicht an mein kleines Segensgebet für sie? Da stand es drin. Es ist ein Segen, wenn das von Anfang an über einem Leben steht, oder?

Ich habe in aller Frühe angefangen zu schreiben. Nun steht die Sonne schon hoch und mir ist warm geworden bei den letzten Gedanken. Christina, Dein Name bedeutet ja »die Christin« oder »die Gesalbte«. Das ist etwas Besonderes, dass Du in Deinem Namen etwas von Deiner Identität trägst! Bitte vergiss nicht, Dich mit Sonnencreme zu salben. – Denn es wird sommerlich warm in den nächsten Tagen!

Sonnige Grüße von
Valerie

PS: Die »Jungfer im Grünen« blüht tatsächlich! Du hattest mir doch letztes Jahr Samen in einem Päckchen geschickt! Ich habe zuerst gedacht, dass es Unkraut ist, weil das Grün so spillerig in die Höhe wuchs. Jetzt ist sie eine richtig große Pflanze mit sicher zehn zauberhaften Blüten! Hoffentlich wird sie sich selbst weiter reichlich aussäen in unserem Garten und mich jedes Jahr an Dich erinnern!

4.9 Du liebe, aufmerksame Zuhörerin, 20. Juni

dass Du Dir meinen Nebensatz vom Klöppeln so gut gemerkt hast, war eine überraschende Freude für mich. Weißt Du, wie lange ich daran nicht gedacht hatte? Sicher einige Jahrzehnte. Eben geht mir durch den Sinn, dass jede von uns schon so viel erlebt hat, bevor wir Freundinnen wurden. Das ist wieder ein gutes Beispiel dafür, wie vielfältig unsere Persönlichkeit ist, ohne dass wir je alles davon beschreiben könnten.

Ach, wie schön, die »Jungfer im Grünen« blüht nun in Eurem Garten! Danke, dass Du mir davon schreibst. Das verringert gleich die Sehnsucht, die mich immer wieder befällt, nachdem wir unseren Garten zurücklassen mussten. Was für ein heiterer Gedanke, dass Du Dich an den blauen Blüten freust, die als Samen letzten Sommer noch in Thüringen gereift sind. Bestimmt werden im nächsten Jahr an unvermuteten Stellen weitere kecke Pflänzchen ihre spillrigen Spitzen in die Sommerluft strecken.

Du hast mir mal wieder Gedankensamen geschenkt, liebe Valerie. So leicht und frei wirken Deine Worte, die Du dem i-Tüpfelchen als neues Zuhause anbietest. Natürlich hast Du recht, es kann sich sogar einen anderen Buchstaben wählen. Ich bin so gespannt, was unser Freund selbst dazu meint. Du bist bei diesem »je und je geliebt« herausgekommen. Diese Bibelstelle kenne ich auch und habe diese Zusage immer als tröstlich empfunden. Wer das zum ersten Mal hört, muss sich sicher fragen, was wohl mit »*je und je* geliebt« gemeint ist. In vielen englischen Bibelübersetzungen wird das mit »everlasting love« wiedergegeben. Die unendliche Liebe, die jedes Liebeslied besingt und die wir Menschen so wenig zu garantieren vermögen.

Ganz am Anfang unseres Nachdenkens über die Identität lief es für mich auf die Frage hinaus: Wer sagt mir, wer ich wirklich bin? Wie kann ich es für mich erfassen, annehmen und zuversichtlich ausleben?

Wichtig daran finde ich, dass die Antwort auf die Frage, wer ich bin, mir im Leben helfen soll. Sie ist gar nicht theoretisch von Interesse, sondern wirkt sich konkret auf meine Lebenslinien aus. Du hast den Vergleich zu den Klöppelmustern gezogen. Auch unsere Identität, die sich mit dem Lebensvollzug verbindet, ist ein filigranes Kunstwerk. Aus der Entfernung wird ihre Schönheit sichtbar. Klöppeln ist keine Hauruckaktion, sondern eine sehr kontinuierliche Tätigkeit. Und sie geschieht fast nebenbei. Man kann sich gleichzeitig unterhalten oder fernsehen. Die Hände arbeiten leicht und flüssig, wenn die Grundschläge (so nennt man das in der Handarbeitstechnik) erst einmal verinnerlicht sind.

Du bringst den Gedanken ein, dass wir unsere Identität schleifen und entwickeln. Das sehe ich ein bisschen anders. Nicht die Identität ist unser Projekt, sondern das Leben. Dafür ist auf alle Fälle eine Art Selbsterziehung notwendig, vielleicht meinst Du es in dieser Richtung. Genauso wichtig ist die Frage, wofür ich Leidenschaft habe, wo ich mich bewusst einbringen will und wo Korrektur notwendig ist. Mein Wunsch wäre es, für mich selbst und für die Lieben ringsherum, dass wir unser Sein zuversichtlich in die Waagschale des Lebens werfen. Genau dabei wird etwas geschehen. Stärken werden stärker. Irrwege lassen sich korrigieren. Menschen erweisen sich als treue Weggefährten. Von anderen darf ich mich wieder lösen und trotzdem meine Lektion dabei lernen. Und in alldem ist der Glaube an den Schöpfergott die Quelle meines Grundvertrauens ins Leben. *Identität schreit nach Sinn*, hattest Du geschrieben. Und genau darin besteht für mich der Sinn: Mein Dasein ist nicht zufällig, ich darf mit allen Gaben und Grenzen mitmischen in dieser Welt. Eine leidenschaftliche Pastorin, die optisch so ganz anders war als das Rollenbild es vorgibt, hatte ein großartiges Lebenscredo. Sie sagte immer: »Wir sind dazu auf der Welt, um es anderen leichter zu machen zu leben, zu lieben, zu leiden und zu glauben.«[14] Das spricht mich total an. Es ist gleichzeitig wenig, doch auch sehr viel! Und unerschöpfliche Möglichkeiten sind darin inbegriffen. Wir müssen nicht die Welt retten, sondern in Beziehung zu Menschen rundherum unser Leben gestalten. Dabei wird sich zeigen, was Gott mit uns vorhat und was er mit uns bewirken kann.

Der englische Kardinal John Henry Newman lebte vor 200 Jahren. Er bringt es einladend auf den Punkt, worum es bei

Identität aus der Sicht des Glaubens geht: »Ich bin berufen, etwas zu tun oder zu sein, wofür kein anderer berufen ist. Ich habe einen Platz in Gottes Plan, auf Gottes Erde, den kein anderer hat. Gott kennt mich und ruft mich bei meinem Namen.«[15] Immer wenn ich diesen Satz lese – er erscheint in meinem jährlichen Adventskalender –, wird mein Herz weit. Dann freue ich mich einfach, dass ich sein darf, wie ich bin, und noch über mich hinauswachsen kann, damit Gott durch mich das eine oder andere tun kann in dieser Welt. Das ist für mich höchste Würde: frei zu sein und gleichzeitig gebraucht, mit einem Potenzial ausgestattet, von dem sich so viel wie möglich entfalten darf. Liebe Valerie, bestimmt ahnst Du es schon, dass ich an dieser Stelle absichtlich »darf« schreibe. Diese Einladung lockt mich und macht mich mutig. Mit einem Muss im Nacken würde das Gegenteil passieren.

»Ich bin Rüdiger«, dieser Satz ist so sympathisch. Dein Mann hat es schnell begriffen und es bei seinem Namen bewenden lassen. Er hat gemerkt, dass nicht seine Funktionen gefragt sind. Gott ruft uns bei unserem Namen, nicht in unserer Rolle. Wenn der Name für uns eine tiefe Bedeutung hat, ist das natürlich doppelt schön. Wer möchte nicht gern »Hoffnung« heißen wie die kleine Mayla. Trotzdem liegt es in ihrer Eigenverantwortung, ob sie eines Tages einwilligt in diese Verheißung und die Spuren der Hoffnung in ihrem Leben entdeckt. Dann wird sie auch für andere Hoffnung verkörpern.

Ja, mein Name ist eindeutig: Christina, die Christin. Ich verdanke ihn meiner Mama und bin sehr dankbar dafür. Erst nach dem 50. Geburtstag habe ich mich auch mit meinem Zweitnamen angefreundet, denn vollständig heiße ich Eva Christina. Das hatte bis dahin einen ältlichen Klang in meinen Ohren. Doch irgendwie verstand ich damals, dass der Name »Eva« – die Urform eines Frauennamens – mich mit allen Frauen verbindet. Das war für mich eine großartige Erkenntnis, denn die besondere Beziehung zu Frauen und das Interesse für ihre Lebensthemen scheinen sich in unterschiedlichen Bereichen durch mein Leben zu ziehen.

Bestimmt gibt es Namen, mit denen die benannten Personen sich schwertun. Auch meiner Mama ging es so. Wer würde sich schon »Werngard« als Namen aussuchen? Doch irgendwie ist sie reingewachsen und lebt ihre Identität in einer zufriedenen Weise. Wer das wirklich will, kann den exotischsten Namen mit einer sinnstiftenden Bedeutung verknüpfen. Der Umgang damit ist ein Beispiel mehr für die Einladung, Gegebenes positiv in unsere Lebensgeschichte einzubauen.

Ob Du Deinen Namen von Anfang an gemocht hast, weiß ich gar nicht. Zumindest scheinst Du ihn heute sehr zu lieben. Du fragst Dich, wie ich auf diese Idee komme? Wenn ich Dich Deinen Namen sagen höre, klingt da eine stille Freude und Bewusstheit mit. Valerie, die Starke und Gesunde. Liebe Herzensfreundin, von Deiner Stärke und inneren Gesundheit ist Segen zu mir geflossen. Du hast mir geholfen zu leben, zu lieben, zu leiden und zu glauben – das ist ein riesiges Geschenk. Wie sehr wünsche ich mir, dass es noch lange so bleiben wird, liebe Valerie.

Lebe vertrauensvoll Deine Tage, meine Freundin. Der uns gemacht hat, weiß auch, was er mit uns machen will. Kann es eine bessere Lebensbasis geben?

Deine Eva Christina

ICH-MANIFEST

1. Ich bin.
Ich bin angesehen. Seit eh und je geliebt.
Ich bin ...!
(Setze ein Adjektiv ein, welches Dein Herz weit macht.)

2. Ich gebe meinem Namen folgende Bedeutung: ...

3. Die Beziehung zu ... will ich pflegen. Durch sie/ihn bekomme ich wahrhaftiges und liebevolles Feedback. Daran kann ich wachsen.

4. Meine Eigenschaften haben mir geholfen, zu der Person zu werden, die ich heute bin. Darüber freue ich mich! Zu meinen positiven Eigenschaften gehört, dass ich ...

5. Meine Sicht der Dinge ist nicht die absolute Wahrheit, ich schaue durch meine selbst gefärbte Brille. Die gute Nachricht dabei ist, dass ich auch alte Bilder nachbearbeiten kann. Das will ich mit folgender Situation tun: ... In Zukunft will ich sie neu bewerten.

6. Das Gift, von dem ich genascht habe, heißt ... Ich möchte mich davon lösen und meinen Wert an anderem festmachen. Dazu hilft mir folgender Gedanke: ...

7. Gott hat mir eine wunderbare Edentität gegeben. Sein »sehr gut« steht von Anfang an über meinem Leben. Deshalb muss ich mich nicht schämen, so zu sein, wie ich bin, muss mich nicht mit dem Streben nach Perfektion oder in Vergleichen mit anderen aufreiben. Ich möchte lernen, mit meiner individuellen Wesensart, meiner Körperform, Hautfarbe und meinem Geschlecht zufrieden zu sein.

8. Meine Identität darf weiterwachsen. Ich habe einen Platz auf dieser Welt und in Gottes Plan. Das macht mich zuversichtlich für die Zukunft.

Hier kannst Du das ICH-MANIFEST
als PDF herunterladen, ausdrucken
und für Dich persönlich ausfüllen.

www.ott-beratungen.de/buch/was-lange-gaert-
wird-endlich-mut.html

5. ZWÖLF JAHRE – LEBENSSCHLEIFEN

5.1 Liebe Eva Christina! 28. Juni

Es ist ein bisschen so, als würde ich gerade an eine neue Person schreiben. Du bist also auch eine Eva! Nein, das habe ich nicht gewusst. Im Gegensatz zu Dir finde ich diesen Namen aber überhaupt nicht »ältlich«, auch wenn er der älteste Frauenname schlechthin ist! Gott ruft auch Dich bei Deinem Namen, nicht in Deine Rolle! Das hast Du übrigens sehr schön gesagt! Ihm geht es um uns als ganze Person, nicht um das, was wir leisten! Eva – die Leben-Schenkende! Das ist doch sehr bedeutungsvoll und beschreibt einen wunderbaren Bereich Deiner Identität. Weißt Du: Mir wurde das Herz förmlich weit, als ich das mit der Bedeutung las und daran dachte, dass Du kein leibliches Kind geboren hast. Das hat Euch sicher viel Trauerarbeit gekostet. Aber dennoch darfst Du heute in diesen Namen hineinwachsen. Nicht nur mit Euren zwei wunderbaren Adoptivkindern, sondern eben auch als Beraterin. Als junger Mensch fremdelt man mit manchem, nicht nur mit dem eigenen Namen. Wie schön, dass Du später noch einen Zugang dazu gefunden hast.

Ich habe eine spannende Beobachtung gemacht, ausgehend von einer Predigt, die ich vor Kurzem vorbereitet habe, über die Tochter des Jaïrus und die sogenannte »blutflüssige Frau« (was für ein seltsamer Titel!). Da gibt es eine auffällige Häufung der Angabe »12 Jahre«. Mir ist dabei eine ganze Girlande mit Lichtern aufgegangen. Wenn Du magst, kann ich davon mal berichten. Es ist wirklich spannend, wenn man das Leben in solche 12-Jahres-Abschnitte einteilt! In der Zahlenmystik wird der

Zahl Zwölf ja auch eine besondere Bedeutung zugemessen, aber das Mystische ist gar nicht unser Terrain. Ich liebe es, dass wir ganz bodenständig und doch tiefgründig miteinander im Gespräch sind. Dass wir verwurzelt in unserer Welt sind und dennoch die himmlische, unsichtbare Dimension dabei betrachten. Über Kindheit haben wir uns schon ausführlich ausgetauscht und auch über Identität. Wie denkst Du aber über die Zwölfjährige in uns? Und natürlich interessiert es mich besonders, wie es Dir selbst damals erging. Hast Du Erinnerungen an diese Zeit?

Tiefer graben

Zwölf – eine Zahl von grundlegender Bedeutung

Seit vielen Generationen hat die Zahl Zwölf für Menschen unterschiedlicher Kulturen eine besondere Bedeutung. Einige Beispiele dafür: Ein Tag besteht aus 2 × 12 Stunden, das Jahr aus zwölf Monaten, historische Maße und Gewichte basierten auf der Zahl Zwölf als Grundlage. In zwölf Tierkreiszeichen unterteilten die Astronomen die sichtbare Bahn der Sonne. Selbst im Bodenmosaik einer antiken Synagoge (Bet Alpha aus dem 6. Jh.) wurde diese Symbolik dargestellt.

Frühere Baumeister nutzen zur Ermittlung des rechten Winkels ein in zwölf gleiche Abschnitte unterteiltes Seil. Dazu bildeten sie ein Dreieck mit den Seitenlängen von drei, vier und fünf Abschnitten (Satz des Pythagoras). Die Zwölftonreihe der

Musik geht auf antike Zeiten zurück. Johann Sebastian Bach entwickelte sie in seinem Werk »Das wohltemperierte Klavier« zur Vollkommenheit. Deshalb kennt die europäische Klassik je zwölf Dur- und Molltonarten.

Dr. Brigitte Lutz-Westphal, Professorin für Mathematikdidaktik, bezeichnet die Zwölf als ein »mathematisches Naturphänomen«[16]. Sie ist eine der sogenannten »erhabenen« Zahlen, von denen bisher nur zwei gefunden wurden. Die andere Zahl, welche den gleichen Regeln folgt, ist 76 Ziffern lang. Außerdem ist Zwölf die kleinste »abundante« Zahl. Die Summe ihrer Teiler ist folglich größer als sie selbst.

Ob ich meinen Namen von Anfang an mochte, fragst Du mich. Ich glaube, ich bin so nach und nach in ihn hineingewachsen. In meiner frühen Erinnerung vermischt sich das Gefühl, geliebt zu sein, mit dem, dass irgendwas mit mir nicht stimmt, weil ich alles andere als gesund und stark war.

Gerade fällt mir dazu ein Bild ein, das mich immer bewegt und tröstet. Die christliche Beraterin und Autorin Birgit Schilling hat es geprägt: Wenn wir uns unser Leben vorstellen wie das Erklimmen einer Wendeltreppe, dann schauen wir immer wieder mal in die gleiche Richtung. Es scheint so, als hätte sich nichts verändert im Blickwinkel. Aber das ist ein Trugschluss: Wir sind in der Zwischenzeit viele Stufen weitergelaufen! Wir gewinnen an Höhe und Weitblick und trainieren unsere Muskeln. Es findet also tatsächlich eine Entwicklung statt, auch wenn ich mir bestimmte Lebensthemen immer wieder angucke.

Ist es nicht ein großer Trost, dass wir uns entwickeln dürfen, liebe Freundin? Vielleicht hättest Du mich damals gar nicht erkannt. Ich empfinde es als Gnade, dass das Leben in solchen Phasen verläuft und wir diese Trainingsstufen nach und nach nehmen dürfen. In der Teenagerzeit wäre ich z. B. nicht gern hängen geblieben! Da gibt es eine Reihe von Beschämungen, Fehlern und dunklen Stellen. Wenn ich heute in diese Blickrichtung schaue, dann sehe ich noch den Schmerz und die Sprachlosigkeit dieser Jahre.

Als Jugendliche und junge Erwachsene begannen erste bewusste Veränderungen. Meine Kirche hat mir damals dabei geholfen, denn ich durfte mich ausprobieren und testen, wo meine Stärken liegen. Gesund fühlte ich mich noch nicht wirklich, denn wie bei vielen anderen auch, waren es verwirrende Jahre. Hätte ich schon damals dieses Bild von der Wendeltreppe gekannt – ich glaube, es wäre mir eine Hilfe gewesen! Dass dieses Gesundwerden kein An-/Aus-Schalter ist, sondern ein lebenslanger Prozess, das weiß ich mittlerweile. Mit einer »schönen« Regelmäßigkeit melden sich so manche Lebensthemen. So war es auch, als wir sehr früh heirateten und unsere drei Kinder bekamen. Auch diese Zeit war unfassbar anstrengend, oder wie hast Du es erlebt? In dieser Epoche habe ich angefangen, über dieses »Wer bin ich wirklich?« nachzudenken. Da war ich wohl etwas spät dran. Aber *spät* heißt nie *zu spät*. Auch das ist tröstlich, oder? Die Valerie, die Du heute kennst, hat schon so manche weitere Etappe auf der Treppe bewältigt. Dass ich heute so mutig auf einer Bühne stehe und in der Öffentlichkeit singen und sprechen kann, sehe ich zum großen Teil als Wunder an und zum anderen Teil als Ergebnis dieses Prozesses.

Ja, liebe Freundin: Wenn wir jetzt zusammen bei einer Tasse Kaffee hier im sonnigen Garten sitzen würden, dann würde ich Dich fragen, wie Du darüber denkst. Ob Du dieses Bild der Wendeltreppe kennst und ob es Dir hilft. Auch an Klara musste ich gerade wieder einmal denken, die gestern so traurig war, weil die großen Mädchen sie geärgert hatten. Sie wünschte sich sehnlichst, schon groß zu sein, um sich besser wehren zu können. »Weißt du, mit etwas Abstand wird es dir leichterfallen, auch die wunderschönen Dinge zu sehen, die HEUTE passieren!« sagte ich ihr. »Ich wäre doch arg traurig, wenn du in eine Zeitmaschine steigen und diese Jahre hier einfach überfliegen würdest.« Darüber musste sie laut lachen und dann wollte sie unbedingt im Garten mit mir Kekse essen und den kleinen Frosch beobachten, der uns vor Kurzem zugehüpft ist. Wie sie wohl in ihrer Erinnerung diese Jahre für sich abspeichern wird? Nun habe ich Dir aber viel erzählt. Die Sonne steht schon tief und der kleine Frosch hat sich seit einer Stunde überhaupt nicht bewegt. In Sachen Geduld lerne ich gerade viel von ihm. Ich bin gespannt, von Dir zu hören, liebe Eva Christina, und werde einigermaßen geduldig auf Deinen nächsten Brief warten.

Der Frosch ist übrigens KEIN Prinz. Da bin ich mir ziemlich sicher. Er ist ein ganz normaler Frosch. Aber für mich ist er etwas Besonderes! Du bist in Deiner neuen Heimat vielleicht auch für viele Stadtmenschen einfach nur ein ganz normaler Mensch. Für einige aber bist Du schon etwas Besonderes und ich wette, dass es auch in Deinem neuen Zuhause immer mehr werden! In diesem Sinne wünsche ich Dir wunder-volle Begegnungen und ein bewusstes Ankommen und Annehmen Deiner neuen Lebensphase!

Danke für Deine besondere Freundschaft auch auf die Entfernung hin. Wie schön, dass man Briefe schreiben kann!

Deine Valerie

5.2 Liebe Wendeltreppengängerin, 7. Juli

habe herzlichen Dank für Deinen Brief, mit dem Du ein ganz neues Thema eingeläutet hast. Zwölf Jahre – in Deinem Leben, in meinem und in dem biblischen Text. Ja, darüber habe ich noch nie nachgedacht. Irgendwie erschienen eher die Zehnerschritte und runden Geburtstage interessant. Doch ich lasse mich gerne von Dir einladen, da mal genauer hinzuschauen. Am liebsten würde ich gedanklich sofort zu Deiner Wendeltreppe eilen, doch ich zügle mich ein wenig. Dein feinsinniger Brief hat es verdient, dass ich in Ruhe auf Deine Gedanken reagiere.

Es hat mich angerührt, dass Du mit dem Namen »Eva« sofort Freundschaft geschlossen hast. Danke schön, dass Du mir seine Bedeutung so selbstverständlich zugesprochen hast. Es war mir überhaupt nicht bewusst, dass dieser Inhalt in dem Namen »Eva« steckt: die Leben-Schenkende. Damit wird mir der Name wohl noch lieber werden. Die ersten 4 × 12 Jahre meines Lebens hatte ich weitestgehend ohne ihn verbracht ... Durch Deine Zeilen sehe ich mit staunenden Augen, dass die Bedeutung sich auch damals schon hier und da bewahrheiten durfte. Und dabei muss wohl Gottes Gnade im Spiel gewesen sein. Diese Erkenntnis ist mir ein wertvolles Geschenk, liebe Freundin.

Dass Du genau in der turbulenten Familienphase mit drei Kleinkindern bewusst begonnen hast, Dich zu fragen, wer Du wirklich bist, war eine echte Überraschung für mich. Respekt, meine Liebe! Die meisten jungen Mütter sind zwischen Windeln, Duplo-Steinen und Wäschebergen froh, wenn sie den aktuellen Tag irgendwie bewältigen können. Doch bei Dir war offensichtlich irgendwie die Zeit dafür reif. Du schreibst: »Aber *spät* heißt nie *zu spät.*« Das stimmt. Auf meiner Visitenkarte sieht man eine geschlossene Knospe und den Satz: »Es ist nie zu spät, aber immer höchste Zeit.«[17] Diese Aussage finde ich großartig. Man kann sie auf vieles anwenden und sie lädt jederzeit zum Umdenken ein. Die Gefahr besteht ja darin, innerlich aufzugeben und in eine »Zu-spät-Stimmung« zu verfallen. Oder die notwendigen Veränderungen und erste Schritte dahin auf die lange Bank zu schieben. Der Volksmund sagt bekanntlich auch: »Besser spät als nie.« Das passt zu unseren Gedankengängen. Bodenständig und tiefgründig nennst Du sie. So empfinde ich ebenfalls unser Herantasten an unterschiedliche Themen. Wenn ich noch ein Wort ergänzen dürfte, würde ich »zuversichtlich« wählen.

Du hattest mir von Deinen 12er-Schritten berichtet und über die wichtige Zeit der Selbstfindung geschrieben. Gerade wenn Du als Kind und als Jugendliche so unsicher gewesen bist, ist der Durchbruch eine besondere Gnade. Und Du selbst hast Dich auf diese Mutprobe eingelassen! Wer weiß, vielleicht wärst Du mir damals zu zart und zu schüchtern gewesen? Wir sind uns genau im richtigen Zeitfenster begegnet. Und ich hoffe, wir haben noch einige 12er-Etappen gemeinsam vor uns!

Wie Dein Frosch Dich an den verborgenen Prinzen erinnert, denke auch ich bei »Wendeltreppe« an ein Märchen. Als Mädchen gehörte eine solche Treppe für mich zum Märchen von Dornröschen. Als ich las, welche Bedeutung die Wendeltreppe für Dich hat, fühlte sich das wie ein kleines Experiment an, denn in Gedanken war ich mit Dir auf der Treppe unterwegs. Sie schien größer zu sein als die in meinem engen Schlossturm. Ich stellte mir vor, gar nicht gleich zu erkennen, worum es sich handelt, und einfach Schritt für Schritt zu laufen. Umso überwältigender dann die Erkenntnis: Die gleiche Kurve fühlt sich ein wenig anders an. Und auch die Perspektive eröffnet sich minimal verändert. Ich kann mich nicht erinnern, jemals eine solch schöne Metapher für die Lebensschleifen gehört zu haben! Was ich daran so mag, liebe Valerie, ist die Gelassenheit. Nicht schneller, höher, weiter gibt die Gangart vor, sondern es geht in Ruhe Schritt für Schritt vorwärts. Man darf Dinge ansehen und sich dann auch wieder davon lösen und weitergehen. Und nach der soundsovielten Wiederholung hat sich vielleicht Frieden eingestellt. Hoffentlich.

Was Du Klara geantwortet hast, ist irgendwie erhellend. Eine Zeitmaschine, um Schwieriges zu überfliegen, ließe uns wirklich eine ganze Menge Schönes verpassen. Auch Klara musste lachen und damit fühlte es sich für sie schon alles nicht mehr ganz so schlimm an. Wir wären ja auch nie die gleichen Personen, die wir in einem bestimmten Alter sind, wenn wir eine Abkürzung hätten nehmen können. Bei manchen Brettspielen gibt es tatsächlich solche Abkürzungen. Wie haben wir es als Kinder geliebt, wenn der Würfel so fiel, dass wir sie nutzen konnten! Das hat viel mehr Spaß gemacht, als mühsam den langen Weg zurückzulegen. Doch im Leben wächst gerade in dem Bewältigen herausfordernder Situationen unsere Lebenskompetenz und reift der Charakter. Du hast Deine schwierigen Lebensphasen ein wenig angedeutet. Wie schön, dass Dir manche Lebensthemen nur noch bekannt vorkommen und Dich nicht komplett in die alten Schleifen zurückwerfen.

Du wolltest wissen, ob ich auch Erinnerungen an die Zeit als Zwölfjährige habe und wie es mir früher erging. Dazu habe ich mir direkt mein Fotoalbum aus dem Schrank geholt und mir das Mädchen von damals angeschaut. Ich war weder besonders hübsch noch besonders begabt. Doch ich war gut eingebettet in echte Beziehungen in meiner Familie und im Dorf, hatte Freundschaften, Hobbys und Gemeinde. Natürlich gab es auch bei mir Irrwege und Dinge, die ich nicht jedem erzählen mag, weil sie mir heute peinlich wären. Eben wächst bei mir der Wunsch, Dir bei unserem nächsten Treffen etwas davon zu erzählen. Ich glaube, letztendlich wird es entlastend sein, dass Du mich bestimmt verstehen kannst und trotzdem noch genauso magst.

Sehr präsent ist mir noch, wie umfassend die Denkwelt einer Zwölfjährigen schon ist. Was habe ich nicht alles gedacht in diesem Alter! Und da waren eine Menge ernst zu nehmende Überlegungen dabei. Daran erinnere ich mich oft selbst, wenn ich einen Jugendlichen dieses Alters vor mir habe. Wie gut, wenn es in dieser Phase Vertrauenspersonen gibt, die dabei helfen, nützliche Gedanken zu verstärken und aus gedanklichen Sackgassen herauszufinden.

Du hattest mir geschrieben, dass Du aufgrund einer Predigt einige Entdeckungen zu den zwölf Jahren gemacht hast. Das würde mich brennend interessieren und ich bin gespannt, was wir daraus für uns entnehmen können.

Danke, liebe Valerie, für die Worte am Ende Deines Briefes.

Du sprichst mir zu, dass auch in unserer neuen Umgebung etwas wachsen wird. Das kann ich gerade gut gebrauchen. Meine letzten beiden 12-Jahres-Abschnitte waren tatsächlich ziemlich exakt mit Neuanfängen in unbekannten Regionen verbunden. Das hat mich vermutlich noch mehr geprägt und herausgefordert als die biologischen 12er-Schritte. Heute in der Abendkühle werde ich zum ersten Mal mit einer syrischen Nachbarin spazieren gehen. Ist es nicht faszinierend, dass in jeder Lebensphase ganz neue Erfahrungen auf uns warten? Ich wünsche Dir Kraft, Weisheit und Segen für alles, was in Deiner Lebensetappe gerade neu auf Dich zukommt oder was Dich kontinuierlich an Aufgaben begleitet!

Damit schicke ich mein Briefchen auf die Reise zu Deinem Postkasten und Herzen. In den nächsten Tagen werde ich schon einmal den erwähnten Text in meiner Bibel suchen, damit ich gut im Bilde bin. Dann freue ich mich umso mehr auf Deine Gedanken dazu.

Allerliebste Grüße,
Deine Eva Christina

5.3 Lebensschleifen – das ist so ein schönes Wort, liebe Christina!

11. Juli

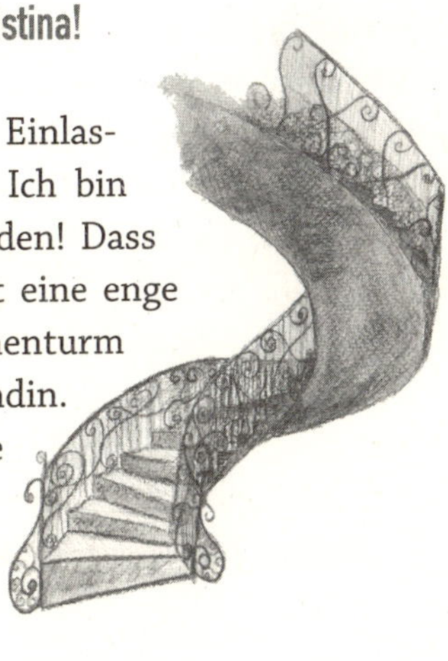

Danke für Deinen Brief und Dein Einlassen auf die neuen Gedankengänge. Ich bin gespannt, wohin sie uns führen werden! Dass Du vor Deinem inneren Auge zuerst eine enge Stein-Wendeltreppe im Dornröschenturm sahst, lässt mich lächeln, liebe Freundin. Für mich war sie eine weite, offene Treppe mit Verschnörkelungen, die sich sanft nach oben schraubt. Aber wo Du schon Dornröschen ansprichst: Genau dieses Märchen ist mein allerliebstes! Ich habe sogar unser altes Fachwerkhaus danach benannt: »Villa Dornröschen« – weil es komplett zugerankt war, als wir vor sechs Jahren hierherkamen. Schritt für Schritt haben wir es freigelegt und Rosen gepflanzt. Du hast ja gesehen, wie schön sie schon überall blühen. Die rissige Fassade samt allen morschen Balken renovieren wir so nach und nach. Gestern Abend haben wir die Wetterseite fertiggestellt nach einem Vierteljahr Arbeit. In ungefähr zwölf Jahren werden wir da wieder dranmüssen, aber so ist das bei alten Häusern.

Du merkst: Ich bin schon mittendrin in dem Thema: 12-Jahres-Lebensschleifen. So, wie das Haus mit der Zeit Risse bekommt, so werden auch wir Menschen verwundet. Das Dümmste, was man machen kann, ist, sich »zusammenzureißen«. Man muss nur auf die Mauern schauen, um zu merken, dass das unmöglich ist. Risse reißen nie zusammen, sie lassen verwittern und auseinanderweichen! Bewegungen im Fundament und Wettereinflüsse setzen die Mauern unter Spannung. Wo Risse sind, muss alles, was locker ist, abgetragen werden. Danach muss sorgfältig gespachtelt und mit Gewebe unterlegt werden. Erst dann kommt frische Farbe darauf. Wir Menschen meinen vielleicht, dass man Beschämungen oder Verwundungen durch Zusammenreißen übertünchen kann, aber es ist nur eine Frage der Zeit, bis alte Risse dann wieder auftreten. Oft schlimmer als zuvor.

Du sprichst von der erstaunlichen Denkwelt einer Zwölfjährigen. Ja, ich erinnere mich daran auch sehr gut. Aber vor allem an ein Gefühl, das für diese Zeit typisch ist, erinnere ich mich: Scham! Mit zwölf ist einem alles peinlich. Und man ist besonders empfänglich dafür, von außen beschämt zu werden. Hast Du die Bibelstelle gelesen von der Tochter des Jaïrus und der blutenden Frau? In Markus 5 oder Lukas 8 kann man sie finden. Ich bin so gespannt zu hören, was Dich daran berührt und was Dir aufgefallen ist! Wie soll ich eine ganze Predigt zu dem Thema zusammenfassen für einen Brief? Nun ja – ich werde versuchen, Dir eine Kurzfassung zu geben:

Eigentlich sind es ja zwei Geschichten, die ineinander verwoben sind: einmal als Rahmenhandlung die Tochter des Jaïrus, die mit ihren zwölf Jahren schon im Sterben liegt, und dann in der Mitte die Geschichte der blutenden Frau, die dadurch gesund wird, dass sie die Berührung mit Jesus sucht. Die Tochter des Jaïrus hat noch nicht einmal einen eigenen Namen in der Geschichte. Sie ist einfach »die Tochter von« und sie ist im Teenageralter, also an der Schwelle zur Frau. Damals hätte sie also verheiratet werden können, vielleicht war sie einem Mann auch schon versprochen. Aber anstatt Ehefrau und Mutter zu werden, wird sie krank. Bevor Jesus zu ihr gehen kann, wird er jedoch umzingelt von einer Menschenmenge.

Und der Fokus der Geschichte verändert sich: Da ist eine Frau, die seit zwölf Jahren an schweren Blutungen leidet. Zwölf Jahre voller Beschämung! Denn damals war das mit der Blutung schlimmer als nur ein Tabuthema. Es bedeutete, dass sie unrein war! Sie durfte niemanden berühren. UNREIN – das war mehr als »dreckig«, das bedeutete Beschämung pur – gleichbedeutend übrigens mit Aussatz, so hieß die damals unheilbare Lepra. Man könnte auch keine bessere Beschreibung für Beschämung heutzutage finden, oder?

Und dann sagt sie sich, dass sie bestimmt gesund wird, wenn sie Jesu Gewand berührt. Ist das nicht spannend, dass hier von einem Selbstgespräch die Rede ist? Ich glaube, wenn wir uns bei unseren Selbstgesprächen einmal zuhören, können wir viel über unser Unterbewusstsein lernen. Bei ihr höre ich ein großes Vertrauen auf Jesus heraus. Das finde ich erstaunlich und berührend. Etwas an ihm strahlt also so viel Zuversicht und Vertrauenswürdigkeit aus, dass sie die komplette Menschenmenge mit ihrer Anwesenheit unrein macht. Das ist auch schon ein wenig dreist, oder? Ich denke aber, dass sie so verzweifelt ist, dass ihr alles egal ist. So viele Arztbesuche, vergebliche

Hoffnungen und vor allem so viel verlorene Lebenszeit! Zwölf Jahre!

Und dann heißt es da: »Und sogleich vertrocknete die Quelle ihres Blutes, und sie spürte es am Leibe, dass sie von der Plage geheilt war.« (Mk 5,29) Die Quelle ihres Ausblutens versiegt in dem Moment, als sie Jesus berührt! Wenn die Quelle versiegt, dann wird nicht nur die oberflächliche Blutung gestoppt, sondern die Ursache »ge-stillt« und »be-friedet«. Wie gern würde ich jetzt Deine direkte Reaktion sehen. Ob Du es auch so sehen würdest? Ich jedenfalls deute es so für mich: Die »Quelle ihres Blutes« könnte im übertragenden Sinn die Ursache für ihre Beschämung sein.

Dann bemerkt Jesus, dass »eine Kraft von ihm ausgegangen« ist, und schaut umher, wer ihn angefasst hat. Es ist ihm nicht egal, wenn jemand sich nach ihm ausstreckt. Er schaut dann nicht weg – auch nicht bei den peinlichen Themen. Sie muss das gespürt haben, denn sie tritt vor und erzählt ihm freiheraus alles. Aber sie zittert am ganzen Leibe. Sie hat verständlicherweise Angst, weil sie sich schuldig gemacht hat. Ich weiß nicht, welche Strafe darauf stand, dass sie alle Leute und auch den Rabbi Jesus unrein gemacht hatte. Aber das, was mich echt fertigmacht, ist: Sie fühlt sich schuldig für etwas, das ihr das Leben zur Hölle macht. Sie kann doch nichts dafür!

Nun hätte sie leugnen können. Ich glaube, das wäre das Einfachste gewesen. Beschämungen werden ja häufig verleugnet. Sie sind nicht vorzeigbar. Ich hatte ja gerade von den Rissen im Mauerwerk bei uns berichtet. Es wäre viel einfacher gewesen, sie zu übertünchen, als sie aufwendig zu renovieren. Diese junge Frau geht den langen Weg und lässt sich auf einen Heilungsprozess ein. Was hat sie zu verlieren? Sie hatte doch schon alles verloren! Ihre Ehre, ihre Würde, ihren Anstand, ihre Lebenszeit, ihr Geld, ihre Träume. Sie macht das einzig Richtige: Denn SIE WUSSTE JA, WAS MIT IHR GESCHEHEN WAR! Sie hatte es gerade am eigenen Leib erfahren, dass Jesus tatsächlich heilt!

Sie wirft sich vor Jesus nieder und sagt ihm die ganze Wahrheit! Sie beschönigt nichts. Sie verschweigt nichts, sie redet es sich von der Seele und lässt alles ausbluten, was da an Schande war.

Und dann sagt Jesus zwei wunderschöne Worte zu ihr! An keiner anderen Stelle der Bibel hören wir diese zwei ausgesprochenen Worte noch einmal aus seinem Mund. Er sagt es ausnahmslos zu ihr, zu dieser beschämten, verzweifelten, verwundeten Frau, deren Namen wir nicht einmal kennen: MEINE TOCHTER! Ich habe immer Gänsehaut, wenn ich das lese, liebe Christina. In diesen zwei Worten steckt so viel Liebe und Fürsorge. Eigentlich könnte man jetzt hier schon einen Punkt setzen. Aber ich glaube, es ist kein Zufall, dass es hier noch einmal weitergeht mit der Zwölfjährigen, die in der Zwischenzeit verstorben ist. Fragst Du Dich wie ich, warum Jesus es so weit kommen lässt? Warum hilft er der einen und lässt die andere in der Zwischenzeit sterben?

Als die Leute ihm dann sagen, dass er sich nicht mehr hinbemühen muss, widerspricht er ihnen. Für ihn gibt es kein »zu spät« – was sehr gut passt zu Deinem »Es ist nie zu spät, aber immer höchste Zeit«. Ja, liebe Christina, und wie ich diesen Satz mag! »Das Mädchen ist nicht tot, es schläft nur!«, erklärt Jesus und verheißt damit, dass Leben selbst da möglich ist, wo wir aufgegeben haben. Weißt Du, ich bin da wieder bei diesem Thema: Beschämung kann ja dieses Gefühl auslösen, tot sein oder in einem Loch versinken zu wollen. Aber Jesus ergreift das Mädchen bei der Hand und sagt zu ihm »Talita kum!«, was so viel bedeutet wie »Mädchen, steh auf!«. Das ist sein Ruf an sie ins Leben zurück. Sie darf die ihr auferlegte Beschämung hinter sich lassen und aufstehen!

Du merkst schon: Es ist wirklich nur eine Kurzfassung! Vielleicht tauschen wir uns so nach und nach darüber aus. Es wäre schade, wenn die übrigen Schätze in dieser Geschichte ungehoben blieben. Aber vielleicht hast Du auch bemerkt, dass wir wieder bei Dornröschen gelandet sind? Ich stelle das gerade grinsend fest. Bis jetzt war mir dieser Zusammenhang gar nicht aufgefallen. Also lege ich Dir noch mein altes Lieblingsgedicht von den Dornröschen-Menschen mit in den Umschlag. Es ist ein längerer Brief geworden, aber es ist auch eines meiner Herzensthemen.

Erzählst Du mir noch davon, wie die Begegnung mit der syrischen Nachbarin verlaufen ist? Bei uns hat sich auch etwas Neues ergeben: Unsere ukrainischen Freunde sind gestern in eine größere Wohnung in der Nachbarstadt umgezogen. Besonders die kleinen Mädchen fehlen mir gerade sehr! Aber so ist es für alle wirklich gut, denn sie haben nun mehr Platz zum Toben. Für uns ist damit ein Kapitel abgeschlossen, auch wenn wir uns natürlich weiter um sie kümmern werden.

Eine Bitte habe ich noch, liebe Christina: Schick mir doch mal ein Foto von Dir als der Zwölfjährigen. Also, wenn Du magst! Ich kann mir ehrlich gesagt nicht vorstellen, dass Du nicht besonders hübsch warst. Ist das erst mit 13 gekommen? 😉 Nein, im Ernst: Danke für den kleinen Einblick in Deine Vergangenheit! Und danke, dass wir ein paar Lebensschleifen zusammen laufen dürfen. Ich freue mich auf zukünftige Ausblicke und Einsichten.

Liebste Grüße von
Valerie

PS: Und hier noch das versprochene Gedicht:

Dornröschen-Menschen

Ein Stich nur und der Zauber nimmt seinen bösen Lauf
Ein Stich vom Herzenrauber: Die Dornen blühen auf
Wir sind Dornröschen-Menschen und leben totgeweiht
Die Dornen wachsen höher, der Schlaf kennt keine Zeit

Wer kommt uns zu befreien?
Wer bricht der Dornen Macht?
Wer hört das stumme Schreien?
Wer reißt uns aus der Nacht?

Wir sind in uns gefangen in dunkler Dornengruft
Und wurden doch geschaffen zum Leben an der Luft
Wir sind Dornröschen-Menschen, verzehren uns nach Licht
Die Dornen wachsen höher. Wir sind und sind doch nicht

Im schweren Schlaf versteinert die einst so warme Hand
Sich willenlos ergebend dem dürren Dornenland
Wir sind Dornröschen-Menschen und harren auf die Zeit
Wo alles Sehnen aufhört, ach, wär es schon so weit

Wer kommt uns zu befreien?
Wer bricht der Dornen Macht?
Wer hört das stumme Schreien?
Wer reißt uns aus der Nacht?

Ein Retter ist gekommen, ein edler Königssohn
Mit blutdurchbohrten Händen und einer Dornenkron'
Die Liebe treibt ihn weiter, er kommt bis an mein Herz
Ins Innerste des Turmes, er weiß um meinen Schmerz

Ein Kuss auf meine Lippen besiegt den Dornenbann
Ich sehe, lebe, bebe und fang zu atmen an
Mein Retter, Auferwecker, mein Prinz, der mich befreit
Dir folg ich in die Freiheit und atme Dankbarkeit

5.4 Liebe Valerie, 15. Juli

diesmal antworte ich Dir postwendend, denn es schwirrt so vieles in meinem Kopf herum nach dem Lesen Deines Briefes. Danke für die ausführliche Beschreibung Deiner Predigtgedanken. Ich weiß gar nicht, wo ich anfangen soll, so vielschichtig sind Deine Anregungen. Danke schön, dass Du mir Dein Lieblingsgedicht mitgesendet hast. Als ich im letzten Brief geschrieben hatte, dass die Wendeltreppe mich an Dornröschen erinnert, musste ich innerlich auch schon lächeln. Denn ich weiß, was diese »Villa Dornröschen« Euch bedeutet und dass Du das »Dornröschen-Menschen«-Gedicht liebst.

Die letzten drei Zeilen des Gedichtes könnten genauso gut in den Mund der Tochter von Jaïrus passen. Was muss sie gestaunt haben, als sie erwachte und die ganze Vorgeschichte mitbekam! Bestimmt lag dieses Wunder ihr Leben lang über ihrem Sein. Viele Menschen müssen Bescheid gewusst haben, was sich in ihren frühen Jahren ereignet hat. Vielleicht waren die Auswirkungen hinterher noch viel wichtiger für sie als das, was in diesem Moment geschah.

In dieser biblischen Passage ist es schon sehr besonders, dass sich Jesus zweimal Frauen zuwendet – die in der damaligen Zeit kaum eine öffentliche Rolle spielten. Dir stach ins Auge, dass in beiden verbundenen Geschichten zwölf Jahre erwähnt werden. Das Mädchen war so alt, wie die Frau bereits mit dieser Plage zu tun hatte. In dieses Leiden hast Du Dich so richtig reinversetzt, liebe Valerie, und ich stimme Dir zu: Es muss furchtbar und aussichtslos gewesen sein. Als ehemalige Krankenschwester einer Frauenstation höre ich zuerst das gynäkologische Problem. Zwölf Jahre Blutungen? Alle bekannten Diagnosen rauschen durch mein Hirn, doch es will alles nicht so richtig passen. Wie kann das ein Kreislauf überhaupt verkraften? Wo kommt das Blut her, wenn nicht zyklusgerecht Schleimhaut aufgebaut wird? Ich weiß es einfach nicht. Aus meinem ratlosen

Schulterzucken ist eine kurze Suchanfrage im Netz geworden. Und – stell Dir vor – die Meldungen machen mich mal wieder ein Stück demütiger. Wer bin ich, dass ich meine zu wissen, was es gibt und was nicht? So was kommt tatsächlich auch heute vor. Selten, aber quälend. Mit einem Namen, den ich noch nie gehört hatte: Willebrand-Jürgens-Syndrom. Entschuldige, dass ich dabei hängen geblieben bin. Doch Du wolltest ja wissen, was ich zu dem Bibeltext denke.

Irgendwie sind wir immer geneigt, durch die Brille unserer heutigen Zeit und unseres heutigen Wissens auf die alten Texte zu blicken. Das Verständnis von damals mit religiösen und

Tiefer graben

Die Zahl Zwölf in der Bibel

Vom ersten bis zum letzten Buch der Bibel begegnet uns die herausragende Bedeutung der Zahl Zwölf. In der frühen Geschichte Israels wuchsen die zwölf Stämme des Volkes aus den zwölf Söhnen Jakobs, des Enkels Abrahams. Mose errichtete am Fuß des Berges Sinai einen Altar, umgeben von zwölf Steinmalen, die die zwölf Stämme Israels repräsentierten. Mose sendete auch zwölf Kundschafter aus. In der Stiftshütte, dem ersten Heiligtum, opferten die Israeliten unter anderem jeweils zwölf Stiere, Widder, Lämmer und Ziegenböcke.

Jesus Christus wählte sich zwölf Jünger aus und lehrte sie seine Botschaft. Nach seiner Auferweckung vom Tod waren es zwölf

Apostel, welche diese Nachricht weitertrugen und die ersten christlichen Gemeinden gründeten.

Im Buch der Offenbarung wird nach den Wirren der Endzeit das himmlische Jerusalem als Ort ohne Leid, Geschrei und Tränen verheißen. Die Länge der Stadtmauer beträgt 144 Ellen (12 × 12), sie hat zwölf Grundsteine mit den Namen der zwölf Apostel sowie zwölf Tore.

Zwölf entsteht als Produkt der Multiplikation der beiden heiligen Zahlen Drei (Symbol für Vollständigkeit und Geschlossenheit) und Vier (Symbol für Ordnung aufgrund der vier Himmelsrichtungen und vier Elemente).

kulturellen Hintergründen hilft natürlich, die Bedeutung ganz anders zu erfassen. Du hast das so schön erläutert, was eine unkalkulierbare Blutung damals rituell bedeutete. Unrein für alle, ausgeschlossen vom Kontakt und vom gesellschaftlichen Leben, auch vom religiösen Leben. Bei unserer Reise nach Israel hat es die Reiseleiterin kürzlich deutlich erklärt. Eine Frau war sieben Tage nach Beendigung ihrer Blutung noch unrein, dann ging sie ins rituelle Bad, die Mikwe, um sich symbolhaft zu reinigen. Doch unsere Frau in dem Text hatte offensichtlich zwölf Jahre lang keine Mikwe betreten.

Dass eine Zwölfjährige damals kein Backfisch war, sondern eine heiratsfähige junge Frau, müssen wir uns auch immer wieder vergegenwärtigen. Mir ist übrigens aufgefallen, dass nicht nur die Zeitspanne von zwölf Jahren eine Klammer um beide Geschichten ist, sondern auch die Bezeichnung »Tochter«. Die eine ist die Tochter von jemandem, der sich um sie sorgt und auf ihr Wohl bedacht ist. Der Synagogenvorsteher Jaïrus bittet Jesus um Hilfe für sie, um zu verhindern, dass das Leben aus ihr weicht. Die andere bekommt diese innige Bezeichnung der Zugehörigkeit »meine Tochter« von Jesus zugesprochen, nachdem sie schutzlos in der Menschenmenge steht und ihre ungewöhnliche Hoffnungstat eingeräumt hat. Vielleicht war es ja auch ein Akt der Verzweiflung? Wer will es so genau sagen. Dein Gänsehautmoment hat sich auf mich übertragen, liebe Valerie, indem Du dieses »meine Tochter« so hervorgehoben hast. Wie schnell überliest man solche scheinbar unbedeutenden Worte. Dort ein wenig zu verweilen, lässt die Dimension des Gesagten ganz anders aufleuchten. Könnte es sein, dass Jesus mit seiner Anrede nicht nur eine Botschaft an die Frau sendet, sondern auch an die irritierten Umstehenden?

Ich habe sehr gern gelesen, was Du zu diesem Bibeltext schreibst, liebe Valerie. Für Dich scheinen das damalige, reale Geschehen und die Übertragung ins Bildhafte ganz dicht nebeneinanderzuliegen. Ich bin da nicht ganz so fix, auch wenn ich ahne, was Du damit meinst. Du bringst das Stichwort »Beschämung« rein und dass die Auferweckung der Zwölfjährigen ein Ruf heraus aus den Beschämungen ist. Das scheint für Dich ein wesentlicher Gedankengang zu sein. Wie schön, dass wir bei biblischen Texten auch persönlich in Resonanz gehen dürfen und nicht wie bei einer Mathematikaufgabe den Rechenweg einhalten müssen. Das Beschämungsthema ist ohne Zweifel für viele Frauen und Männer relevant, deshalb bin ich froh, dass Du es immer wieder zur Sprache bringst. So könnte man in der Übertragung sagen, dass bei der Zwölfjährigen etwas scheinbar Totes wieder lebendig wird. Unsere heutigen Fragen bringen uns logischerweise auf heutige Antworten. Was wir dabei nicht vergessen sollten, ist die Wirkung damals. Für fromme Juden gehörte die Totenauferweckung zu den Messias-Zeichen. Also zu den unfälschbaren Signalen, dass der so Handelnde in Gottes besonderer Mission unterwegs ist. Was mich erstaunt, ist, dass Jesus dieses Wunder gerade an einer Zwölfjährigen geschehen lässt, obwohl es reichlich Trauerfälle gab. Ich kann es mir nur so erklären, dass das etwas mit dem bittenden Vater zu tun hat, dem Synagogenvorsteher. Sein Berufsstand verpflichtete ihn förmlich zu einer kritischen Haltung Jesus gegenüber. Doch er setzte alles auf die eine Karte und wirft sich vor Jesus bittend in den Staub. Wieder ein Satz, den wir gern überlesen und gar nicht ganz erfassen können in der damaligen Bedeutung.

Einige kulturelle Besonderheiten, die es ja auch heute reihenweise gibt, lerne ich gerade von unserer syrischen Nachbarin. Das ist richtig heilsam, denn es zeigt mir, wie selbstverständlich ich doch viele Privilegien als deutsche Frau lebe. Für die Nachbarin war unser Abendspaziergang in den Park ein bedeutsames Ereignis, denn allein darf sie nicht rausgehen. Noch niemals ist sie am Ende des Parkes gewesen, der ganz selbstverständlich zu meinem Revier gehört. Ich möchte ihr so gerne ein Stück Hoffnung und menschliche Beziehung bringen, ohne dass sie anschließend ihr eigenes Leben wie ein Vogel im Käfig erlebt.

Ich bewundere Eure Leidenschaft, Euer Häuschen instand zu halten, es zu verschönern und zu verbessern. Wie schön, dass Ihr das Großprojekt »Wetterseite« abschließen konntet. Und ich fand den Vergleich zum sorgsamen Umgang mit Rissen auch im Leben ausgesprochen zutreffend. Nicht zusammenreißen, sondern solide instand setzen. Risse und Brüche anschauen, statt verstecken. Und nicht irritiert sein, wenn neue Risse entstehen. Die Wetterseite hat ja ganz schön etwas auszuhalten. Und unser Leben letztlich auch. Danke für dieses Bild, dass Du mir aus Eurem Werkeln heraus geschenkt hast.

Genießt die wunderbaren langen Abende im Hof Eurer »Villa Dornröschen«!

Herzliche Grüße,
Deine Eva Christina

Es ist einfach spannend, von Deiner Sichtweise zu lesen. Vielen Dank für Deine Fragen, Hinweise und weiterführenden Gedanken! Du dehnst meine Gehirnwindungen ganz schön. Ist es nicht wunderbar, dass Menschen so einzigartig sind? Jeder denkt und fühlt individuell. Dem, der zuhört, eröffnet sich eine neue Welt.

Wenn wir etwas hören, dann hören wir es mit unseren Ohren, und wenn wir etwas sehen, sehen wir es durch unsere Brille. So lesen wir auch die Ereignisse in der Bibel auf die Art und Weise, die uns vertraut ist. Du hast es auf den Punkt gebracht: Für mich liegen die realen Geschehnisse und die symbolhafte Ebene oft direkt nebeneinander. Ich trenne sie nicht voneinander, weil ich sie häufig ineinander verwoben wahrnehme. Es ist kein »Entweder-oder«, sondern ein »Zugleich«. Beide Ebenen haben ihre Berechtigung und es lohnt sich, beide zu betrachten. Danke darum, dass Du uns zunächst einmal zu der realen Begebenheit zurückholst. Du »erdest« die Geschichte damit irgendwie: Ja, es gibt dieses seltene gynäkologische Problem auch heute noch. Aber während heute eine junge Frau in den sozialen Medien davon berichten kann (obwohl es auch heute noch »unanständig« ist, sich über so etwas öffentlich zu äußern), war es damals ein absolutes Tabu. Die Frau in der Geschichte hatte nicht in erster Linie ein gynäkologisches, sondern vor allem ein soziales Problem. Das war mein Gedankengang.

Ich war gleich mit dem Thema »Beschämung« dabei, weil es genauso ein Tabuthema ist. Man redet nicht über das, was einen beschämt hat. Manches wird so sehr verdrängt, dass man es im Bewusstsein »vergessen« hat. Lediglich im Unterbewusstsein brodelt es weiter, lässt einen innerlich ausbluten, aber man erkennt die Ursache vielleicht gar nicht mehr. Hier docken wir wieder beim Gedanken an unser inneres Kind an. Das, was es erlebt hat an beschämenden Dingen, ist nach wie vor da! Wie in den Matroschkas, diesen russischen Holzpuppen mit den vielfach ineinandersteckenden, kleineren Versionen ihrer selbst. Ganz tief innen ist eine verletzt worden – von außen gar nicht sichtbar, aber sie ist immer noch unverändert da. Du sprichst ja sehr anschaulich in Deinen Vorträgen davon.

Dass in der Zwölfjährigen etwas Totes lebendig wird, wie Du es beschreibst, ist eine Übertragung in unser Heute. Noch etwas finde ich in diesem Zusammenhang bemerkenswert: Die Eltern gehen mit Jesus zusammen in die Kammer, in der das Mädchen liegt! Sie erlauben ihm den Zutritt ins Kinderzimmer und sind bei der Heilung anwesend! Das ist die Erzählebene.

Ich möchte es so übertragen: Unser verletztes Kind, das damals beschämt wurde, liegt »wie tot« in einer Kammer in unserer Mitte verborgen. Niemand darf daran rühren. Aber wenn ich mir selbst heute eine gute Mutter oder ein guter Vater sein will, dann darf ich Jesus heute darum bitten zu helfen! Ich erlaube ihm, diese Kammer zu betreten. Als heute erwachsener Mensch bin ich dabei, wenn er sein »Talita kum!« sagt, so wie die Eltern damals die Kleine nicht allein gelassen haben. Kannst Du diesen Gedankengang nachvollziehen, liebe Freundin? Mich hat er förmlich umgehauen, als er mich das erste Mal überraschte.

Wie gut, dass Du so ein Augenmerk auf Jaïrus legst! Er als kritischer Schriftgelehrter wirft sich vor Jesus in den Staub! Allein schon damit zeigt er öffentlich, dass er diesem Rabbi viel mehr zutraut, als es seinen Kollegen sicher lieb gewesen ist. Du hast recht, dieser Vertrauensbeweis auf offener Straße ist wie ein Eingestehen der eigenen Machtlosigkeit sowie der Hoffnung, dass dieser Jesus tatsächlich der Messias sein könnte.

Vielleicht täusche ich mich, aber ich sehe Dein nachdenkliches Gesicht gerade vor mir. Wenn Du konzentriert bist, dann schaust Du immer genau hin und hörst sehr fein zu: Vermutlich drängt sich auch Dir der Gedanke auf: »Aber ist es nicht furchtbar naiv zu glauben, dass Jesus in nur einem Moment einfach Heilung schenkt?« Darüber habe ich nämlich auch nachgedacht. Obwohl ich glaube, dass es solche Spontanheilungen gibt, in denen Jesus »einfach einen Schalter umlegt«, ist es doch zumeist so, dass Heilung in einem längeren Prozess geschieht. Ich finde, das widerspricht dieser Geschichte aber gar nicht. Hier hat mir das Bild von der Wendeltreppe geholfen: Wir schauen immer wieder mal in dieselbe Richtung und auf den gleichen Schmerzpunkt, aber wir haben uns in der Zwischenzeit weiterbewegt, sind eine Lebensschleife weitergestiegen. Mithilfe von Jesus ist schon manches heil geworden und »auferstanden«, während manches noch sehnsüchtig wartet.

Jetzt bin ich gleich in die Tiefe gegangen und habe noch gar nicht reagiert auf Deine Überlegungen mit der syrischen Nachbarin. Nein, das kann man sich tatsächlich nicht vorstellen, wie es für sie sein muss. Wir haben uns so sehr an unsere Freiheit gewöhnt, dass wir vergessen könnten, dafür dankbar zu sein. Deine Zeilen machen mich nachdenklich. Ich finde es spannend, wenn Du von Deinen Park-Geschichten erzählst! Du machst eine Tür auf für Deine syrische Nachbarin und ermöglichst ihr etwas mehr Freiheit, wenn sie mit Dir hinausgehen darf. Natürlich ist es ihre eigene Entscheidung, das dann mit ihren Augen zu bewerten. Vielleicht wird sie mit Neid reagieren oder mit Auflehnung. Aber vielleicht entscheidet sie sich auch für die »Zuver-Sichtweise«. Dafür hat sie in Dir eine gute Mitstreiterin an ihrer Seite. Ich wünsche Dir viel Weisheit im Umgang mit ihr und eine Riesenportion Mut, weiter auf sie zuzugehen.

Für heute schließe ich meinen Füller. Ich hatte der kleinen Klara versprochen, auf jeden Fall noch eine Runde »Mensch ärgere dich nicht!« mit ihr zu spielen. Mein Wort will ich halten, bevor es dunkel wird.

Sei gesegnet in Deinem Wachsen und Werden. In Deinem Trauern und Träumen. Talita kum, liebe Freundin, wo Du Dich niedergedrückt fühlst. Talita kum, wo Du innerlich ausblutest und Dich nach einer Berührung von Jesus sehnst. Du bist eine angesehene Person. ☺

Deine Valerie

wie ich Deine tiefe Empfindsamkeit schätze! Bei diesem Thema ist sie besonders zu spüren, liebe Valerie. Ich danke Dir für Deinen Brief und für Deine Leidenschaft, das Tabuthema »Beschämung« zur Sprache zu bringen. Keiner von uns weiß, wie viele Schmerzen der Beschämung und Erstarrung es in Lebensgeschichten gibt. Es müssen unzählige sein ... Danke, dass Du auch mir die Worte von Jesus zusprichst: »Steh auf, Mädchen!« Sie sollten in so vielen Herzen ankommen, nicht nur bei weiblichen Personen. Wir sehnen uns nach heilenden und Leben spendenden Worten. Das »Steh auf, Mädchen« ist ein vollmächtiges Befreiungswort.

Vielleicht könnten wir überlegen, wie wir diese biblische Passage in unser Wochenendprogramm »Frieden schließen mit dem Kind in dir« aufnehmen. Das könnte sicher hilfreich sein. Nach unserem letzten Angebot dieser Art schrieb mir übrigens eine Teilnehmerin: »Was dieses Wochenende in mir freigesetzt hat, ist schon erstaunlich. Plötzlich habe ich ein inneres Schmunzeln, das zwar meine eingefrorenen Gesichtszüge noch nicht erreicht hat, aber ich fühle mich viel lebendiger.« Viel lebendiger – ist das nicht wunderbar? Da taut von innen etwas auf. Ich wünsche dieser Frau aus tiefstem Herzen, dass ihr Heilungsprozess weitergeht. Sie hat schon einige 12-Jahres-Etappen hinter sich, doch jetzt ist für sie ein guter Zeitpunkt gekommen, sich anrühren zu lassen. Stell Dir vor, sie beginnt sogar wieder zu zeichnen! Du solltest ihr Bild sehen, sie hat es »Engelsschmetterlingsherz« genannt. Das pulsierende Herz, die breiten Flügel des Schmetterlings und der Bote Gottes sind in ihrem Bild miteinander verwoben und verbunden. Für mich ist es ein abgebildetes Zeugnis der Heilung und ein Kunstwerk. Mit den kräftigen Farben und klaren Linien würde es ein eindrückliches Kirchenfenster abgeben.

Ich mag unseren Austausch über das Verständnis von biblischen Texten. Danke, dass Du mir Deine Sichtweise einmal mehr erklärt hast. Und es stimmt natürlich, das reale Geschehen damals und die symbolhafte Deutung liegen nahe beieinander. Und auch hierzu passt das Kirchenfenster. So wie das Licht je nach Sonnenstand unterschiedlich durch es hindurch scheint und andere Effekte entstehen, klingt auch in uns immer wieder etwas anderes an, wenn wir biblische Texte verinnerlichen. Ich lasse mich sehr gerne mitnehmen auf Deinem Weg der Betrachtung und Verknüpfung. Auch Deine Begeisterung über diesen gesonderten Raum – die Kammer – springt auf mich über. Bei der »Arbeit mit dem Inneren Kind« heißt es immer, wir sollen uns selbst die gute Mutter sein, die wir gerne gehabt hätten. Und der gute Vater, den wir vielleicht vermisst haben. Du greifst es bereits auf: Es ist eine besondere Chance, Jesus in dieses Geschehen mit hineinzuholen, wenn wir an ihn glauben. Das Wort »Kammer« wirkt in unserer Sprache eher wie ein Abstellraum. Ich denke gerade, niemand zwingt uns dazu, das verletzte und damals beschämte Kind irgendwohin abzuschieben. Es gehört in einen heiligen Raum. Und heilig wird jede Kammer, sobald Jesus sie betreten darf.

Nun schwenke ich noch einmal hinüber zur Frau, die zwölf Jahre dieses stigmatisierende Leiden an sich trug. In einem Deiner vorhergehenden Briefe hattest Du von den Selbstgesprächen dieser Frau geschrieben, von verlorener Lebenszeit und der Tragödie, dass sie sich schuldig für einen Zustand fühlte, den sie selbst gar nicht verschuldet hat. Ja, das ist wirklich dramatisch. Bestimmt würden sich auch heute viele Frauen in ganz unterschiedlichen Lebenssituationen darin wiederfinden, die in einem nicht selbst verschuldeten Zustand stecken und sich »schmutzig« fühlen.

In der Psychologie gibt es die Begriffe »contamination story« und »redemption story«. Sie werden üblicherweise dafür verwendet, wie eine Person ihre Geschichte erzählt. Ob sie das Verunreinigende wie einen dunklen Schatten über alles legt, oder selbst erlösende und befreiende Erzählstränge findet. Aus der christlichen Perspektive könnten diese Bezeichnungen noch eine ganz andere Bedeutung gewinnen. Unsere Verunreinigungsgeschichte darf zur Erlösungsgeschichte werden, egal, wie viele Jahre wir sie schon mit uns herumschleppen! Zwölf Jahre klingt so unendlich lang, fast zu lang, um noch zu wissen, wie es anders sein könnte. Unser Text macht mir Mut für viele Betroffene, dass immer noch eine Erlösung kommen kann und das Beschämende aus der Vergangenheit nicht dauerhaft Macht ausüben muss in der Gegenwart. Deshalb halte ich daran fest, dass immer wieder Durchbrüche in einem Leben geschehen können. Die Zahl Zwölf ist auch ein Symbol für das volle Maß und letztlich für Vollkommenheit. Spricht Dich das ebenfalls an? Mir tut es gut, die Geschichten mit diesem Ohr zu hören.

»Sei gesegnet im Wachsen und Werden, Trauern und Träumen«, so hast Du es mir am Ende Deines letzten Briefes gewünscht. Hab Dank dafür, Du sensible Begleiterin. Es tut einfach gut, das zugesprochen zu bekommen. Jesus weiß genau, was wir beide dafür brauchen, Du und ich. Und was die Frauen aus unseren Seminaren benötigen oder meine syrische Nachbarin, Deine kleine Klara ...

Ich leite Dir zum Abschluss meines Briefes einen wunderbaren Satz weiter. Die Zeichnerin des Engelsschmetterlingsherzens hat ihn mir geschrieben. Für sie steht Engel für den Boten Gottes, Schmetterling für Verwandlung, das Herz für Liebe und sie meint: »Das alles sind Zutaten des Lebens, die mich ermutigen, mich auf den Weg zu machen – vielleicht mit Katzentipperle oder mit Badewannenschritten.«

Schöne Worte für Deine Ohren und ich sehe Dich schmunzeln. »Katzentipperle« sind die winzig kleinen Schritte, eine »Badewanne« dagegen ein ordentlicher Sprung. Wie beruhigend, dass die Schrittgröße gar nicht wichtig ist. Es ist nur entscheidend, unterwegs zu sein in Richtung Heilung.

Der Allerhöchste gebe Dir alles, was Du dafür brauchst, liebe Valerie.

Deine Christina

5.7 Liebe Christina! 9. August

Wieder hast Du es geschafft, mich zum Lächeln zu bringen mit Deinen Zeilen. Besonders die Worte der Engelsschmetterlingsherz-Malerin treffen mein Herz. Ich wusste sofort, von wem Du redest, habe ich sie doch noch so lebhaft vor Augen. Ihre Wesensart hat mich nachhaltig beeindruckt.

Alles Erlebte hinterlässt Spuren. Jede Lebensschleife schleift unsere Körper, unsere Verhaltensweisen und unsere Sicht der Dinge. Sobald man nur ein klein wenig erfährt von dem anderen, von seinen Kämpfen und kleinen Katastrophen, sieht man ihn mit anderen Augen. Das ist übrigens eine Deiner Eigenschaften, die ich nachahmenswert finde: Du hast ein neidloses, echtes Interesse an Deinem Gegenüber! Du nimmst wahr, was andere leisten, wo etwas hinkt oder wo etwas besonders schön und gelungen ist.

»Von innen heraus lebendiger werden« – das klingt so gut! Ich denke, das trifft auch auf die Frau mit der Dauerblutung zu. Das Ausbluten in ihrer Leibmitte wurde gestoppt. Die Quelle der Blutung versiegt. Das heißt doch, dass die Ursache der Verletzung von innen nach außen verheilt. Dieser Zustand, sich für etwas schuldig zu fühlen, was man selbst gar nicht verschuldet hat, findet in dem Ausspruch seinen Gipfel, den wir oft benutzen: »Ich bin ja selbst schuld!« Das ist ein fataler Satz, denn er impliziert, dass ich die Schuld BIN! Dass sie sozusagen ein Teil meiner Identität ist. Wenn einer meiner Schüler diesen Satz sagt, frage ich immer, ob man vielleicht stattdessen auch »Ich trage selbst Schuld daran« sagen könnte. Etwas, das ich trage, kann ich auch wieder ablegen. Das geht mit dem, was ich bin, leider nicht. Viel häufiger aber zeigt sich dann im Nachsinnen darüber, dass auch dieses »Ich trage ja selbst Schuld daran, dass …« oft einfach nicht stimmt. Vielleicht sind das sogar genau die Dinge, die denjenigen »kontaminiert« oder aber beschämt haben.

Von »contamination story« und »redemption story« zu sprechen, leuchtet mir ein, Christina. Danke für die Zusicherung, dass auch nach langer Zeit noch so eine Erlösungsgeschichte wahr werden kann! »Das Leben schreibt die besten Geschichten!« sagt man ja. Obwohl es doch genau andersherum ist, wenn ich Dich richtig verstehe. Wir dürfen an unserer Geschichte mitschreiben, dürfen entscheiden, ob es ein Drama, eine Komödie oder eine Tragödie wird – mit oder ohne Happy End.

Vor Kurzem ist mir das wieder einmal bewusst geworden: Ich sah im Schaufenster eines Secondhandladens grüne Stiefel. Sie sahen einfach toll aus. Meine Freundin ermutigte mich: »Geh hinein und probiere sie an!«, aber ich schüttelte trotzig den Kopf. Am Abend fragte sie mich, warum ich nicht hineingegangen bin. Ehrlicherweise musste ich zugeben, dass ich mir die Schuhe nicht gegönnt habe. Ich war es mir einfach nicht wert. 45 Euro für ein Paar gebrauchte Stiefel, die ich eigentlich nicht brauchte? »Ich glaube, diese Stiefel stehen für dich dort, Valerie!«, sagte meine kluge Freundin. Also gingen wir am nächsten Tag noch mal dorthin und dieses Mal betrat ich den Laden sogar und nahm die Stiefel in die Hand. Sie waren wunderschön! Aus echtem Leder und etwas wirklich Besonderes. Man würde sie nur zu besonderen Anlässen tragen können. Ich schaute sie mir an und sah, dass sie zwei Nummern zu klein waren – Größe 38! Da würde ich sowieso nicht reinpassen. Okay, damit war es entschieden. Nur dem hartnäckigen Ermutigen meiner Freundin war es zu verdanken, dass ich sie dennoch widerwillig anprobiert habe. Du glaubst es nicht – aber diese Stiefel passten mir tatsächlich! Ich stand im Secondhandladen und wischte mir verstohlen eine Träne aus den Augen. »Ich weiß, was du denkst, Valerie«, sagte Jesus in meinem Herzen sehr deutlich, dort zwischen den Regalen. »Aber ICH gönne sie dir von Herzen! Du kannst sie mitnehmen oder stehen lassen. Es ist deine Entscheidung.« Wahrscheinlich hast Du, liebe Christina, die grünen Stiefel längst bei mir zu Hause gesehen, denn sie haben einen Ehrenplatz in unserem grünen Zimmer. Auch wenn ich sie nicht oft trage, erinnern sie mich beständig daran, dass ich nicht die selbst kreierte, alte Geschichte mit dem »Ich bin es nicht wert« erzählen will, sondern dankbar sein will für mein Wachsen und Werden.

Bevor ich diesen Brief abschließe, möchte ich noch Danke sagen für Deinen Einwand mit der Kammer. Du hast es so schön formuliert: »Und heilig wird jede Kammer, sobald Jesus sie betreten darf.« Auch in unsere hintersten, dunkelsten Abstellkammern dürfen wir ihn einladen. Wir haben uns in Südfrankreich vor ein paar Wochen einen sehr alten Friedhof angesehen. Viele der gemauerten Grabkammern hatten eine Metalltüre, die einen Spaltbreit offen stand. Man konnte hinein ins Dunkle sehen: Auf der Rückseite einer der Kammern gab es ein kleines, buntes Fensterchen, durch welches das Sonnenlicht am frühen Morgen fallen konnte. Eine vierblättrige rote Blume war das Motiv. Daran wurde ich wieder erinnert, als Du von dem Kirchenfenster schriebst. Selbst in diesen Raum, der vom Tod ganz bestimmt wird, strahlt Leben hinein: Ein neuer Morgen kommt und mit ihm auch das Licht.

Mit diesem hoffnungsvollen Ausblick verabschiede ich mich für heute von Dir, liebe Freundin, und auch mit einem Gedicht, das ich heute mit Deinem Gedankenanstoß geschrieben habe. »Eiserhörnchen« sind das zerbrechlichste, leckerste Gebäck meiner Kindheit. Für mich bedeuten sie mehr als Nostalgie. Sie stehen für eine mütterliche Liebeserklärung ohne Worte. Ich weiß, dass nicht jeder in seiner Kindheit die Worte gehört hat, die sein Herz gebraucht hätte. Wie wunderbar, wenn man erkennen darf, dass Liebe in hundert Arten ausgedrückt werden kann. Wie wunderbar, wenn man »sich selbst eine gute Mutter sein darf«, weil auch die beste Mutter nicht alle kindlichen Bedürfnisse stillen kann. Um diese Versöhnung geht es. Was lange währt, wird endlich Mut! Auch wenn vielleicht manche Lebensschleife genommen werden muss, bis man das sagen kann. Wir können uns entscheiden, auf unser bisheriges Leben mit Dankbarkeit zurückzublicken und mit Zuversicht auf das kommende. Je mehr Schleifen ich gedreht habe auf meiner imaginären Wendeltreppe, desto mehr freue ich mich über die bessere Weitsicht und den Ausblick. In keine der vergangenen 12-Jahres-Epochen möchte ich noch einmal zurückgeworfen werden, aber ich betrachte sie mit Liebe und Dankbarkeit. Auch wenn ich einen Riesenrespekt vor dem weiteren Anstieg habe, bin ich zu einer hoffnungsvollen Treppensteigerin geworden. Das war nicht immer so und darum betrachte ich es als ein Geschenk.

In diesem Sinne wünsche ich Dir Dankbarkeit und Zuversicht.

Herzlichst,
Deine Valerie

Eiserhörnchen

Was lange währt, wird endlich Mut.
Zum frohen Wiedersehn gab's Eiserhörnchen zum Kaffee
und draußen lag noch Schnee.

Seit wann bist du so groß, mein Schatz?
Wie lange ist es her?
Die alten Hände falten sich wie Transparentpapier.

Tränen verdampfen an kalten Scheiben,
drinnen ist's warm seit ewiger Zeit.
Ein kirschrotes Sofa verbindet die beiden,
Gebäck und krümelnde Dankbarkeit.

So weit, so gut und
seidenmatt bezeugt das Polaroid
und plötzlich hebt der Schleier sich, belebt verblasste Zeit.
Die Sahne schmilzt an Porzellan.
Wo früher Goldrand war, nagt Tag um Tag der Zahn der Zeit.
Die Augen sind noch klar!
Sie sehn zurück und weit hinaus und finden endlich Mut
zu sagen, was zu sagen ist: Mein Kind, alles wird gut!

Und Tränen verdampfen an kalten Scheiben.
Drinnen ist's warm seit ewiger Zeit.
Ein kirschrotes Sofa verbindet die beiden,
Gebäck und hauchzarte Dankbarkeit.

Wie sehr hab ich das hier vermisst, denkt sie und räuspert sich.
Und schweigend nicken sie sich zu.
Du weißt: Ich liebe dich!

SELBSTREFLEXION

- *Welches Lebensthema kommt bei Dir immer mal wieder ins Blickfeld? Schau auf die Fortschritte, die Du bisher damit schon gemacht hast.*

- *Brauchst Du seelsorgerliche oder psychologische Unterstützung für eine Lebenswunde wegen Beschämung oder Lähmung? Dann suche sie Dir und verschiebe es nicht auf später.*

6. DER GOLDENE FADEN ZIEHT SICH DURCH – BRÜCHE UND ÜBERGÄNGE

6.1 Liebe Valerie, 15. August

wieder einmal hänge ich gedankenverloren Deinen Bildern und Vergleichen nach, Du hoffnungsvolle Treppensteigerin. Nach Deinem letzten Brief sehe ich nicht mehr nur die Wendeltreppe vor mir, sondern auch die Person, die sie begeht. Mit Beinkraft und Ausdauer, Zuversicht und Gelassenheit. Als »hoffnungsvoll« beschreibst Du diese Gangart. Etwas Besseres kann es wohl kaum geben. Hab vielen Dank, dass Du meine innere Bilderwelt immer wieder überraschend bereicherst. Auch mit Deinem Gedicht über das stille Treffen auf kirschrotem Sofa ist Dir das wieder gelungen. »Krümelnde Dankbarkeit« – fast möchte ich mir selbst die Kekskrümel vom Mund wischen, während ich das lese, und die Besonderheit dieses vertrauten Momentes macht irgendwie auf bescheidene Art glücklich.

Danke, dass Du mir die Geschichte zu den grünen Stiefeln erzählt hast. Du vermutest ganz richtig, beim letzten Besuch hatte ich sie wahrgenommen. Sie standen ganz selbstverständlich auf Eurer Ofenbank im Esszimmer. Erst jetzt kann ich erahnen, welche Bedeutung sie für Dich haben. Sie sind Erinnerung an die anschauliche Lektion, dass wir Dinge manchmal gar nicht erst ausprobieren wollen, weil wir sie falsch einschätzen. Das kommt mir so bekannt vor, liebe Valerie, mir wäre es sicher genauso gegangen wie Dir ... Deine Glaubenserfahrung dazu ist ein solcher Schatz! Ist es nicht genial, dass Jesus auf so individuelle Weise mit uns im Gespräch ist? Ein persönliches Gleichnis, so könnte man das glatt nennen. *Du bist es wert!* Wie schön, dass diese Botschaft durch die exquisiten Stiefel Dein Herz erreicht hat. Und wenn Gott etwas für unser Leben vorbereitet hat, passen wir auch rein – selbst wenn es vorher zu klein oder zu groß aussieht.

Deine wunderbaren Stiefel wecken noch eine andere Denkrichtung bei mir: Ist es nicht ebenfalls symbolträchtig, für manche Lebensabschnitte in »neuen Schuhen« unterwegs zu sein? Meist liebe ich meine alten Latschen und will mich kaum von ihnen trennen. Sie haben mich schon länger begleitet und meine Füße sind daran gewöhnt. Auch wenn sie ausgetreten sind, will ich sie am liebsten behalten. Das lässt sich so gut aufs Leben übertragen, finde ich. Ein neuer Abschnitt mit neuen Schuhen, diese Symbolik gefällt mir. Ist Dir auch schon mal aufgefallen, dass man in neuen Schuhen oft einen ganz anderen Stand hat? Das ist doch sehr bemerkenswert, noch dazu, weil wir das englische Wort »Standing« im Sinne von »Stand« oder »Beharrlichkeit« neuerdings so gerne in unserem Sprachschatz verwenden. Mit diesen Stiefeln betrittst Du einen neuen Lebensabschnitt, so will es mir scheinen. Auch wenn Du sie nur selten anziehst und dafür umso öfter ansiehst. Kürzlich ging es in einer Fortbildung darum, wie wir unserem Gehirn helfen können, neue neuronale Netzwerke zu stabilisieren. Erinnerungshilfen in unserer Umgebung zu platzieren, ist dabei eine ganz wesentliche Unterstützung, damit die neue Haltung oder die neue, ungewohnte Denkrichtung im Gehirn aktiviert wird. Klasse, dass Deine Stiefel Dich immer wieder an die geschenkte Erkenntnis erinnern!

Ich merke gerade, wie gut mir diese zuversichtlichen Themen tun. Die Seele atmet dabei richtig auf. Doch die Aufrichtigkeit dem Leben gegenüber, der Respekt vor anderen Lebensgeschichten und die Wahrnehmung all dessen, was um uns herum geschieht, bringen mich dazu, den Blick auf einen schmerzhaften Bereich zu wenden. Dein bröselndes Waffelhörnchen weckt nicht nur gute Assoziationen. Manchmal zerbricht, was wir in Händen halten. Das Glück des Augenblicks ist flüchtig. Der brüchige Untergrund, auf dem wir stehen, löst Unsicherheit und Ängste aus. Dabei ist es egal, in welchen Schuhen wir stecken. Man könnte es mit einer Eisfläche vergleichen. Wir stehen darauf und beobachten besorgt in jeder Richtung knackende Bruchlinien, die näher kommen. Der Zerbruch unseres gewohnten, sicheren Lebens ist im Moment für viele Menschen massiv zu spüren. Und noch dazu gibt es extreme Brüche in persönlichen Lebensgeschichten. Gestern teilte uns eine junge Frau weinend im Online-Meeting mit, dass ihr Vater einen hochaggressiven Hirntumor hat. Bei einer anderen war die Beziehung kurz vor der Hochzeit gescheitert. Du kannst Dir unsere Betroffenheit und unser Mitgefühl mitten im Arbeitstreffen sicher vorstellen. Eine Frau aus unserem Team reagierte so fürsorglich und regte direkt an, für die beiden zu beten. Es tat uns allen gut, diese Not Gott anzuvertrauen.

Kürzlich hat es mich tief erschüttert, dass meine kenianische Freundin Irene in ihrem Heimatland von Kriminellen furchtbar zugerichtet wurde. Mit Messern sind sie über Irene hergefallen und sie hat nur durch ein Wunder diesen Überfall überlebt. Große Narben auf der Stirn und am Unterkiefer werden immer sichtbar bleiben. Das ist ein solch massiver Einschnitt ins Leben, auch an der Seele geht das nicht spurlos vorüber. Anfangs war sie so verzweifelt. Vom Vertrauen zu Gott und in die Arglosigkeit von Menschen scheinen nur noch Scherben übrig zu sein. Und ehrlich gesagt kann ich das verstehen. Viele Frauen und Männer, denen ich begegne, haben in ihrem Leben ähnlich krasse Erfahrungen gemacht. Vermutlich fühlt sich das dann so an, als ob die Wendeltreppe direkt unter ihnen plötzlich abbrechen würde oder zumindest das Geländer keinen Halt mehr bietet. Ja, liebe Valerie, sich nach einer solchen Situation dann wieder »zu fangen«, aus dem Schleudern wieder in den stabilen Gang zu kommen, das ist schon eine echte Nummer. Wie können wir dabei helfen, wenn das Menschen aus unserer Umgebung betrifft? Oder wie können sie sich selbst helfen? Sprichst Du bei solchen Härten vom Glauben oder schweigst Du lieber? Ich weiß es manchmal nicht, liebe Valerie, das räume ich ganz offen ein. Aus Respekt vor den Tragödien anderer hüte ich mich meist vor zu schnellen frommen Worten und bevorzuge ein stilles Gebet.

Jetzt habe ich es ein wenig eilig mit dem Briefschluss. Der Gedanke, dass ich bei Irene nachfragen will, geht mir nicht aus dem Sinn. Das werde ich im Anschluss auch tun. Ich bin ziemlich gespannt, was Deine Erfahrungen oder Fragen zur Thematik »Lebensbrüche« sind. Je älter wir werden, desto mehr davon haben wir schon direkt oder indirekt miterlebt. Und vieles davon durfte tatsächlich wieder heilen.

Ich wünsche Dir ein gutes Händchen für die Menschen, die Du gerade in ihren Krisen begleitest. Und ausreichend eigene Krafttankstellen für Dich selbst.

Liebste Grüße,
Deine Christina

6.2 Du sensible Mitfühlerin! 21. August

Das, was Du von Deiner Freundin erzählst, bewegt mich. Ich habe nachgeschaut: Der Name Irene bedeutet »Die Friedliche« – von Herzen wünsche ich ihr, dass sie mit der Zeit Frieden schließen kann mit dem, was da passiert ist! Wie gut, dass sie Menschen wie Dich an ihrer Seite hat, die ihr hoffentlich helfen können, über diese furchtbare Attacke hinwegzukommen! Gerade in so einer Sache ist es vielleicht hilfreich, jemanden zu haben, der einen ansieht. Der nicht wegschaut und die Schmerzen würdigt. Oft fühlt man sich in einer solchen Situation ja hilflos und weiß überhaupt keinen Satz zu sagen, der angemessen wäre. Ich merke gerade, dass ich unbewusst den Atem anhalte, während ich das schreibe, liebe Christina. Für alle Kontakte mit ihr wünsche ich Dir eine Riesenportion Weisheit! Du schreibst: »Vom Vertrauen zu Gott und in die Arglosigkeit von Menschen scheinen nur noch Scherben übrig zu sein.« Ja, das mag so sein und das gilt es auszuhalten.

Das mit den Scherben weckt allerdings eine hoffnungsvolle Assoziation in mir, die ich mit Dir teilen möchte. Ich sammle seit Jahren schon überall, wo ich gehe, Fliesenscherben auf. Du glaubst gar nicht, wie viele davon auf Schotterstraßen, Parkplätzen oder Wanderwegen herumliegen, wenn man darauf achtet! So habe ich mittlerweile eine beachtliche Sammlung von bunten Fliesenstückchen. Sie werden von mir zu neuen Mosaiken zusammengestellt, die ich in Beton klebe. So kann selbst aus Bruchstücken etwas Neues und Gutes entstehen. Das soll kein billiger Trost sein und ich schreibe es ja auch Dir und nicht Deiner Freundin Irene selbst … sie könnte diesen Gedanken im Moment wohl nicht ertragen. Viele Menschen können genau das aber rückblickend von sich sagen, dass sogar aus Scherben etwas Neues entstanden ist.

Okay – nun bin ich gleich in der Tiefe eingestiegen. Es gab kein fröhliches »Hallo« zu Beginn – das schien mir nicht angemessen zu sein. Dennoch sind in Deinem Brief wieder so ermutigende und zuversichtliche Gedanken drin! Es ist so wie im richtigen Leben. Oft passiert beides nebeneinander: Katastrophen und Glücksfälle, unsagbares Leid und erstaunliche Hoffnung. Der eine scheint vom Leben verwöhnt zu werden und der andere schleppt sich von Katastrophe zu Katastrophe. Da nach dem »Warum« zu fragen, ist doch naheliegend! Du fragst mich, ob ich in solchen Fällen von meinem Glauben rede. Ich halte es wie Du und bin da eher zurückhaltend, weil es schnell auch als »Patentlösung« daherkommen kann nach dem Motto: »Mit Jesus wird alles wieder gut!« Die meisten meiner Mitmenschen wissen, dass ich gläubig bin. Wenn mein Gegenüber um ein gemeinsames Gebet bittet, dann komme ich diesem Wunsch gern nach. Zögernd, zagend und oft um Worte ringend. Meist bringe ich aber das Anliegen im Gebet zu Jesus, wenn ich wieder allein bin. Auch um meiner eigenen Erschütterung und Traurigkeit Worte zu verleihen.

Der Vergleich mit der Eisfläche ist sehr passend, liebe Christina! Als Kinder waren wir oft auf einem zugefrorenen See Schlittschuh laufen. Hast Du das auch gemacht? Bevor das Eis wirklich reißt, knackt und kracht und sirrt es für gewöhnlich. Das sind unheimliche Geräusche! Ich bin sofort wieder in diesem Gefühl drin, wenn ich daran denke. Man bleibt auf der Stelle stehen und horcht angespannt. Alles ist in Alarmbereitschaft! Dann überlegt man, wie weit es bis zum Ufer ist und ob man es bis dahin noch schaffen kann. Bei mir ist es immer gut gegangen. Gott sei Dank waren es immer nur Risse im Eis und kein Einbruch! Ein Freund, der tatsächlich im Eis eingebrochen ist, konnte sich noch an der Oberfläche halten und wieder hochgezogen werden. Der Schreck ist uns allen in die Glieder gefahren und lässt mich noch heute erzittern.

»Noch mal gut gegangen!«, denkt man dann, aber manchmal geht es eben nicht gut. Manchmal hält die Treppe nicht. Manchmal zerbricht die Welt, die man für sicher gehalten hatte. Von diesen Brüchen sprichst Du in Deinem Brief wohl. Und manchmal fühlt man sich sogar von Gott fallen gelassen. Dann erscheinen einem gut gemeinte, fromme Ermutigungen doch wie Hohn. »Ich kann nie tiefer fallen als in Gottes Hand!« ist so ein Satz, der theologisch vielleicht richtig ist. Wenn Du aber das Gefühl hast, dass Gott die Hände wegzieht und Dich aufschlagen lässt? Dabei dachte ich noch einmal an Irene. Hat sie Menschen in einer Ortsgemeinde oder Kirche, die für sie weiterbeten und weitervertrauen? Darum ist die Gemeinschaft in einer Kirche so wertvoll, denke ich gerade. Wir haben das so erlebt in einer Krise und wurden da durchgetragen, bis wir selbst wieder vertrauen konnten. Je älter man wird, desto häufiger erlebt man solche Krisen direkt oder indirekt mit, ja, da stimme ich Dir zu.

Das Thema, das Du da anschneidest, geht uns also alle an! Wir tun gut daran, über unser »Standing« nachzudenken, wie Du es beschreibst. Tatsächlich benutze ich das Wort häufig im Gesangsunterricht! Viele meiner Schüler haben eine schwach ausgebildete Standfestigkeit und vor allem keine Kreuzbeinstütze! Das heißt, dass ich sie quasi mit einem Finger umschubsen könnte, wenn ich an der richtigen Stelle stupse. Wir üben dann erst einmal den festen, flexiblen Stand. Ist es im Leben nicht genauso? Damit uns das Leben beim nächsten Windstoß nicht umwirft, kann man also vorbeugend schon etwas tun. Meintest Du es so?

Doch bevor wir in grünen Stiefeln in einen neuen Lebensabschnitt stapfen, ist es gut, darauf zu gucken, was da passiert ist. Ich mag Deine Symbolik mit den neuen Schuhen übrigens sehr! Danke für Deine so passende Deutung! Weißt Du, ich denke die ganze Zeit schon: Wir sind alte Mädchen in neuen Schuhen! Überrascht davon, dass sie passen. Aber es fühlt sich noch ungewohnt an. Die ausgelatschten Gewohnheiten waren bequemer. Es erfordert eine Entscheidung, neue Schuhe anzuziehen und damit neue Wege zu gehen.

Was sind *Deine* »neuen Schuhe« gerade, liebe Freundin? Ich wünsche Dir eine trotzige Vorfreude auf die Zeit, wo sie eingelaufen sein werden. Hab Geduld mit den anfänglichen Blasen und gib Deinen Füßen Zeit, sich einzugewöhnen.

Nun drücke ich Dich und bin gespannt, wie Du den Faden weiterspinnen wirst, den wir hier zu knüpfen begonnen haben.

Herzlichst,
Deine Valerie

6.3 Hallo Valerie, Du liebe Seelenspieglerin. 29. August

Dein Antwortbrief hat mich aufgebaut und weitergeführt, dafür danke ich Dir von Herzen. Ich staune, wie sehr es sich bewahrheitet, was wir beide schon sehr bald beim Beginn unserer Freundschaft gespürt haben: Wir ticken auf eine grundlegende Art ähnlich, trotzdem können wir uns gegenseitig enorm bereichern. Allein bleibt man doch oft in seinen Gedankengängen hängen wie in einer Sackgasse oder einem Kreisverkehr. Wie wohltuend ist es dagegen, zu neuen Denkrichtungen angestoßen zu werden.

Wunderbar, Du hast als Kind also selbst auf Schlittschuhen gestanden! Bei mir war das nicht so, wir hatten damals keine Schlittschuhe. Und später dann in einer Eishalle mit ausgeliehenen Schlittschuhen Runden zu drehen, war absolut nicht das Gleiche. Ich habe das nur unseren Kindern zuliebe gemacht. Während ich das schreibe, wächst der zaghafte Wunsch, diese Erfahrung noch nachzuholen und mich mit Schlittschuhen auf echtes Eis zu wagen. Und weißt Du was? Schon die Idee fühlt sich wunderbar lebendig an und ein klein wenig kühn. »In deinem Alter willst du damit noch anfangen?« könnte jemand einwenden. Ich schmunzle bei dem Gedanken. Auch mit Mitte fünfzig darf man noch etwas Neues beginnen. Deine Erinnerung hat mich bestärkt, liebe Valerie. Herrlich, dass Du das damals mit anderen Kindern erleben konntest. Wie verblüffend, dass das alarmierende Gefühl in Dir gleich wieder präsent war, nur von Gedanken und Worten angestoßen. Das Körpergedächtnis bringt uns manchmal blitzschnell und unerwartet in alte Gefühle zurück, lediglich durch eine Winzigkeit ausgelöst. Zum Glück ist Euch damals auf dem Eis nie ernsthaft etwas passiert, doch der Schreck sitzt in den Gliedern. Vielleicht ist diese Wahrnehmung manchmal auch fürs gesamte Leben gut. Wie viele heikle Situationen hat es gegeben, die nicht dramatisch geendet haben, wo wir nicht reingerutscht und eingebrochen sind. Ich kann es mir nur mit einem großen Maß an Gnade und Bewahrung erklären.

Ja, ich weiß, Du liebst es, Fliesenscherben aufzusammeln. Einmal, am Anfang unserer Freundschaft, war ich dabei und Du gabst mir ein blau-weißes Bruchstück in die Hand. Als Erinnerung lag es immer bei uns im Badezimmer. Kürzlich fiel es auf den Boden und brach ein weiteres Mal entzwei. Das kann den Scherben, die von Dir in neue Mosaike eingefügt wurden, nicht mehr passieren. Sie haben einen sicheren Platz und fügen sich in ein neues Gesamtbild ein. Dazu fällt mir ein, dass ich vor Jahren im Foyer einer großen, christlichen Gemeinde vor einem Mosaik stand. Es war in Chicago und hat mich tief beeindruckt, denn daneben hing ein Text. Er war mit »BROKEN« überschrieben und ich erinnere mich in groben Zügen an den Inhalt. Es ging darum, dass »gebrochen« in unserem menschlichen Verständnis meist mit »nutzlos« verbunden wird. Doch aus Gottes Perspektive ist es anders. Unsere Gebrochenheit kann durch seine weise und fähige Hand in ein Kunstwerk von tiefer Schönheit eingefügt werden. Wir alle miteinander sind Gottes Mosaik. Diese Gedanken fand ich zutiefst ansprechend, denn in einer Gemeinde finden sich ja immer Menschen mit sichtbaren oder unsichtbaren Brüchen und Narben. Gott fügt sie zu einem neuen Muster zusammen, so wie Du die Fliesenscherben mit handwerklichem Geschick zusammengestellt hast.

Vielen Dank, dass Du meine Erschütterung wegen Irene mit echtem Mitgefühl teilst, das hat mir richtig gutgetan. Irene gehört zu einer christlichen Gemeinde, dort ist sie aufgehoben und findet Unterstützung. Mittlerweile geht es ihr auch besser und die Wunden heilen. Von einem Pastor habe ich einmal gehört, dass wir alle Verwundete sind, doch nicht alle sind zur gleichen Zeit gleich schwer betroffen. Deshalb sollen die »weniger Verwundeten« die »schwerer Verwundeten« tragen und unterstützen. Auf Englisch klingt das natürlich viel schöner: »more wounded and less wounded«. Ich mag den Gedanken, dass Gott uns zur Unterstützung nebeneinandergestellt hat. Du hast ja auch von Eurer Erfahrung erzählt, wie die Gemeinde Euch in einer Krise unterstützt hat. Es gibt nicht die Starken und die Schwachen, die Stabilen und die Verletzten, sondern jeder wird sich mal in der einen, mal in der anderen Rolle erleben. Das macht demütig und dankbar. So wie Du schreibst: Katastrophen und Glücksfälle, unsagbares Leid und erstaunliche Hoffnung passieren nebeneinander. Irenes Gesicht ist übrigens jetzt von zwei großen Narben gezeichnet. Ich finde sie trotzdem und gerade damit wunderschön.

Liebe Valerie, neben allen klugen und weiterführenden Gedanken hat einer Deiner Sätze mich besonders erwischt. Es würde mich nicht wundern, wenn Du bereits ahnst, welcher es ist. Du hattest geschrieben: »Wir sind alte Mädchen in neuen Schuhen.« Wow, was für eine Aussage! Das würde sich als Schlagzeile für ein Lifestylemagazin eignen. Ich bin immer noch dabei, das nachklingen zu lassen. Es klingt für mich faszinierend, fast ein bisschen abenteuerlustig. Auf alle Fälle einladend, mit diesen neuen Schuhen mutig loszulaufen. »alte Mädchen« schreibst Du liebevoll. Für mich steckt in dieser Bezeichnung beides drin, wovon wir immer wieder sprachen: Auf der einen Seite Lebenserfahrung mit Blessuren und Abnutzungserscheinungen, auf der anderen Seite gleichzeitig die Lebendigkeit und Flexibilität eines Kindes. Doch in der Praxis tue ich mich gar nicht so leicht damit.

Du fragst, was meine »neuen Schuhe« sind. Dabei konntest Du gar nicht wissen, dass ich tatsächlich dieser Tage neue, teure Schuhe gekauft habe. Ein Paar weinrote Wanderschuhe sind es. Deine Frage hat mich dazu angeregt, diesen Einkauf sinnbildlich zu deuten. Deswegen habe ich sie jetzt direkt angezogen, um das Gefühl ganz echt zu spüren. Dazu musst Du wissen, dass ich sehr an meinen alten braunen Wanderschuhen hänge. Ich hatte sie in unserer kleinen thüringischen Stadt gekauft. Damals verlor eine Freundin durch einen dramatischen Suizid ihren jugendlichen Sohn. Jede Woche trafen wir uns und liefen einige Stunden mit Hund über Wald und Flur. Dafür brauchte ich feste Schuhe. Später dann waren sie tägliche Begleiter meiner stillen Denk- und Gebetsrunden. Auch unsere ersten gemeinsamen Pilgertouren haben sie mitgemacht. Die Schuhe sind mit mir von Schmalkalden nach Nürnberg gezogen, doch nun fallen die Sohlen auseinander und ich benötige Ersatz. Im Laden hättest Du mein Abwägen sehen sollen. Ich habe mich richtig schwergetan, ob ich wirklich mit weinroten Schuhen gehen will und ob sie farblich zu meiner Wanderjacke passen. Ich war so zögerlich, dass ich beim Kauf schon die eventuelle Rückgabe besprochen habe.

Und direkt danach kam Deine Frage: »Was sind *Deine* neuen Schuhe gerade, liebe Freundin?« Ja, das passte haargenau. Denn ich habe es im Moment nicht ganz leicht mit dem neuen Leben und der neuen Rolle in der neuen Stadt. Manchmal überkommt mich einfach die Sehnsucht nach dem alten Leben, noch dazu, wenn ich gerade in der ehemaligen Stadt auf Dienstreise gewesen bin. Dann möchte ich einfach nur in die vertrauten Schuhe schlüpfen und wieder lieb gewordene Wege gehen. Irgendwie scheint es zu passen, dass gerade in dieser Phase neue Schuhe notwendig geworden sind. So, als ob Jesus zu mir sagen würde: »Vertrau mir! Bleib in Gedanken hier an diesem Platz, an den ich euch geführt habe. Du darfst zurückschauen, aber ich wünsche mir, dass du nicht umkehren willst. Ziehe die neuen Schuhe an. Sie stehen für andere Wege und neue Aufgaben. Sei gespannt auf die Menschen, die ich an deine Seite stellen werde.«

Nach den letzten Zeilen spüre ich, dass Deine Worte »alte Mädchen in neuen Schuhen« mir Trost gespendet haben, liebe Valerie. Nun fehlt nur noch, dass ich bereit bin, die braunen Wanderschuhe in die Mülltonne zu verabschieden.

Durch herausfordernde Umstände wachsen wir, stimmt's? Doch mit den Brüchen und Verlusten im Leben umzugehen, kann ganz schön mühsam sein. Gott sei Dank kommen dann plötzlich wunderbare Überraschungen und Freuden. Wie der Platzregen, der gerade vor unserem Fenster niedergeht und die Pflanzen erfrischt, richten sie uns wieder auf. Solche Erfrischungen wünsche ich auch Dir, liebe Valerie.

Allerliebste Grüße,
Deine Christina

6.4 Meine liebe Pilgerfreundin … 5. September

… denn das bist Du ja auch! Wir haben schon drei Wochen gemeinsames Pilgern hinter uns und ich kenne Deine braunen Wanderschuhe gut. Wie sehr Du an ihnen hängst, da Du in ihnen Deine Freundin durch eine furchtbare Zeit hindurch begleitet hast, das wusste ich allerdings nicht. Und die vielen Gebetsrunden, in denen sie Spuren hinterlassen haben – ja, dass Du ihnen nachtrauerst, das verstehe ich sehr gut! Neue Schuhe bedeuten für mich immer auch erst einmal Druckstellen. Nicht umsonst sagen die Fachberater in den Sportgeschäften, dass man sie langsam einlaufen sollte.

Vielleicht ist so ein behutsames Einlaufen auch für Deine neue Lebenssituation gerade dran? Wünschst Du Dir auch manchmal Siebenmeilenstiefel, um diese ersten ungewohnten Etappen wortwörtlich zu übergehen? Ich denke aber, dass das ungesund wäre. Eine Phase hinter sich zu lassen, heißt doch auch, dem Abschiedsschmerz Raum zu geben. Das Neue ist noch nicht so richtig »im Gange« und das Alte wirkt noch nach. Diese Übergangszeit ist wie so ein unsicheres Grenzgebiet, das es zu durchschreiten gilt. Und um noch einmal an unsere Gedanken vor ein paar Wochen anzuknüpfen: Ist es nicht auch so, dass unsere Identität sich anpassen muss an die neuen Gegebenheiten? Wir bleiben zwar die »alten Mädchen«, aber es kommen neue Facetten hinzu. Wir können nicht bleiben, wer wir waren, wenn sich die äußeren Umstände ändern.

Dein tapferes Gespräch mit Jesus hat mich angerührt: »Du darfst zurückschauen, aber ich wünsche mir, dass du nicht umkehren willst. Ziehe die neuen Schuhe an!« Gar nicht so sicher bin ich mir bei dem Satz: »Ich wünsche mir, dass du nicht umkehren willst.« Würde Jesus das so fordern? Weiß er nicht, dass es menschlich ist, dass Du immer wieder auch genau diesen Wunsch verspüren wirst? Ich könnte mir vorstellen, dass ER eher sagen würde: »Ich weiß, dass du ab und zu lieber umkehren würdest. Dennoch: Ziehe die neuen Schuhe an! Sie passen dir jetzt. Und für den nächsten Wegabschnitt werden sie dir Halt und Schutz geben. Aber lass dir Zeit mit dem Einlaufen.«

Dass Du zu den neuen Wanderschuhen nun auch über ein Paar Schlittschuhe nachdenkst, hat mich lächeln lassen. Warum solltest Du es nicht noch lernen? Wie gut auch, dass Du in Deinen Zeilen klarstellst, dass nicht jeder Eiseinbruch auch in einer Katastrophe enden muss! Dieser Gedanke tröstet mich und macht mutiger, mich auch auf dünnes Eis (im übertragenen Sinne) zu wagen. Es macht mich »zuversichtweiser«. Wie oft war da Bewahrung und Begleitung? Wie stark war das soziale Netz, welches mich auffing, wenn ich fiel? Dass wir nicht immer alle gleichzeitig verwundet werden, sondern einander unterstützen können in dem Bewusstsein, dass jeder mal fällt und jeder mal hilft, ist ein wunderbarer Gedanke, Christina! Auch von dem kunstvollen Mosaik hast Du mir schon einmal erzählt. Danke für das Erinnern daran! Selbst ein Zerbruch hindert Gott nicht daran, seinen unerschütterlichen Segen zu geben.

In dem Zusammenhang fällt mir noch etwas ein: Wir hatten über die ägyptische Magd Hagar gesprochen. Sicher weißt Du, dass sie ein zweites Mal in die Wüste geschickt wird! Noch einmal muss sie erleben, dass alles zerbricht. Dem Verdursten nahe, passiert ihr dann etwas, das mir die Tränen in die Augen treibt, wenn ich es wieder lese: »Gott öffnete ihr die Augen und sie erblickte einen Brunnen.« (1. Mose 21,19) Auch uns wird er die Augen öffnen zur richtigen Zeit! Und wenn auch der Stoff, aus dem unsere Geschichte ist, ein grober, grauer und rauer Webstoff wäre, zöge sich nicht dennoch der goldene Faden SEINER Liebe hindurch? Ja, ich bin mir sicher, dass dieser Faden immer wieder durchschimmert. Mal leuchtet er oben auf und mal ist er unten und nicht zu sehen – doch immer verwoben ins Leben!

Vom Sinn des Webens

umsonst
So ein UnSinn!
Der Stoff, aus dem die besten Geschichten sind,
ist nicht perfekt und nicht vorhersehbar
Nichts ist langweiliger als Perfektion
und diese Ich-hab-das-kommen-sehn-Sager
dennoch > die Dimension Gott zieht sich durch wie ein goldener Faden > dennoch > angesehen zu sein und geliebt > dennoch > eine Berufung haben, die niemand sonst übernehmen kann > dennoch > beziehungsweise werden > dennoch
eine Spur hinterlassen, die andern helfen kann
beim Lächeln, beim Sehnsuchen und Sinnfinden
und beim Glauben an
das ewige Weben

Ich wünsche Dir mit Gold durchwirkte Tage! Dass Du spürbaren Segen erlebst und getröstet in den Momenten bist, wo es hakt. Lass Dir Zeit mit dem Einlaufen der neuen Schuhe und bleib geduldig und hoffnungsvoll gerade dann, wenn der Abschiedsschmerz sich wieder meldet! Wie schön, dass ich einen Faden in meine Geschichte einarbeiten darf, der Eva Christina heißt! Er ist mir sehr kostbar, liebe Freundin.

Das andere alte Mädchen mit dem Namen
Valerie

6.5 Meine liebe Freundin, 12. September

Du hast mir wieder wunderbare und heilsame Gedanken geschenkt. Ich danke Dir dafür, liebe Valerie! Einige Deiner Worte haben haargenau in meine Situation gesprochen. Dass Gott die verzweifelte Hagar unvermittelt eine Wasserquelle in der Wüste entdecken lässt, ist ein so kostbarer Nebensatz. Plötzlich ist die Hilfe da und das Blatt wendet sich – kennen wir das nicht auch? Gott öffnet uns die Augen und das plötzlich Wahrgenommene verändert, wie wir die schwierige Situation erleben. Solche existenzielle Not wie die biblische Hagar hatte ich niemals. Doch dieses überraschte Sehen kenne ich auch. Kürzlich ging es mir so, als ich entdeckte, dass meine Porzellanblume wieder Blüten angesetzt hatte. Den süßen Duft und die zarte Schönheit der porzellanartigen Blüten hatte ich während unserer zwölf Jahre in Thüringen nicht erlebt. Dort blühte sie nicht ein einziges Mal, ich hatte dem riesigen Topf wohl den falschen Standort gegeben. Als ich neulich die winzigen Blütenansätze entdeckte, war das blitzschnell eine Art Zeichen für mich. Nicht nur dafür, dass die alte Pflanze hier eine gute Fensterbank hat. Sondern auch, dass Gott mir Mut macht: Es wird kostbare Blüten geben zur richtigen Zeit. Das hat mir großen Auftrieb gegeben und jedes Mal, wenn mein Auge die Blüten streift, wirkt das wie eine kleine Oase.

Natürlich hast Du recht, wenn Du den Gedanken einbringst,

ob sich die Identität nicht an neue Gegebenheiten anpassen muss. Das klingt plausibel und tröstlich. Doch wenn man direkt drinsteckt in der neuen Situation, kann man solche Wahrheiten manchmal nicht gleich sehen. Mir gefällt, dass Du diese Übergänge als »unsicheres Grenzgebiet« bezeichnest. Auch das Wort »Niemandsland« kommt mir in den Sinn. Neue Orientierungspunkte müssen sich erst noch finden lassen. Das gilt letztlich für alle Übergangsphasen im Leben. Und wieder helfen mir Beispiele aus dem Alltag. Umgetopfte Pflanzen müssen sich meist erst erholen. Neue Schuhe bringen Druckstellen mit sich. Das Fahrrad ruckelt beim Umschalten in einen anderen Gang. Und ich wundere mich, dass es hier in meiner neuen Umgebung noch nicht alles läuft wie geschmiert? Das hätte ich eigentlich wissen können! Doch es zu durchleben, ist eben ganz anders, als etwas mit dem Kopf zu wissen. Nicht umsonst spricht man ja auch von »durchbuchstabieren«. Da kann man schon mal hängen bleiben.

Deine sanfte Korrektur, die Du in meinen inneren Jesus-Dialog gelegt hast, nehme ich liebend gerne an. Auf dieses »Dennoch« will ich mich von Herzen einlassen, deshalb schreibe ich diese Worte jetzt gleich in das kleine Notizbüchlein, das Du mir nach meinem Umzug geschenkt hattest: »Ich weiß, dass du ab und zu lieber umkehren würdest. Dennoch: Ziehe die neuen Schuhe an! Sie passen dir jetzt.«

Deine nachdenklich-ermutigenden Worte über den goldenen Faden von Gottes Liebe, den er in unterschiedlichste Lebensgeschichten hineinwebt, sind so wunderbar. Genau wie das Gedicht. »Glauben an das ewige Weben« und »Die Dimension Gott zieht sich durch wie ein goldener Faden« – ja, tatsächlich, Gottes Wirken zieht sich durch unsere Lebensgeschichten, egal, wie rau oder glatt der Webstoff beschaffen ist. Ein theologischer Lehrer machte uns einmal darauf aufmerksam, dass wir immer im Blick haben sollten, dass Gott schon wirkt im Leben der Menschen um uns herum. Wir dürften es ihnen sogar so zusprechen. Und hier fällt mir die Doppelsinnigkeit des Wortes auf. Bisher hörte ich »wirkt« zuerst von »Wirksamkeit« her, das klingt nachdrücklich und effektiv. Doch »wirken« bedeutet fachsprachlich auch, Gewebe mit eingearbeiteten Bildern oder Mustern herzustellen. Textilien werden sogar als »Wirkware« bezeichnet. So verstanden bekommt die Aussage noch mal eine ganz neue Bedeutung. Gott wirkt in allen Lebensgeschichten. Ja, er wirkt den goldenen Faden seiner Liebe hinein in der Hoffnung, dass wir ihn nicht übersehen oder gering achten.

Einmal wurde ich als Referentin in eine Gruppe des Blauen Kreuzes eingeladen. Dort treffen sich Menschen, die von einer Sucht losgekommen sind oder noch auf dieses Ziel hinarbeiten. Die Überschrift hieß »Die eigene Biografie mit liebevollen Augen sehen«. Davor hatte ich schon Respekt, liebe Valerie, denn das ist ein riesiges Thema für Menschen, die eine Suchtvergangenheit haben. Oft gibt es bei ihnen so viel Traurigkeit über verlorene Jahre, Reue und Scham. Oder sie stecken im Selbstmitleid und in Vorwürfen gegenüber anderen fest, die vermeintlich zu ihrer Sucht beigetragen haben.

Deshalb war es meine Idee, den Abend so zu gestalten, dass wir gemeinsam jeweils aus unterschiedlichen Blickwinkeln auf die Biografien schauen. Als krönenden Abschluss gab es die himmlische Perspektive, also den goldenen Faden. Doch zuerst begann es mit dem kritischen Blick, in dem viele Menschen, nicht nur Suchtkranke, gerne verharren. Da habe ich alle selbstkritischen und vernichtenden Sätze reingepackt, sich selbst und anderen gegenüber. Um zur nächsten Perspektive einzuladen, verwendete ich ein Zitat von Antoine de Saint-Exupéry: »Um klar zu sehen, genügt oft ein Wechsel der Blickrichtung.« Dann folgte der sachlich-realistische Blick. Dabei ging es um das angemessene Verständnis der eigenen Vergangenheit: Das selbst entwickelte Suchtverhalten war ein Versuch, vom subjektiv empfundenen Minus zum subjektiv empfundenen Plus zu gelangen, der aber letztlich in die Sackgasse geführt hat. Mit der Zwischenfolie »Um klar zu sehen, genügt oft ein Wechsel der

Blickrichtung« kamen wir dann zum freundlich-respektvollen Blick. Der Blick auf alles Gute, Gesunde, Schöne in einem Leben, wie wir es in unserem Briefwechsel ja auch schon wiederholt angesprochen hatten. Zu vorgerückter Stunde gab es dann einen heiligen Moment, in dem ich den Zuhörern die himmlische Perspektive zusprechen durfte: »Gott hat längst begonnen, seine Geschichte mit jedem von Ihnen zu schreiben. Er ist ein Meister der umgeschriebenen Geschichten, der Neuanfänge und Heilungen. Er blickt liebevoll, verstehend und einladend auf jeden von Ihnen.« Weißt Du, die Männer und Frauen sahen wirklich gezeichnet aus von ihrer Geschichte. Doch einige Gesichter leuchteten in diesem Moment, als ob sie klarer durch ihren Lebensnebel schauen könnten. Am Ende des Abends stand die Einladung von Tolstoi: »Liebe deine Geschichte, denn sie ist der Weg, den Gott mit dir gegangen ist.«

Vielleicht meinst Du es ähnlich, wenn Du in Deinem Gedicht vom »Glauben an das ewige Weben« sprichst. Es tut so gut, sich der Weisheit und Fürsorge Gottes anzuvertrauen. Goldener könnte der Faden nicht sein. Der eine goldene Faden genügt, um das gesamte Gewebe von einem profanen oder als Lumpen wahrgenommenen Stück Stoff in ein wertvolles Unikat zu verwandeln.

Mit diesem golden schimmernden Gedanken gehe ich in den sonnigen Altweibersommertag. Keine Ahnung, wo diese Bezeichnung herrührt ... Liebe Valerie, in Deinem vollen Herbstkonzertprogramm wünsche ich Dir kleine oder größere Momente, in denen Du staunend wahrnehmen kannst, wie Gott in Deiner Lebensgeschichte gewirkt hat. Liebevoll, passgenau und gnädig. Das wird er auch in Zukunft tun!

Herzlichst,
Deine Christina

6.6. Liebe Christina! 23. September

Vielen Dank für Deinen zarten, wunderschönen Brief! Deine Handschrift ist mir mittlerweile so vertraut. Ich sehe schon am Umschlag, von wem der Brief ist, und freue mich! Dann frage ich mich, wie Du unsere Gedanken wohl weitergesponnen hast.

Dein Abschiedsgruß hat mich neugierig gemacht: Was hat es wohl mit dem Altweibersommer auf sich? Ich dachte immer an »alte Weiber«, die in den letzten warmen Tagen auf einer sonnigen Parkbank sitzen und Enten füttern. Alte Mädchen in neuen Schuhen eben ... da ist es wieder. Der Begriff hat aber mit »Weibern« gar nichts zu tun. Sondern – und Du wirst es nicht glauben – mit dem *Weben!* Silbrige Webfäden, die durch die Luft fliegen, sind im September und Oktober auffällig häufig zu beobachten. Die jungen Baldachinspinnen segeln an diesen Flugfäden, die zuweilen an das graue Haar älterer Frauen erinnern, durch die Luft. In dieser Zeit, im Altweibersommer, sind die schönsten Spinnennetze zu bewundern, kunstvoll verwoben. Und Du hast, ohne es zu wissen, an unserem Thema damit im wahrsten Sinne des Wortes »angeknüpft«.

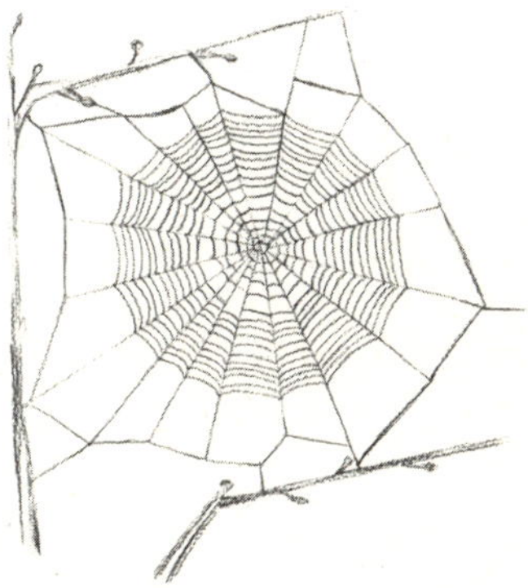

Ich hatte Dir im letzten Brief »mit Gold durchwirkte Tage« gewünscht. Die letzten Altweibersommertage waren tatsächlich solche Tage. Und ich habe das Wort DURCHWIRKT genauso doppeldeutig gemeint, wie Du es interpretierst. Konntest Du es für Dich immer spüren, dass Gott die Fäden Deines Lebens in der Hand hält? Und ist es nicht auch manchmal so, dass es sich eher so anfühlt, als gäbe es da eine »LebensLaufmasche« im göttlichen Gewirk? Und sie ribbelt sich auf, bis man ihr Einhalt gebietet. Verstehst Du, was ich meine? Wenn man in dem Bild bleiben will, dann ist es beim Stricken oder Häkeln ja möglich, den Faden wieder aufzunehmen. Ich erinnere mich gut an meine ersten Strickversuche als Teenager. Wie aufgeregt war ich immer, wenn es so eine Laufmasche gab, weil ich in dem Moment dachte, dass alles verloren ist. Meine Mutter nahm dann vorsichtig das Teil in ihre geübten Hände und stellte behutsam Masche für Masche, Reihe um Reihe das Muster wieder her.

Was Du über den Tag mit den Menschen vom Blauen Kreuz schreibst, berührt mich. Es nur zu lesen, lässt mich schon tiefer atmen. Allein die Vorstellung lässt mich schon ehrfürchtig innehalten. Was für ein Segen, wenn durch diesen Perspektivwechsel plötzlich Neuanfänge, Heilung und Respekt möglich werden! Ja, Gott schreibt seine Geschichten mit uns Menschenkindern. Und ich bin mir sicher, dass er Happy Ends ebenso mag wie wir.

Von einem morgendlichen Herbstspaziergang habe ich mal dieses Gedicht mitgebracht:

Und
ob ich
schon
wanderte
im Dunkeln
im Tränental
ein Sonnenstrahl
und Tropfen funkeln
Hoffnung nach der Nacht
WunderWirken wahr gemacht
tropfnasse Spinnweben erbeben
ergeben sich der Zuversicht
und schütteln allen Ballast ab
willkommen neues Leben
willkommen Morgenlicht

Ist es nicht ein trostreicher Gedanke, dass durch die Kraft der Sonne die Schwere verdunstet? Am frühen Morgen hängen die Spinnweben richtig durch, so schwer sind sie von den Tautropfen. Nur Menschen, die durch so finstere Täler wie z. B. eine Suchterkrankung, ein durch Tod, Krankheit oder Gewalt hervorgerufenes Trauma oder durch eine Zeit der Depression hindurchgehen mussten, können das wohl im Tiefsten verstehen. Letztendlich ist der Perspektivwechsel, den Du vorschlägst, jedoch eine herausfordernde Einladung: das Schwere loslassen und es als geschehen annehmen und dann den Blick auf den goldenen Faden lenken, der sich DENNOCH hindurchzieht. Mit Hochachtung betrachte ich diejenigen, die sich dazu entschließen.

Dein Beispiel mit dem Ruckeln beim Einlegen eines neuen Ganges beim Fahrradfahren gefällt mir. Mir passiert es tatsächlich auch häufiger, dass ich mich verschalte. Dann braucht es Zeit, sich anzupassen an die neuen Gegebenheiten. Ist es nicht aber so, dass es gerade dann, wenn wir die Veränderung gar nicht gewollt haben – sie uns also einfach passiert ist –, schwieriger wird umzuschalten? Sich wieder in Übereinstimmung zu bringen mit sich selbst, kann harte innere Arbeit sein, aber eine lohnenswerte, an deren Ende eine Neubewertung der Umstände steht. Man muss sich nicht mehr zwangsläufig als Opfer sehen, sondern darf einen erweiterten Blickwinkel einüben.

In etwa so, wie die kleine Klara den Beziehungsstatus zu ihrer ehemals besten Freundin für sich neu formuliert hat: Ich erinnere mich gut, wie traurig sie im letzten Jahr darüber war, als sie auf einmal nicht mehr zum Geburtstag eingeladen war. Letzte Woche sagte sie mit einem leichten Zittern in der Stimme: »Ich habe am Samstag Zeit, mit meiner Oma und meiner Freundin Anni zum Ponyhof zu fahren. Und Mona hat eine Schlafanzugparty. Das ist doch beides gut.« Mich hat es echt beeindruckt, dass sie der früheren Freundin, die sie ganz schön verletzt hat, einen ebenfalls guten Tag wünschen konnte.

So langsam kämpft sich die Sonne auch hier durch den Morgennebel und ein wirklich schöner Altweibersommertag steht bevor. Ich habe die Zeit fast vergessen beim Schreiben. Wie geht es Deiner Porzellanblume? Wie schön, dass sie endlich wieder blüht! Für sie ist der Umzug nach zwölf Jahren an einen neuen Standort offenbar ein Glücksfall. Alles hat seine Zeit! Wie schön, dass sie gerade jetzt blüht, wo Du ein Hoffnungszeichen gut gebrauchen kannst!

Bleib behütet und hoffnungsfroh! Und wandere durch den Altweibersommer in den neuen weinroten Schuhen! Innige Grüße an Deine Füße – sag ihnen, dass es besser wird mit jeder Meile! Mit einer festen Umarmung sag ich »Bis bald!« und freue mich auf Deine Antwort.

Deine Valerie

6.7 Liebe Valerie, 30. September

Du bist so herzig! Sogar meine Füße bekommen Grüße und Ermutigungsworte von Dir. Ein schmunzelndes Dankeschön dafür. Es wird Dich freuen zu hören, dass sich schon etwas getan hat. Wenn ich morgens in meine Wanderschuhe hineinschlüpfe und die Schnürsenkel binde, flüstere ich im Herzen die Worte, die Du mir geschrieben hast: »Zieh die neuen Schuhe an. Sie passen Dir jetzt.« Mit diesem Zuspruch fühlt es sich schon viel besser an, anschließend unsere Straße erwartungsfroh zu betreten.

Ich fand total interessant, was Du über den Altweibersommer herausgefunden hast. Dass es mit Spinnweben zusammenhängt, wusste ich schon – sie sind ja in dieser Jahreszeit kaum zu übersehen. Aber was die alten Weiber damit zu tun haben, war mir schon immer ein Rätsel. Silbrige Spinnwebfäden wie graue Haare stehen also dahinter und Spinnen, die segeln. Meine Augen schauen oft diesen leichten Fäden verträumt hinterher, sobald sie in einem bestimmten Winkel im Licht sichtbar werden. Wenn ich Dich richtig verstehe, weben diese Spinnen ganz anders als ihre Artgenossen, die akkurate Netze schaffen. Lassen sie sich stattdessen mit ihrem Faden vom Wind in eine Richtung wehen und finden dort wieder einen Punkt, an dem sie sich festmachen können? Anknüpfen sozusagen? Was es nicht alles in der Schöpfung zu entdecken gibt!

Manchmal könnte man sich als Mensch ähnlich fühlen, denke ich gerade. Scheinbar zufällig irgendwohin gepustet. Das erinnert mich an meine unterschiedlichen Lebensorte für eine gewisse Zeit. Du fragst, wie ich es erlebt habe, dass Gott die Fäden meines Lebens in seiner Hand hält und ob ich es immer spüren konnte. Immer spüren natürlich nicht, aber ich habe mich an dem bisher Erlebten einfach festgehalten. Weißt Du, als wir in unseren Mittzwanzigern in einer Kleinstadt der Niederschlesischen Oberlausitz unsere beiden Kinder adoptieren konnten, dämmerte mir ein Zusammenhang: Wenn wir der Berufung dorthin nicht gefolgt wären, hätte Gott uns diese wunderbaren Kinder nicht anvertrauen können. Also gibt es nichts Klügeres für uns, als seiner Führung zu vertrauen. Ist das verrückt gedacht oder auch für Dich folgerichtig? Wer seine Kinder auf natürlichem Wege empfängt, wird wohl nicht auf eine solche Idee kommen. Doch dieser Gedanke war das Geländer für meine Zuversicht, auch wenn die Gefühle noch nicht hinterherkamen.

Und Du, meine Liebe, schreibst von der irritierenden Befürchtung oder dem Empfinden, es gäbe eine »LebensLaufmasche im göttlichen Gewirk«. Diese Formulierung ist so ausdrucksstark! Ich wusste sofort, was Du meinst. So wie Du zu Deiner Mama gelaufen bist, damit sie Erste (Strick-)Hilfe leistete, ließ auch unsere Tochter sich vor nicht allzu langer Zeit von mir die Maschen wieder auffangen. Später am Studienort mochte sie es gar nicht, damit auf sich selbst gestellt zu sein. Glücklicherweise fand unsere Tochter dort bald eine erfahrene »Strickpartnerin«.

In meiner Biografie gab es bisher nicht wirklich das beängstigende Gefühl einer »LebensLaufmasche«. Doch mir stehen genug Menschen vor Augen, die Panik und Verunsicherung kennen, weil ein Bereich ihres Lebens plötzlich zur Sackgasse wurde oder ganz wegbrach. Wie gut, dass Du traumatisierte oder depressive Personen in Deinem Brief mit erwähnt hast. Sie stehen stellvertretend für so viele, die aus unterschiedlichsten Gründen nicht weiterwissen. Ich wünschte, sie könnten in ratlosen Situationen Gott einfach ihren Schlamassel hinhalten, wenn eine Laufmasche entstanden ist oder ein schlimmer Fitz im Faden, sodass sie hilflos sind. Kennst Du dieses Wort, Fitz? Vielleicht stammt es aus meinem sächsischen Heimatdorf. Wir nannten das so, wenn das Garn sich verheddert hatte und Knoten entstanden waren. Diesen unentwirrbaren Knäuel in meinem »Lebenslauffaden« kenne ich eher als Laufmaschen. In solchen Zeiten konnte ich nicht einfach unbeirrt weitermachen, sondern brauchte eine Pause, musste zupfen und ziehen, genau hinschauen und Geduld aufbringen. Bis heute weiß ich gar nicht genau, wie oft und verlässlich der himmlische Vater mir beim Entwirren geholfen hat. Weil ich ihn eben leider nicht sehen konnte im Gegensatz zu Deiner Mutter, die Du sichtbar vor Dir hattest, wenn sie Dir mit ihren geübten Händen zu Hilfe kam. Doch ich bin mir sicher, dass er es getan hat.

Dein Gedicht wirkt selbst wie ein warmer Sonnenstrahl. Eben habe ich es ein drittes und viertes Mal gelesen. »Im Tränental ein Sonnenstrahl« und »tropfnasse Spinnweben erbeben, ergeben sich der Zuversicht«. Da steckt Hoffnung drin wie aufstrahlendes Morgenlicht. Die Kraft der Sonne lässt das Schwere verdunsten – ja, so ist es! Heute Vormittag im Gottesdienst erzählte mir eine verzweifelte Frau, dass für sie in ihrer verfahrenen Situation das sonntägliche Morgenlicht ein Hoffnungszeichen war. Dabei setzte sie sich ein wenig aufrechter hin und hatte eine Spur von Trotzdem-Zuversicht im Gesicht.

Du hast recht, es bedarf eines bewussten Entschlusses, das Schwere loszulassen und den Blick auf anderes zu lenken. Noch dazu, wenn jemand sich hilflos fühlt als Opfer der Umstände. Das macht leider nur passiv, empfindlich und ängstlich. Durch herausfordernde Umstände wachsen wir. Und wenn endlich damit Schluss ist, dass wir uns als Opfer betrachten, kann der Blick auf unsere Geschichte ein ganz neuer werden. Die kleine Klara hat es zaghaft vorgemacht. Richtig gut klingt das! Das Mädchen hat es offenbar geschafft, aus dem Selbstmitleid und dem Gefühl, dass die anderen so gemein sind, herauszukommen. Sie hatte bestimmt einen wunderbaren Tag mit ihrer Oma und dem anderen Mädchen auf dem Ponyhof.

Kannst Du Dich erinnern, dass wir uns irgendwann einmal über das Buch »Die Hütte« unterhalten haben? Ein Detail daraus fällt mir jetzt wieder ein. Es handelt ja davon, wie ein Mensch eine echte Katastrophe in seinem Leben zu verarbeiten versucht. Mit allen starken und überbordenden Emotionen, die das mit sich bringt. Manche stoßen sich daran, dass Gott, Jesus und der Heilige Geist in dem fiktiven Roman so nahbar beschrieben werden. Noch dazu, dass Gott als eine dunkelhäutige Frau auftritt. Für mich ist das nur ein augenzwinkernder Hinweis, dass Gott vermutlich ganz anders ist, als ich ihn mir vorstelle. Und ich meine mich zu erinnern, dass Du es ähnlich empfindest. Es ist nur ein Roman, keine Offenbarung. Wenn man das auseinanderhalten kann, gibt es viele interessante Anstöße in dem Buch. Zum Beispiel wird der Protagonist Mack von Sarayu in einen Garten geführt. Sarayu – was für ein sonderbarer Name für den Heiligen Geist, doch sehr passend, denn er bedeutet »Wind«. Der Garten ist wunderschön, doch wirkt er wild und unübersichtlich. Mack darf dort arbeiten helfen. Ich glaube, er sollte Wurzeln ausgraben, damit Sarayu mit ihm gemeinsam einen neuen Baum pflanzen kann. Sarayu verrät Mack irgendwann zu einem späteren Zeitpunkt, dass dieser Garten seine eigene Seelenlandschaft darstellt. Doch vorerst weiß er es noch nicht und beide unterhalten sich. Mack erscheint der Garten wie ein Chaos. Sarayu erwidert: »Was du als Chaos wahrnimmst, sehe ich als Fraktal.«[18] Interessant, dieses Wort kannte ich gar nicht. Ein Fraktal ist ein besonderes Muster, in dem Strukturen sich wiederholen. In der Gesamtheit gibt das ein geordnetes Bild und ein harmonisches Ganzes.

Tiefer graben

Fraktal – Ein Wunder der Schönheit

Der Begriff »Fraktal« (von lateinisch *fractus:* gebrochen) geht auf den Mathematiker Benoît Mandelbrot zurück und ist seit ca. 50 Jahren gebräuchlich. Fraktale sind natürliche oder künstliche Gebilde, die einer bestimmten Regel folgen. Solche Figuren oder Körper sind »selbstähnlich«. Das bedeutet, dass Teile ihrer geometrischen Form bei Vergrößerung des Objekts erneut auftauchen. Durch Computeranimation können fraktale Muster erzeugt werden, die als Stilmittel der Kunst genutzt werden.

Auch in der Natur gibt es Phänomene, die fraktale Strukturen besitzen. Zu entdecken ist dies beispielsweise bei Farnen, dem Romanesco-Kohl, den Verzweigungen unseres Blutkreislaufes oder einem Zweig am Ast eines Baumes. Vereinfacht gesagt sind Fraktale wiederkehrende Muster, die in ihrer Gesamtheit vollkommen und wunderschön wirken. Sie haben im Kleinen dieselbe Struktur wie im Großen.
Im Roman »Die Hütte« verwendet Gott den Begriff des Fraktals, um dem Protagonisten Mack Anteil an seiner Sicht auf dessen Leben zu geben.

Wie das Wachsen und Werden sich aus der himmlischen Perspektive zusammenfügt, konnte Mack von seinem Standort aus logischerweise gar nicht sehen. Innerlich war er mit seinem bitteren Aufbegehren beschäftigt, immerhin hatte er seine kleine Tochter verloren. Es ist ja auch richtig, schlimme Verluste zu betrauern und Gefühle nicht wegzudrücken.

Gerade habe ich noch mal in dem Buch geblättert und einen tröstlichen Dialog wiedergefunden. Papa, also Gott in Gestalt einer Frau, antwortet werbend: »Mack, dass ich in der Lage bin, aus entsetzlichen Tragödien noch unglaublich viel Gutes entstehen zu lassen, bedeutet nicht, dass ich Tragödien orchestriere. Wenn ich sie für meine Zwecke nutze, heißt das auf keinen Fall, dass ich Tragödien erschaffe oder sie benötige, um meine Absichten zu verfolgen. Wenn du das denkst, hast du ein völlig falsches Bild von mir. Für die Gnade ist es nicht erforderlich, dass Leid existiert, aber dort, wo Leiden ist, wirst du immer auch die Gnade finden, in vielen Facetten und Farben.«[19]

Wow, ich finde, mit diesem Gedankengang hat der Autor wunderbare Worte gefunden. Der goldene Faden in unserer Geschichte, das göttliche Weben, hat mit Gottes Gnade zu tun. Der himmlische Vater webt sie fürsorglich und treu in unsere Geschichte ein. Kleine Menschen wie Du und ich können sie nicht erfassen. Aber wir können uns ihr anvertrauen. Das macht mir Mut trotz aller Bruchstücke, die sich im Laufe eines Lebens so ansammeln.

Während ich darüber nachdenke, drehe ich versonnen den kleinen Klöppel zwischen den Fingern, den Du mir in Deinen letzten Brief gelegt hattest. Welche Überraschung, wie lieb von Dir! Seit Jahrzehnten hatte ich keinen Klöppel mehr in der Hand. Und noch dazu hast Du ihn mit einem goldenen Faden versehen – danke schön für dieses wundervolle Symbol. Vielleicht, liebe Valerie, wird Jesus mit uns gemeinsam auf unser Leben schauen, wenn wir in seiner Welt angekommen sind. Ich bin so gespannt darauf, das Fraktal von oben zu sehen oder den

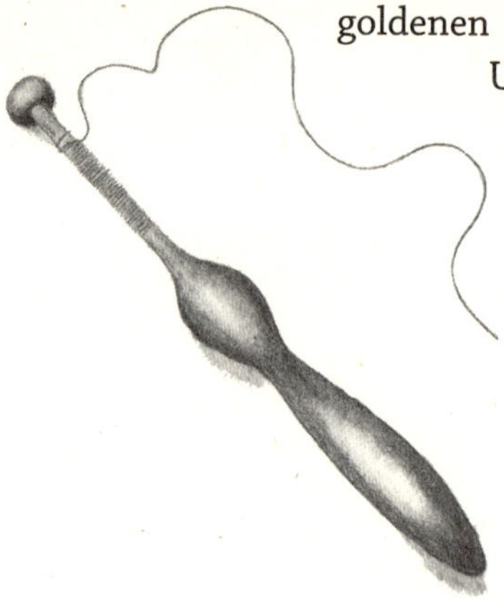

goldenen Faden in unserem Lebenslauf. Und ich stelle mich schon mal darauf ein, dass Gott weder ein weißer Mann noch eine schwarze Frau ist, sondern ganz anders als alle unsere Kategorien, in denen wir denken können.

Diese stille Vorfreude nehme ich mit in den Tag. Der Punkt am Ende des Briefes fühlt sich heute demütig an: Wir stehen mit unserem kleinen Leben unter Gottes weiser Führung. Wie schön, dass wir diesen Glauben teilen. Viele Spuren der Gnade wünsche ich Dir in der nächsten Zeit.

Sei gesegnet, liebe Valerie!
Deine Christina

Selbstreflexion in Linien

Nimm Dir ein möglichst großes Blatt (A3) und los geht es:

- *Zeichne Deine Lebenslinie mit Höhen und Tiefen, so wie Du sie darstellen möchtest.*

- *Kennzeichne besonders markante Stellen – Höhepunkte und Tiefschläge – auf eine beliebige Weise auf Deine persönliche Art (mit Symbolen, Worten, Farben o. Ä.).*

- *Beende das Zeichnen für heute und lass das Bild auf Dich wirken. Nimm die Frage mit, OB und WIE Du Gottes Spuren in Deinem Leben entdecken kannst.*

- *Setzte Dich zu einem späteren Zeitpunkt noch einmal an Deine Lebenslinie. Stelle Gottes Spuren in Deinem Leben so dar, wie es Dir angemessen erscheint: als Goldstaub, als dünne goldene Linie oder als unübersehbaren goldenen Punkt. Vielleicht kommst Du auch auf ganz andere Ideen – wunderbar, denn das wird Dir etwas sichtbar machen.*

7. VATERSEHNSUCHT – LÄSST SICH DAS »PAPARIEREN«?

7.1 Liebe Christina!

5. Oktober

Inmitten einer zum Bersten gefüllten Woche kommt Dein Brief und ich vergesse die Zeit, setze mich eine Viertelstunde in die Mittagssonne und lese und komme wieder bei dem an, was wirklich wichtig ist. Ich danke Dir für die Gedankenschätze, die meinen Tag heute mit etwas Goldstaub überpudern: Der goldene Faden in unserer Geschichte heißt Gottes Gnade, die sich hindurchzieht! Wo immer Leid ist, da ist auch Gnade zu finden!

Gnade – was für ein schillerndes Wort! Es ist spannend, was man dazu so findet. Sogar Wikipedia weiß davon zu berichten, dass Gnade eng verwandt ist mit Heil, Barmherzigkeit, Güte, Geschenk, Wohlwollen und mit der Gerechtigkeit Gottes. Niemand verkörpert die so verstandene Gnade mehr als der Gott der Bibel. Hat dieses »altmodische« Wort vielleicht viel mehr Bedeutung in unserer heutigen Zeit, als man beim ersten Hinhören erahnen könnte? Ich denke, Gnade ist im Kern mehr ein Verb als ein Substantiv, denn sie beschreibt das wohlwollende Hinunterbeugen des himmlischen Vaters in unsere erdige Welt.

Vor einiger Zeit wies mich eine Freundin darauf hin, dass in der Bibel sehr oft geschrieben steht: »*Die Gnade sei mit dir!*« Das findet man viel häufiger als den uns heute gebräuchlicheren Segenswunsch. Auch darum hat mich Dein Wunsch am Ende des Briefes besonders berührt: dass Spuren der Gnade sich zeigen.

Insbesondere in Zusammenhang mit der Beziehung zu meinem himmlischen Vater ist mir Gnade ein holdes goldenes Wort geworden. Da ist so viel Geborgenheit drin, so viel Warm- und Barmherzigkeit.

Was Du bei Deiner kleinen Schatzsuche in dem Buch »Die Hütte« gefunden hast, bringt mich schnurstracks zurück in das wohlig warme Gefühl der Wohnküche dort! Und natürlich verstehe ich Dein behutsames Erinnern daran, dass es ein fiktiver Roman ist, der mit Überraschungsmomenten daherkommt, um unsere althergebrachten Gottesbilder damit infrage zu stellen. Oh ja – Gott ist mit Sicherheit ganz anders, als wir uns das vorstellen! Und dennoch liebe ich dieses Bild, das uns in dem Roman vor Augen gemalt wird. Nämlich: Gott ist zutiefst gnädig und gütig! Er vereinigt in seiner Person eine »wunder-volle« Melange von väterlichen und mütterlichen Eigenschaften. Auch dieser Satz steht ja in der Bibel: »Ich will dich trösten, wie einen seine Mutter tröstet!« (Jes 66,13)

Die Unterhaltung zwischen Sarayu und Mack, die Du in Deinem Brief zitierst, war mir gar nicht mehr so im Bewusstsein. Danke für das, was ich über Fraktale von Dir lernen konnte! Wieder einmal staune ich über die Schöpfung, die uns auf geheimnisvolle Art Hinweise gibt auf die Genialität ihres Erschaffers! So können wir im Kleinen erahnen, was im Großen geschieht. Unser Blick geht weg von uns und unserem »Kleinkram« hin zu dem großen Bogen, der sich durch die Weltgeschichte zieht und uns damit in einen größeren Zusammenhang stellt. Vielleicht stimmt die Gleichung aber auch andersherum: Ein Gott, der das Weltall mit einer solchen Detailverliebtheit ausstattet, der Ozeane, das Himalaja-Gebirge und Regenbögen macht, der kennt sich auch aus mit Quanten, magnetischen Feldern, Mitochondrien und den kleinsten Regungen der menschlichen Seele?!

»Mein Papa kann ...!« Geht es Dir auch so, dass Du automatisch lächeln musst, wenn Du diesen Satz liest? Von meiner kleinen Nachbarin Klara höre ich ihn immer noch ab und zu. Obwohl sie es mit ihren inzwischen neun Jahren schon nicht mehr so oft sagt. In einem gewissen Alter geben Kinder ja gern regelrecht mit ihrem Vater an. Er ist der Beste, Klügste, Stärkste, Lustigste ... Unser ältester Sohn hat, als er klein war, immer von »paparieren« gesprochen, wenn etwas wieder heil gemacht werden musste. Für ihn war es ganz normal, dass Papa alles konnte. Oft stand er mit fachmännischem Blick neben seinem Vater auf einem Hocker, wenn dieser in der Werkstatt arbeitete. Von Zeit zu Zeit durfte er ein Werkzeug anreichen und hatte so das Gefühl, etwas Wichtiges zur Arbeit beitragen zu können. Logisch, dass er also »paparieren« sagte, wenn er reparieren meinte!

Natürlich sind wir irgendwann abgeklärt und relativieren unseren Vater mit dem Größerwerden. Womöglich tun wir etwas Ähnliches auch in Bezug auf Gott? Es ist wohl schlecht möglich, sich bei dem Auftreten von »Fitz im Lebenslauffaden« diesen rosaroten Blick auf unseren Vater im Himmel zu erhalten. In gewisser Weise wird auch unser Glaube an Gott erwachsener. Betrauerst Du das auch manchmal? Und wie Du vielleicht gemerkt hast, kenne ich das Wort »Fitz« auch aus meiner Kindheit. Der Fitz in meinen langen Haaren musste jeden Morgen schließlich ausgekämmt werden! Als ich klein war, hat meine Mama das vorsichtig für mich gemacht. Obwohl wir viele Geschwister waren, hat sie sich dafür Zeit genommen. Auch wenn ich manches Mal geweint habe, weil es so ziepte, denke ich heute vor allem an die Zärtlichkeit ihrer Berührungen und das Geschenk von mütterlicher Zuwendung.

Ein verfilzter Gedanke ist in Deinem Brief aber entwirrt worden: Gott orchestriert Tragödien nicht! Was für eine Erleichterung! Auch wenn er fähig ist, seine Gnade sogar durch Tragödien zu verschenken, wird er diese nicht brauchen, um sein Ziel zu erreichen! Wird er sie nicht herbeiführen, um seine Kinder zu züchtigen. So ein Vater ist er nicht!

Von Deinem Vater hast Du ja schon geschrieben, dass er ein Flüchtlingskind war. So wie viele aus unserer Elterngeneration hatte er sicher keinen geborgenen Lebensbeginn. Das ist das, was mich in unseren Tagen heute wirklich ängstigt: dass die heutigen Kriegskinder wieder ähnliche Erfahrungen machen müssen! Wieder sind Väter an der Front und werden möglicherweise gebrochen heimkehren. Beten wir um Frieden in der Welt und beten wir gerade für die Kinder! Hm ... eigentlich wollte ich nicht so »dramatisch« enden. Wollte keine Tragödie orchestrieren! Die Wirklichkeit hält ja schon genug Tragödien bereit. Am letzten Sonntag habe ich einen guten Satz in der Predigt gehört: Fürbitte ist Teilnahme am Schmerz Gottes! In diesem Sinne gerade für vater- und mutterlose Kinder, für die Verlorenen und Versklavten zu beten, das möchte ich üben.

Aber nun ist es Zeit, den Füller zu schließen und ein Fenster zu öffnen, damit hier noch frische Luft und ein wenig Abendsonne hereinkommt.

Liebe Christina – die Gnade sei mit Dir – in Form von väterlichem Schutz und mütterlicher Fürsorge!

Sei fest umarmt von Deiner
Valerie

Tiefer graben

Vaterschaft

Beim Vatersein und Muttersein handelt es sich um Ur-Rollen der Menschheitsgeschichte. Väter haben als biologische Erzeuger und soziale Bezugspersonen eine fundamentale Bedeutung für das Leben eines Kindes. Heutzutage wird unterschieden zwischen dem biologischen, dem sozialen und dem rechtlichen Vater. Im günstigsten Falle füllt derselbe Mann alle drei Rollen für ein Kind aus.

In den letzten Jahrzehnten hat sich das Verständnis von Vaterschaft geändert. Dabei reicht das Spektrum von eher traditionell bis hin zu eher modern orientierten Männern. Der traditionelle Vater fühlte sich in erster Linie als Ernährer, für Sicherheit und den sozialen Status verantwortlich. Moderne Väter möchten nicht nur Geldverdiener sein, sondern sich auch emotional engagieren.[20]

In Forschungen mit Paaren wurde beobachtet, dass sich auch bei einem werdenden Vater der Hormonspiegel verändert. Sein Prolaktinspiegel erhöht sich, während der Testosteronspiegel fällt. Dies wird durch Pheromone der schwangeren Frau ausgelöst und bewirkt einen Verhaltenswechsel des Vaters hin zu mehr Fürsorglichkeit.[21]

Der ehrliche Wunsch, ein guter Vater zu sein, ist nicht immer mit den realen Fähigkeiten des jeweiligen Mannes identisch. Väter stehen in derselben Spannung von Anspruch und Wirklichkeit wie Mütter.

mit den Händen voller bunter Blätter komme ich gerade aus dem Stadtpark zurück. Was für eine farbintensive Jahreszeit! Weißt Du noch, wie ich Dich einmal Anfang November besuchen kam und wir gemeinsam durch den Wald streiften? An diesem sonnigen Tag hatten wir uns ausgelassen mit herbstgoldenen Blättern beworfen. Am späten Abend fassten wir dann den Entschluss zum Nachtspaziergang, als vom vielen Reden und gemeinsam Arbeiten schon unsere Köpfe rauchten. Die Idee, uns außerhalb der Ortschaft auf den Asphaltweg zu legen und den Sternenhimmel zu bewundern, kam eindeutig von Dir. Echt klasse, das war eine großartige Erfahrung. In meiner Erinnerung haben wir ehrfürchtig gestaunt und ein Weilchen geschwiegen.

Ähnlich geht es mir, wenn Deine Briefe bei mir ankommen. Einmal fühlt es sich an wie ein bunter Blätterregen, wenn unser gemeinsam aufgewirbelter Gedankenmix anschließend wieder herabrieselt. Das nächste Mal erfasst mich die Ehrfurcht vor der Größe einer Thematik. So ging es mir mit der Gnade. Hab tausend Dank für Deinen letzten Brief, liebe Freundin. Du hast die Gnade so leidenschaftlich ins Blickfeld gerückt und mich damit wieder neugierig gemacht: auf dieses Wort, seine Bedeutung und auf den, der dahintersteht – Gott selbst. Das fühlt sich fast feierlich an.

Du schreibst, das Wort »Gnade« wäre ein wenig altmodisch. Das stimmt, in der Umgangssprache wird es kaum verwendet. Höchstens in der negativen Form: jemand ist in »Ungnade« gefallen. Und das will man natürlich um jeden Preis vermeiden. Selbst im christlichen Alltag wirkt die Gnade irgendwann normal und selbstverständlich. So wie das Frühstück, das uns an jedem Tag ausreichend zur Verfügung steht und welches wir einfach in uns »reinfuttern«. Durch Deine Zeilen ist mir neu bewusst geworden: Nein, die Gnade Gottes ist überhaupt nicht

»normal«, auch wenn der Begriff kein begeistertes oder ehrfürchtiges Herzklopfen mehr weckt. Deshalb fand ich Deinen Gedanken wirklich hilfreich, die Gnade als Verb auf mich wirken zu lassen, nicht als abstraktes Substantiv. Die Gnade Gottes zeigt sich an seinem Tun. Du hast es wunderbar umschrieben als »das wohlwollende Hinunterbeugen des himmlischen Vaters in unsere erdige Welt«. Diesen Satz bewege ich seitdem im Herzen hin und her.

Trotz unserer Gewöhnung an diese Tatsache ist und bleibt es gigantisch: Der himmlische Vater ist kein Überflieger, der einfach sein Ding macht, ohne sich um seine Kinder zu scheren. Er ist tatsächlich geerdet, in Jesus Christus hat er das auf überraschende Art gezeigt. Der Boden der Tatsachen ist manchmal nicht nur erdig, sondern kann richtig dreckig sein. Damals wie heute. Das bringt mich zu den nachdenklichen Sätzen gegen Ende Deines Briefes. Ja, die Not von Kriegskindern, gebrochenen Vätern, Verlorenen und Versklavten ist furchtbar. In dieser Aufzählung möchte ich noch die verzweifelten Mütter hinzufügen. Du hattest von Eurer letzten Predigt mitgenommen: »Fürbitte ist Teilnahme am Schmerz Gottes.« Ich frage mich gerade: Wollen wir davon überhaupt etwas abbekommen? Manchmal scheint es, als wären wir eher daran interessiert, an Gottes Macht und an seinen Möglichkeiten teilzunehmen als an seinem Schmerz. Ach Valerie, ab und zu ist es schier zum Verzweifeln, an Gottes Allmacht und Güte zu glauben und gleichzeitig die Leiden auf der Welt wahrzunehmen. Nein, mit der rosaroten Brille bekommen wir das nicht zusammen. Deshalb ist es ja auch gut, dass sich der kindliche Glaube parallel zur komplexeren Wahrnehmung der Welt mit verändert. Dabei wird unser Bild von Gott schon ganz schön durchgeschüttelt. Hinterher fühlt sich der Glaube gefestigt an. Doch mitten im Prozess ist es arg unangenehm. Manche bleiben bedauerlicherweise an dieser Stelle stecken.

»Mein Papa kann ...« Auch ich lächle, wenn ich das höre. Bestimmt, weil diese Worte eigene Erinnerungen wecken. Ich erinnere mich an das großartige Gefühl, das sich wohlig in der kleinen Kinderbrust ausbreitete, wenn diese Gewissheit in mein Bewusstsein drang: »Mein Papa kann alles reparieren!« (wie lustig übrigens, dass Euer Sohn dazu »paparieren« sagte!); »Mein Papa kann mich auf den Schultern tragen!«; »Mein Papa kann an unser kleines Wohnhaus sogar ein Bad anbauen!«; »Mein Papa kann bei *Mensch ärgere dich nicht!* so tun, als ob er nicht bemerkt, dass er mich jetzt raushauen müsste«. Mit diesen kindlichen Aussage waren Vertrauen und Stolz verbunden so wie heute bei Deiner kleinen Nachbarin Klara. Irgendwann verstand ich dann, dass mein Papa auch nur ein Mensch ist. Dass er neben allen tollen Eigenschaften auch Grenzen hat.

Das ist ein spannender Punkt in Bezug auf Gott, den Du so gern den »himmlischen Vater« nennst. Unser Glaube legt nicht nur die kindlich naiven Züge ab, er ist auch unbewusst vermengt mit unseren eigenen Papa-Erfahrungen. Immer wenn vom Vater im Himmel die Rede ist, gibt es da so manche Querverbindung. Oft ist uns das gar nicht bewusst. Wer seinen Papa positiv erlebt hat, bekam damit einen unverdienten Bonus für seine Gottesbeziehung. Bei Dir wird die gleiche Frage im Hinterkopf auftauchen, die auch mich bewegt: Und was ist mit den vielen anderen Menschen, die ihren Vater ambivalent, wenn nicht sogar negativ erlebt haben? Du kennst bestimmt auch solche Beispiele, in denen Menschen dadurch Probleme haben, eine vertrauensvolle Beziehung zu Gott aufzubauen, liebe Valerie.

Ich habe einmal von vier Vatertypen gelesen. Magst Du ein wenig mehr darüber erfahren? Da wurde zuerst der *leistungsorientierte Vater* genannt. Vielleicht hat unsere Leistungsgesellschaft auch damit zu tun, dass viele Menschen einen solchen Vater hatten und diese Erfahrung an die nächste Generation weitergeben. Selbstverständlich gibt es auch Mütter, die so agieren, doch in dem Artikel waren Väter hervorgehoben. Der *leistungsorientierte Vater* macht seine Liebe von den guten Leistungen seines Kindes abhängig. Bei ihm sind Annahme, Bestätigung und Zuneigung an erfolgreiche Leistungen geknüpft oder an gutes Verhalten. Das Kind hat also immer Bedingungen zu erfüllen.

Der *passive Vater* ist ungeschickt darin, seine Zuneigung auszudrücken. Er zeigt seine Liebe weder durch Berührungen noch durch Worte. Aus Lebensgeschichten habe ich gehört, dass es nach den Weltkriegen häufig so gewesen ist. Natürlich haben auch diese Väter ihre Kinder geliebt, doch die Kinder konnten es nicht spüren. Weder durch Berührungen noch durch Worte. Zu den *passiven Vätern* gehören auch die abwesenden Papas. Manche von ihnen sind durch berufliche Verpflichtungen viel unterwegs. Andere sind durch Suchterkrankungen oder Persönlichkeitsstörungen für das Kind nicht verlässlich erreichbar oder durch Krankheit, Scheidung oder Tod von ihnen getrennt.

Dann wurde noch der *verwöhnende Vater* genannt. Aus falsch verstandener Liebe nimmt er seinem Kind jede Mühe ab. Er erfüllt ihm jeden Wunsch und erschwert es damit dem Kind, eigene Verantwortung und Widerstandskraft für das Leben zu entwickeln. Vielleicht wollen diese Papas es besser machen als ihre eigenen Väter und fallen auf der anderen Seite vom Pferd.

Jetzt fehlt nur noch die vierte Rubrik. An die genaue Bezeichnung kann ich mich nicht erinnern. Ich hatte sie mir als die *»eigentlich ganz guten Väter«* notiert. Damit sind diejenigen gemeint, von denen wir anfangs sprachen. Sie sind mit Stärken und Schwächen ein gutes Gegenüber für ihre Kinder. Und zum Glück verkörpern die meisten Väter diese bestmögliche Gruppe.

Beim Schreiben fällt mir gerade auf, dass ganz schlimme und gewalttätige Väter gar nicht in dieser Aufzählung vorkommen. Vielleicht, weil Kinder ihre Väter immer erst einmal lieben, auch wenn diese ihnen Schaden zufügen? Oft können sie erst viel später verstehen, dass das, was sie erlebt haben, aus dem üblichen Rahmen fällt. Logisch ist natürlich, dass die unterschiedlichen Erfahrungen mitschwingen, wenn ein Mensch hört: Gott ist wie ein Vater. Für manche klingt das sicher und tröstlich. Andere gehen innerlich in Habachtstellung, weil sich ihre alte »Vaterwunde« plötzlich wieder meldet.

Wie können Menschen mit einer kleinen oder großen Vaterwunde jemals dem Vater im Himmel vertrauen lernen?

Das waren jetzt eher traurige und nachdenkliche Gedanken. Zum Glück stehen wir mit diesen Fragen nicht allein da, sondern Gott kennt das Dilemma viel besser als wir. Du hattest geschrieben, dass er sich auch mit den kleinsten Regungen der menschlichen Seele auskennt. Wie tröstlich, dass es SEIN Projekt ist, Menschen zum Vertrauen einzuladen. Wir müssen das nicht machen. Doch diese Personen ein Stückchen besser zu verstehen, schenkt uns vielleicht auch mehr Verständnis für ihre inneren Kämpfe.

So weit für heute, liebe Valerie. Es könnte sein, dass mein Brief heute so dick ist, dass ich eine Extrabriefmarke brauche. 😉 Bei uns wird die Post übrigens nicht mehr täglich zugestellt, es fehlen schlichtweg die Arbeitskräfte. Ich hoffe, dass mein Brief bei Dir gute Vater-Assoziationen weckt, und ich danke Dir für Dein geduldiges Lesen.

Bleib behütet!
Deine Christina

werde
Träume sind Bäume
sagst du
drückst braune Winzigkeit
in aufgeweichte Erde

Ich werde
eingefriedet
Leibesfrucht – ach, sie scheint so verloren

Warum ist Vaterland
in meinen Ohren ein gebranntes Kind?
Warum ist Vaterhand
ein Wort aus Fleisch und Blut
und Schwarz und Weiß und Mut und Wind
und vorsichtigem Fragen?

Ich werde
angekommen sein
vollkommen angenommen
Dein Atem ist mein Leben
ich kann mich selbst nicht tragen
Warum ist Vaterherz
ein derart sehnsüchtiger Schmerz
der giert nach trautem Licht?

Ich werde
übergeben
In schattenkalter Erde
zerbricht die harte Schale
Es keimt und endlich
endlich sagst du es:
Geliebtes Kind: nun **werde**!

7.3 Liebe Christina! 16. Oktober

Wie gern habe ich Deinen »dicken« Brief gelesen! Ich fand ihn offenbar nicht so schwer wie Deine Poststelle. Du verstehst es, gewichtige Inhalte in leicht zu verstehende Sätze zu packen.

Wie schön, dass Du diese besondere Herbsterinnerung in mir wieder wachgeküsst hast: Blätter, die herabrieseln, und Sterne, die am Himmel funkeln ... Du lädst aber auch dazu ein, mit allen Sinnen gegenwärtig zu sein! Ich möchte noch eine weitere

Herbsterinnerung mit Dir erwähnen, als wir beide unserer Sammelleidenschaft bei einem Waldspaziergang einen Glücksmoment hinzufügen konnten: Ich habe eine alte, rostige Mistgabel im Wald gefunden (sie dient jetzt als Rosen-Rankhilfe in meinem Garten) und Du hast einen respektablen Steinpilz gefunden. Zu Hause hast Du ihn gereinigt, in feine Streifen geschnitten und zum Trocknen ausgelegt. Ist das Pilzesuchen auch eine Erinnerung an Streif- und Beutezüge mit Deinem Vater damals oder von wem hast Du Deine Kenntnisse?

Unser Gedankenaustausch gleicht so einem Herbstspaziergang: Mal schweigend, mal austauschend sind wir unterwegs mit offenen Augen und Ohren. Wie viel Du über Pflanzen und Vögel und Pilze weißt, ist so erstaunlich! Und dann erst dieses Teilen von ehrlicher Freude, wenn eine von uns einen »Schatz« entdeckt hat! Ebensolche Freude ergreift mich, wenn ich einen besonderen Satz lese, der weiter nachwirkt in meinem Herzen (gerade fällt mir auf, dass *Satz* und *Schatz* herrliche Reimworte sind). Und nebenbei entsteht eine tiefe Verbundenheit, die auch um die schmerzhaften Dinge weiß. Dann sehe ich Dich im Geiste neben mir herstapfen, die Hände tief in den Taschen vergraben. Wir tragen Kapuzen, um uns gegen den kalten Regen zu schützen. Und dennoch – selbst in den dreckigsten Pfützen spiegelt sich manchmal das Sonnenlicht!

»Ja!«, nicke ich innerlich. »Es ist manchmal sehr schwer, an Gottes Güte zu glauben und gleichzeitig die Leiden der Welt wahrzunehmen.« Deine Erklärungen zu den verschiedenen Vatertypen haben etwas in mir ausgelöst. Wir leben in einer nicht perfekten Welt und so hinterlassen unperfekte Eltern in jedem Kind eine gewisse Leere, Sehnsucht oder Wunde. Das anzuerkennen, ist wohl für beide Seiten ein längerer und oft schmerzhafter Prozess. Ich frage mich, ob wir auch mit unserem Vaterbild nachreifen können. So wie wir es bei den Wurzeln und Flügeln herausgearbeitet haben. Wie ist es möglich, zu unserem himmlischen Vater eine wirklich vertrauensvolle

Beziehung aufzubauen, wenn da eine Vaterwunde im Herzen klafft?

Seit einer langen Zeit schon begleite ich eine erwachsene Schülerin in eben diesen Fragen. Nach Rücksprache mit ihr darf ich Dir davon erzählen: Immer wieder haben sie Träume mit Treppen gequält. Im Traum schienen sie sich unter ihren Füßen aufzulösen. Ein beängstigendes Verlorenheitsgefühl verbot ihr, sich dennoch die Treppe hinaufzuwagen. Sie hoffte instinktiv, dass Gott oben auf sie warten würde, aber sie schaffte es nie hinauf bis zu ihm. Das Gefühl, wortwörtlich fallen gelassen zu werden, war ihr großer Schmerz. Er erzeugte eine übermächtige Angst, die sie daran hinderte weiterzugehen. Daran musste ich sofort denken, als ich Deine Ausführungen über den passiven Vater las! Wie viele Väter sind abwesend – nicht nur in der Nachkriegsgeneration! Eines Tages kam sie zu mir mit einer überraschenden Wendung in ihrem wiederkehrenden Traum: Wieder stand sie zitternd auf der lädierten Treppe und hatte große Angst. Doch dieses Mal entschied sie sich im Traum, trotzdem weiterzugehen. Plötzlich sah sie, dass die Treppe einige Stufen über ihr in einen Absatz mündete, an dessen gegenüberliegendem Ende sich eine grüne Tür befand. Die Tür öffnete sich und im Türrahmen stand eine Person, die ihr sehr bekannt vorkam: Die schwieligen Hände und der altmodisch gemusterte Pullunder weckten sofort ein Gefühl der Geborgenheit in ihr. Der ältere Mann streckte die Arme aus und sagte nur drei Worte: »Ich bin da!«

In Tränen aufgelöst wachte sie auf. Aber dieses Mal waren es heilsame Tränen, denn sie konnte auf einmal glauben, dass der himmlische Vater wirklich für sie da ist. Auf meine Frage hin, wen sie denn dort oben erkannt hatte, sagte sie lächelnd: »Es war mein Schwiegervater.« Er hatte diese Lücke in ihrem Herzen gefüllt und es ihr leichter gemacht, auch dem himmlischen Vater zu vertrauen. Weißt Du, ich mag diese Formulierung, die Du gewählt hast, sehr: »Der passive Vater ist ungeschickt darin, seine Zuneigung auszudrücken.« Sie verurteilt nicht, sondern hat etwas Tröstliches, Frieden Schaffendes. Ich merke, dass mich diese Zeilen emotional aufgewühlt haben. Bevor ich weiterschreibe, gehe ich ein wenig in die Herbstsonne und lasse mich wieder aufwärmen ...

... da bin ich wieder! Meine Wäsche flattert nun im Wind und zerrt an der Leine. Ich denke, bis zum Abend wird sie trocken sein, auch wenn die Herbstsonne zu dieser Zeit viel eher aus unserem Hof verschwindet. Auch meine Tränen über die Geschichte der jungen Frau, von der ich erzählt habe, sind in der Zwischenzeit getrocknet. Sie findet gerade einen guten Weg der Versöhnung mit dem, was war, und mit dem, was nicht war. Ich staune, dass sie innerlich dieser Entwicklung von der »Vaterwunde« zu ihrem persönlichen »Vaterwunder« zugestimmt hat.

Draußen fiel mir auch Klara noch einmal ein und eine ganze Generation von jungen Vätern, die alles richtig machen wollen und dabei die Konsequenz vernachlässigen, die uns in der Erziehung noch sehr wichtig war. Ich kenne ihn nicht genug, um beurteilen zu können, ob er zu der Kategorie »verwöhnende Väter« gehört. Aber von der Tendenz her geht es vielleicht in diese Richtung. Zum Beispiel kauft er ihr oft genau die Spielsachen, von denen sie träumt. Ich wundere mich dann manchmal, dass sie neben den Geschenken zum Geburtstag und zu Weihnachten mit so teuren Dingen beschenkt wird. Oh Mann ... ich lehne mich ganz schön weit aus dem Fenster, nicht wahr? Wie gut, dass es nicht unsere Aufgabe ist, Menschen zu beurteilen! Wir haben ja schon genug damit zu tun, unsere eigenen Herausforderungen zu bestehen und unsere persönlichen Schwachstellen aufzudecken. Wir laufen nicht in den Schuhen unseres Gegenübers und so sollten wir vorsichtig und demütig mit unseren Einschätzungen sein. Ist es nicht auch so, dass die Anforderungen an »gute Eltern« ständig im Fluss sind? Unsere Vorstellung davon, was gut und richtig ist, wird doch sicher sehr geprägt durch die Zeit und die Umstände, in denen wir selbst groß wurden. Das, was vor 2.000 Jahren einen guten Vater ausmachte, und das, was wir heute darunter verstehen, wird sehr unterschiedlich sein, nehme ich an?

Gott stellt sich uns in der Bibel als Vater vor, obwohl das anfällig für Missverständnisse ist. Es muss also, von den zeitlich bedingten Modeerscheinungen abgesehen, Merkmale geben, die einen guten Vater kennzeichnen. In Psalm 103,13 steht z. B.: »*Wie sich ein Vater über Kinder erbarmt, so erbarmt sich der Herr über die, die ihn fürchten.*« Wahrscheinlich ist also Erbarmen eines dieser ewig gültigen Indikatoren. Damit habe ich den Bogen zur Gnade zurückgeschafft. 😊 Ich bin sehr gespannt, wie Du diese Gedanken fortführen wirst, liebe Freundin!

Sei gesegnet und behütet! Ich hoffe, Du kannst die gerade goldenen Herbsttage nutzen, um Pilze im Wald zu suchen! Und um Schätze zu entdecken, die zwischen meinen Sätzen stecken. Ich bin mir sicher, Du wirst welche heben und für mich neue auslegen! Ich bin schon gespannt darauf!

Herzlichst,
Deine Valerie

7.4 Liebe Valerie, 20. Oktober

Dein Brief war wieder ein Schatz für mich, dafür brauche ich gar nicht zwischen Deinen Sätzen zu suchen. Doch ich verstehe schon, wie Du das meinst: Es taucht bei jedem Brief noch viel mehr auf, als auf den ersten Blick sichtbar wird. Der ehrliche Austausch – also das zu teilen, was uns wirklich im Herzen bewegt – ist ein echtes Geschenk. Es war mir wieder sehr kostbar, an Deinen Gedanken und Fragen Anteil zu nehmen. Besonders der Traum Deiner Schülerin ging mir noch länger nach, darauf gehe ich später im Brief bestimmt noch einmal ein.

Es ist einfach herrlich mitzubekommen, wie Deine Antennen immer ausgerichtet sind auf Worte und Reime. »Satz« und »Schatz« reimt sich – und Valerie Lill ist begeistert davon. Du freust Dich über diese Entdeckung so sehr, wie ich über einen seltenen Pilzfund juble. Ja, es ist genau so, wie Du es vermutest, diese Leidenschaft hat mein Vater in mir geweckt. Kürzlich fand ich endlich mal wieder einen Birkenpilz mit rötlich brauner Kappe und marmoriertem Stiel. Einfach wunderschön ... Damit haben wir schon wieder einen besonderen Zusammenhang angetippt: Jedes Detail, dem wir Aufmerksamkeit schenken, wächst. Du entdeckst passende Worte und ich finde versteckte Pilze, weil unsere Aufmerksamkeit jeweils darauf ausgerichtet ist. Der Psychologe Henry Cloud hat in diesem Zusammenhang einmal gesagt, Aufmerksamkeit sei wie Raketentreibstoff. Also steckt da ganz schön Energie und Kraft dahinter! Liebe Valerie, so wird es auch mit unserem Vater-Thema sein. Alles, worauf wir mit besonderer Aufmerksamkeit schauen, werden wir verstärkt finden. Das gilt für das Gute und für das Irritierende.

Du hast geschrieben: »Wir leben in einer nicht perfekten Welt und so hinterlassen unperfekte Eltern in jedem Kind eine gewisse Leere, Sehnsucht oder Wunde. Das anzuerkennen, ist wohl für beide Seiten ein längerer und oft schmerzhafter Prozess.« Du denkst fragend darüber nach, ob wir auch mit unserem Vaterbild nachreifen können. Weißt Du, ich denke, jedes Thema, mit dem jemand innerlich kämpft oder hadert, ist eine Einladung zum Hinsehen und Ernstnehmen. Daraus kann dann eine neue Sichtweise hervorgehen. Und es gibt Lebenssituationen, die einen geeigneten Zeitpunkt dafür bieten. So wie Pilze erst dann sprießen, wenn es plötzlich geeignete Witterungsbedingungen für sie gibt.

Vergangene Woche hatte ich einige Begegnungen, in denen es genau um das Vater-Thema ging. Entweder kam es gehäuft vor oder meine Aufmerksamkeit war einfach in diese Richtung geschärft, auch durch Deine Frage: »Wie ist es möglich, zu unserem himmlischen Vater eine wirklich vertrauensvolle Beziehung aufzubauen, wenn da eine Vaterwunde im Herzen klafft?« Eine Frau erzählte, dass sie mit Jesus sehr viel anfangen könne, doch mit Gott, dem Vater, nahezu gar nichts. Anschließend sagte sie gleich selbst: »Das hängt natürlich mit meiner Geschichte zusammen.« In diesem Rahmen konnte ich nicht nachfragen, wie sie ihre Vaterbeziehung erlebt hat, doch ihr Gesicht wirkte nervös und unangenehm berührt.

Eine andere Frau schrieb mir in einer Mail, sie sei ein Papa-Kind gewesen. Die Erkrankung ihres Vaters an Multipler Sklerose konnte sie als Kind schwer einordnen. Als sie zwölf Jahre alt war, starb ihr geliebter Papa. Heute, fast fünfzig Jahre später, leidet sie immer noch darunter, dass sie das alles nicht sortiert bekommt. Sie hat die kindliche Not tief in sich verschlossen. Nun liegt diese wie ein schwerer Stein in ihr und behindert ihre Beziehung zu Gott – so hat sie es selbst ausgedrückt. Der abschließende Satz hat mich nachdenklich gemacht. Sie schrieb, sie hätte es bis heute nicht gewagt, ihm (also Gott) das alles selbst zu sagen. Irgendwie würde sie das nicht fertigbringen.

Liebe Valerie, solche Worte lassen mich erahnen, dass ein großer Schmerz dahintersteht. Aber auch, dass die Zeit nun reif zu werden scheint, diese verzweifelten Fragen Gott persönlich zuzumuten. So schön es auch wäre, einfache Rezepte zu verteilen – jeder Mensch braucht dafür seinen ganz individuellen Weg. Hinter jedem Gefühl, jeder Enttäuschung und jeder Wunde steht eine ganze Abfolge von Gedanken, Gefühlen und Erfahrungen. Das erinnert mich an das weitverzweigte Pilzmyzel, das Geflecht tief im Boden, das ebenfalls nicht sichtbar ist, bis gelegentlich ein Pilz hervorkommt. So ähnlich steckt hinter einer traurigen Vater-Aussage oder einem überraschenden Traum immer viel mehr, als auf den ersten Blick deutlich wird.

So scheint es bei Deiner Gesangsschülerin auch gewesen zu sein. Wie mutig, dass sie Dir ihren Traum anvertraut hat! Hast Du gewusst, dass Wiederholungsträume eine besondere

Bedeutung haben? Sie zeigen ein Lebensthema an, welches in der träumenden Person rumort oder das noch offen ist. Diese Thematik will bearbeitet, bewältigt und neu bewertet werden. Die unvermutete Wendung im Traum Deiner Schülerin ist großartig. Du hast sie mir so lebendig wiedergegeben, dass ich es fast selbst spüren kann: wie sie sich vor diesem Schritt scheut und dann doch zaghaft ein Bein vor das andere setzt. Und wie die ungeahnte Überraschung ihr verzagtes und verunsichertes Herz befreit. Da ist nichts Furchterregendes, sondern eine vertraute, liebevolle Person steht lächelnd und mit offenen Armen da. Ich verstehe es so gut, dass sie weinend aufgewacht ist, liebe Valerie. All die Anspannung der letzten Träume und vielleicht der letzten Jahre ist von ihr abgefallen angesichts dieser väterlich-fürsorglichen Person. Vermutlich tritt der Traum nun nicht mehr auf, weil die Träumerin für sich eine sehr gute Antwort auf ihre Lebensfrage gefunden hat.

Was mag sie befürchtet haben, als sie am Fuß der beängstigenden Treppe stand? Die wichtigste Stelle im Traum scheint mir der Moment zu sein, als sie sich entscheidet, trotzdem weiterzugehen. Du gibst der Entwicklung, die Deine Schülerin mit zitternden Knien durchschritten hat, einen wunderbaren Namen: »von der Vaterwunde zum Vaterwunder«. Das möchte ich so vielen Menschen ebenfalls wünschen, die noch mit ihrer Vaterwunde beschäftigt sind. Hast Du eine Idee, was ihnen helfen könnte?

Deine Gedanken habe ich nun nicht wirklich fortgeführt, sondern eher umkreist, doch das habe ich jetzt einfach noch gebraucht. In mir dämmert eine vage Ahnung, wie das Gleichnis vom verlorenen Sohn oder liebenden Vater auf andere Weise zu verstehen sein könnte. Dafür darfst Du Dich noch ein wenig gedulden, liebe Valerie. Unsere Tochter ist zu Besuch und wir wollen heute noch gemeinsam Kniffel spielen. Es tut gut zu erleben, wie sie ihren Papa kennt, liebt und seine Eigenheiten schmunzelnd zur Kenntnis nimmt. Das wird bei Euren Kindern ähnlich sein. Lass uns heute mal unseren Männern ein dickes Dankeschön dafür sagen, dass sie ihre Papa-Rolle so gut ausgefüllt haben. Das ist nicht selbstverständlich!

Habt gute und behütete Tage zusammen, Ihr zwei.

Herzliche Grüße,
Deine Christina

7.5 Liebe Pilzfreundin! 25. Oktober

Wie ist denn das kniffelige Vater-Mutter-Tochter-Spiel ausgegangen? Es klingt so, als hättet ihr eine erfüllende Zeit mit Eurer großen Tochter.

Deine Anregung zum Ende Deines Briefes, meinem Mann ein dickes Dankeschön zu sagen, habe ich gleich umgesetzt. Du glaubst nicht, was es für ein Strahlen ausgelöst hat in seinem Gesicht! Ja, nicht nur die Kinder, sondern auch die Väter wollen ermutigt und an das Gute erinnert werden. Allein das hätte Deinen Brief schon wertvoll gemacht. Aber der Reihe nach … ich nähere mich Deinen Ideen nun Schritt für Schritt.

»Jedes Detail, dem wir Aufmerksamkeit schenken, wächst!«, sagst Du und ich glaube Dir sofort. Man kennt doch diesen Effekt: Wenn man gerade ein anderes Auto braucht und sich für einen Fahrzeugtyp entschieden hat, scheinen nur noch eben diese Autos unterwegs zu sein: Auf einmal sind die Autobahnen voller Smarts, Volvo Kombis oder Minis, je nachdem, wofür man sich interessiert. Diese Beobachtung kann man auf beliebige Lebensthemen ausweiten. Weißt Du noch? Nachdem wir zwei uns entschieden hatten, ein gemeinsames Projekt zum Thema »Innere-Kind-Arbeit« zu entwerfen, ploppte das Thema auf einmal überall auf – so wie Pilze aus dem Boden hervorschießen!

Es leuchtet mir ein, dass Pilze zu einer bestimmten Zeit ihre Fruchtkörper ausbilden. Im Herbst passen die Wetterbedingungen optimal. Ich vermute: Genauso gibt es eine optimale Zeit für das Entstehen von Vater-Vertrauen – nämlich die Zeit, in der wir kleine Kinder sind! Wenn dieses Fenster nicht oder unzureichend genutzt wird, dann tragen wir ein Defizit mit in unser Erwachsenwerden. Der Schmerz betrifft nicht nur die gestörte Beziehung zum Vater, sondern schränkt generell unsere Vertrauensfähigkeit ein. Das, was Du von den Frauen aus Deinem Umfeld erzählst, bestätigt das, nicht wahr? Da stimmt es mich hoffnungsvoll, wenn Du schreibst, dass eine nachträgliche Heilung so einer Vaterwunde eine »Einladung zum Nachreifen« ist. So wie die Tomaten in unserem Gewächshaus ihre optimale Zeit im Sommer hatten. Nun haben wir die grasgrünen letzten Früchte gepflückt, damit sie sich auf der Küchenfensterbank weiterentwickeln. Sie werden allerdings nicht so aromatisch sein wie die Sommertomaten. Nachreifung! Was also so schön und zuversichtlich klingt, schreit nach dem »Aber wie?!«.

Aber wie kann es gelingen, das ersehnte Wachstum nachzuholen, wenn das ideale Zeitfenster nicht genutzt wurde? Zu eben dieser Frage kommst Du ja auch später, wenn Du schreibst: »Hast Du eine Idee, was ihnen helfen könnte?« »Wie Sie sehen, sehen Sie mich hier ratlos«, möchte ich am liebsten antworten, denn Du bist doch die Fachfrau von uns beiden. Und die Frage führt ja noch weiter, liebe Christina: »Und werden auch unsere Spätzünder-Vertrauensfrüchte vielleicht nicht so süß und aromatisch sein wie die, die unter perfekten Witterungsbedingungen reiften?«

Aus meiner Erfahrung kann ich nur berichten, dass ein mutiges Angehen des Themas zu der Zeit sinnvoll ist, wenn man ansonsten seelisch einigermaßen stabil ist. Außerdem ist es wirklich hilfreich, sich dem nicht allein zu stellen, sondern eine Person dabeizuhaben, der man vertraut. Das muss nicht unbedingt ein Therapeut sein, manche reden auch gern mit einer Seelsorgerin oder einer Freundin darüber. Auch wenn die Vergangenheit erst einmal betrauert werden darf, sollten die Gegenwart und Zukunft dabei der Fokus bleiben. Was soll *heute* anders werden? Wie möchte ich *in Zukunft* Beziehungen zu meinen Mitmenschen, zu mir selbst und zu Gott gestalten? Wohin möchte ich?

Sicher hast Du noch bessere Fragen dazu! Du bist ja die Frage-Künstlerin. Jetzt hast Du mich natürlich neugierig gemacht mit der Andeutung, dass man in diesem Zusammenhang das Gleichnis vom verlorenen Sohn ganz neu deuten kann. Wirst Du dazu mehr schreiben? Ich würde mich darüber freuen, Christina.

Mit Deiner Bemerkung über das Pilzmyzel hast Du mich auf einen Gedanken gebracht: Das, was wir als Pilz bezeichnen, ist ja nur der oberirdische Fruchtkörper, der zumeist im Herbst aus dem Boden wächst. Das unterirdische Geflecht, das Myzel, ist jedoch viel, viel größer! Es kann einen Raum von über einem Quadratkilometer oder mehr einnehmen und ein hohes Alter erreichen. Und es gibt noch eine erstaunliche Parallele zu unserem Vater-Thema: Ein dikaryotisches Myzel hat in jeder Zelle zwei Kerne: einen Plus-Kern und einen Minus-Kern! Ich habe nicht schlecht gestaunt, als ich das gerade gelesen habe. Denkst Du das Gleiche wie ich?

Das, was uns geprägt hat, ist unterirdisch (also unterbewusst) riesig! Es schwingt unsichtbar in unserem Lebensgefühl mit. Mehr noch: Es ist der Ursprung vieler Emotionen und Gedanken oder das Fundament, auf das wir bauen. Unsere Entscheidungen reifen hier unten. Ab und zu ploppt ein Fruchtkörper oben auf. Ob er giftig oder genießbar sein wird? Ob er gute Witterungsbedingungen bekommen wird? Ob er frei wachsen kann oder eingeschränkt wird in seinem Wachstum? Wenn wir den unterbewussten Ursprung des Vater-Gefühls befrieden, können wir wahrscheinlich als Menschenkinder auch unserem Gott (wieder) vertrauen. Wie denkst Du darüber?

Dass Träume, insbesondere Wiederholungsträume, solche Lebensthemen bearbeiten, habe ich gewusst. Dass sie aber häufig verschwinden, nachdem das Thema bearbeitet und bewältigt wurde, das wusste ich noch nicht. Es trifft übrigens auch auf meine Schülerin zu. Sie berichtete mir, dass sie neben einer geheilten Vater-Beziehung auch Gott, dem himmlischen Vater, endlich vertrauen kann. Das ist so schön, oder? Da lohnt sich doch die ganze seelische Arbeit!

Mit leiser Zustimmung lese ich Deine Empfehlung: »… dass die Zeit nun reif zu werden scheint, diese verzweifelten Fragen Gott persönlich zuzumuten.« Leise darum, weil es Behutsamkeit erfordert und nicht nur an der Oberfläche kratzen sollte. In einem neuen Lied singe ich: »Still ist nicht kleinlaut!« Damit meine ich, dass auch eine vorsichtige Annäherung an das Thema mutig ist – so wie in dem Traum meiner Schülerin der trotzige erste, kleine Schritt die Treppe hinauf. Gott kann mit unseren zaghaften, offenen Fragen umgehen! Ich vermute, dass er die viel besser findet als oberflächliche oder fromme Hochglanzantworten. Er hält die unerträgliche Spannung mit uns aus und wischt sie nicht einfach als albern oder peinlich oder unwichtig vom Tisch. So habe ich ihn erlebt: mitfühlend, hinhörend, hinsehend, tröstend. Wenn wir über Kennzeichen eines guten Vaters noch einmal reden wollen, dann könnte man mit diesen Beschreibungen anfangen, oder?

Jetzt habe ich viel mehr geschrieben als geplant. Es ist fast unmöglich, in nur wenigen Worten über so ein Thema zu sprechen. Erwartungsvoll halte ich Ausschau nach Deinem nächsten Brief, liebe Christina. Unserem himmlischen Vater befehle ich Dich und Deine Lieben an! Bleib behütet und hoffnungsvoll und halte Deine Augen offen für die kleinen und großen Wunder.

Deine Freundin
Valerie

Tiefer graben

Gott als Vater

»Du bist unser Vater! Dein Name heißt von Urzeiten her ›unser Erlöser‹.« (Jes 63,16)

»Und doch, Herr, bist du unser Vater. Wir sind der Ton, du bist der Töpfer und wir sind das Werk deiner Hand.« (Jes 64,7)

»Wie sich ein Vater über seine Kinder erbarmt, so erbarmt sich der Herr über alle, die ihn fürchten.« (Ps 103,13)

Gott wird im Alten Testament neben anderen starken Bildern (z. B. König, Richter) auch als »Vater« angesprochen. Diese Bezeichnung unterscheidet sich grundsätzlich von den polytheistischen Umgebungsreligionen mit Göttervater und Erdmutter. Das Judentum beschreibt mit »Vater« das den Menschen zugewandte Handeln Gottes als Schöpfer der Welt und als barmherziger Erhalter seines Volkes Israel. Neben einer überschaubaren Anzahl von Aussagen über Gott als Vater gibt es eindrückliche Stellen, die indirekt von Gottes väterlichem Handeln sprechen (z. B. Jer 31,20).

Jesus Christus bringt seinen Zuhörern eine radikal neue Sicht auf Gott als den Vater, indem er sagt: »Wer mich sieht, der sieht den Vater.« (Joh 14,9) Mit der Anrede Gottes im Vaterunser und dem Gleichnis vom verlorenen Sohn lädt Jesus in eine vertrauensvolle Vaterbeziehung zu Gott ein. Das gilt bis heute.

7.6 Meine liebe nachdenkliche und inspirierende Freundin,

30. Oktober

Deine einfühlsamen Briefe sind mir niemals zu lang – danke, dass Du mehr geschrieben hast als ursprünglich geplant. 😉 Sobald ich Post von Dir erhalte, tauche ich regelmäßig erst mal ab und versenke mich in Deine Zeilen. Heute fange ich umgekehrt an und steige am Ende Deines Briefes ein, liebe Valerie. Denn schon beim letzten Mal hatte ich einen Gedankengang unter den Tisch fallen lassen, sorry dafür. Du hattest geschrieben, dass es wohl Merkmale geben muss, die unabhängig von zeitlich bedingten Modeerscheinungen einen guten Vater ausmachen. Dazu hast Du mich an die Bibelstelle aus Psalm 103 erinnert, in der das Erbarmen als herausragende Eigenschaft eines Vaters benannt wird. Und im letzten Brief kam jetzt hinzu, wie Du den Vater im Himmel selbst erlebt hast, »mitfühlend, hinhörend, hinsehend, tröstend«. Das sind ausdrucksstarke Worte. Mit ihnen hast Du das große Wort Erbarmen erfahrbar mit konkretem Inhalt gefüllt.

Bevor ich weiter auf unsere Vatersehnsucht eingehe und mit Dir »ewig gültige Indikatoren« suche, wie Du das so treffend benannt hast, möchte ich noch von einer ganz anderen Seite herangehen. Wir sind bisher dabei, über unser eigenes Vaterbild nachzudenken und darüber, wie das unser Verständnis vom Vater im Himmel beeinflusst. Doch ich möchte noch kurz einen Blick auf Bilder und Vergleiche über Gott insgesamt werfen.

Im Alten Testament gibt es viele Bilder. Gott ist der Fels, auf dem man stehen kann. Er ist die Burg, die Zuflucht bietet. Der Hirte, der seine Schafe sicher führt und sie versorgt. Und dann kommt schon in diesen alten Texten – noch sparsam verwendet – das Bild des Vaters hinzu. Ich glaube, wir sollten dies zuerst im Kontrast zu den Gottheiten rundherum hören, welche von den anderen Völkern verehrt wurden. Diese waren willkürlich, emotional unbeteiligt und unerreichbar. Kannst Du

Dir vorstellen, was für ein gewaltiger Paukenschlag es gewesen sein muss, dass der Gott der Juden sich als Vater ansprechen ließ? Das hieß doch, der Gott der Bibel ist emotional beteiligt, er ist gütig. Gleichzeitig will er ernst genommen und geachtet werden. Wenn Gott als Vater beschrieben wird, heißt das nicht, dass er männlich ist, dass er im biologischen Sinne zeugt oder unerfreuliche Seiten hat, so wie wir sie an unseren Vätern kennengelernt haben. Nein, er ist Vater, weil er im umfassenden Sinne Leben hervorbringt, es schützt und erhält. Und weil er aus Liebe an uns interessiert ist.

Es kann gar nicht anders sein, als dass alle Bilder und Vergleiche zu Gott weit hinter der Realität zurückbleiben. Wie sollten wir mit unserer menschlichen Sprache eine Wirklichkeit beschreiben, die unendlich viel größer ist als wir selbst? Wie sollte unser kleines Hirn dafür ausreichen, auch nur annähernd in die richtige Richtung zu denken? In mir keimt die Vermutung, dass Gott sich auch mit dem Bild des Vaters kleiner macht, als er ist. Er setzt sich Missverständnissen und ungerechten Vorwürfen aus. Das wird er wohl gewusst haben – und tut es trotzdem!

Liebe Valerie, beim Nachdenken darüber ist mir eine Frage wichtig geworden. Sie lautet: Woran nehmen wir Maß? Muss Gott sich an unserem Vaterbild messen? Das kommt mir schräg vor, denn dann machen wir unsere Erfahrung zur Richtschnur. Das Gegenteil scheint angemessener zu sein: Unser Vaterbild, unser Verständnis vom Vatersein, sollte sich am himmlischen Vater messen und ihn einfach unbestritten stehen lassen.

In der Bildverarbeitung am PC falle ich immer mal wieder auf eine Falle herein und wähle den falschen Weg. Dann habe ich ein Bild erst aus irgendeinem Grund verkleinert und will es später wieder vergrößern – das funktioniert leider nicht. Dieses verpixelte Etwas ist dann völlig unbrauchbar. Dir wird das nicht passieren, weil Du Dich besser auskennst in diesem Metier. Doch anfangs hast Du diese Erfahrung vielleicht auch gemacht.

Menschen, die mit ihrem Vater-Thema und ihrem Gottvertrauen im Clinch liegen, würde ich am liebsten zusprechen: »Weißt du, dieses Bild vom himmlischen Vater ist so groß und umfassend, es spricht Menschen aus allen Kulturen und Generationen an, weil immer und überall der Vater eine besondere Rolle spielt. Die meisten Menschen können viel damit anfangen. Dass es nun gerade bei dir anders ist durch deine persönlichen schlechten Erfahrungen, das tut mir leid. Ich wünsche dir von Herzen, dass du es dabei nicht bewenden lässt. Wenn du dein persönliches Vater-Thema angehst und sortierst, bin ich sehr zuversichtlich, dass du eines Tages auch den himmlischen Vater mit anderen Augen sehen wirst.«

Damit bin ich bei Deinem »tomatigen« Nachreifungsbild. Wie ist es ausgegangen für die grünen Tomaten auf dem Fensterbrett? Vermutlich haben sie in der warmen Umgebung noch ihr Aroma und ihre Farbe bekommen. Sicher hast Du recht, dass es nicht das gleiche Aroma ist wie das der Tomaten im Gewächshaus. Doch selbst die besten Tomaten aus dem Gewächshaus sind niemals so aromatisch wie die unter der Mittelmeersonne gereiften Früchte. Das ist der Punkt, liebe Valerie. Es geht nicht um den Vergleich, sondern darum, wie diese eine Tomate am jeweiligen Standort am besten gedeihen und möglichst auch reif werden kann. Ähnlich ist es auch beim Menschen. Wie kann diese Person mit ihrer individuellen Geschichte so reif und aromatisch wie nur irgend möglich werden? Eure Tomaten konnten nicht selbst auf die Küchenfensterbank wandern, sie haben Euch dafür gebraucht. Menschen können selbst etwas dafür tun, die geeignete Fensterbank für ihre Seele zu suchen und zu finden. Und oft helfen ihnen auch andere. Das ist die indirekte Antwort auf Deine Frage: »Und werden unsere nachreifenden Vertrauensfrüchte vielleicht nicht so süß und aromatisch sein wie die, die unter perfekten Witterungsbedingungen reiften?« Der Vergleich mit anderen nützt uns meist gar nichts, er macht nur unzufrieden. Viel mehr von Bedeutung ist der eigene Entwicklungsfortschritt, und den kann jeder und jede machen. In

Bezug auf die eigene Vaterbeziehung und auch auf die Beziehung zu Gott. Nicht nur wer eine einschneidende »Vaterwunde« hat – schon dieses Wort spricht von einer behandlungsbedürftigen Verletzung –, braucht diese Reifung, sondern auch diejenigen, die durch leistungsorientierte, verwöhnende oder abwesende Väter in ein falsches Fahrwasser gekommen sind.

Dein Vergleich vom Pilzmyzel passte wunderbar zu unserem Thema. So genau hatte ich das noch gar nicht recherchiert, doch nach Deinen beschreibenden Sätzen lief ich vergangenen Sonntag besonders ehrfürchtig über den Waldboden. Es ist gut, dass wir nicht alles analysieren müssen, was unter der Oberfläche vor sich geht. Auch nicht in unserer Psyche. Nur wenn etwas stört – uns selbst oder andere –, dürfen wir versuchen, den darunterliegenden Erfahrungen und Haltungen ein wenig auf den Grund zu gehen.

Kannst Du noch? Mir hängen noch Gedanken in der Leitung, die ich gern mit Dir teilen möchte, liebe Valerie. Bitte schwenke mal mit mir zu Jesus. Er macht das Vaterbild nicht nur zum zentralen Bild für Gott, er bietet sich sogar selbst als Augenöffner an und sagt: »*Wer mich sieht, der sieht den Vater*«. (Joh 14,9) So anschaulich und konkret sollte also der himmlische Vater sichtbar sein – unübertrefflich in seiner Art, Liebe zu schenken, Beziehung zu suchen und Vergebung zu gewähren. Jesus sagte, wir sollten so beten: »*Unser Vater im Himmel* ...« Allein durch dieses Gebet ist die Formulierung seit Jahrhunderten in aller Munde. Doch die Krönung ist für mich das Gleichnis vom verlorenen Sohn. Man könnte es genauso das Gleichnis vom liebenden Vater nennen, denn nirgends sonst kann man so eindrücklich sehen, wie dieser Vater ist. Diese Geschichte sollten wir immer wieder wie neu hören, auch wenn wir sie schon lange zu kennen meinen. Der Vater lässt seinen Sohn gehen, als der sich respektlos vom Acker macht, ja sogar noch das Erbe vorzeitig ausgezahlt bekommen will. Er wartet Tag um Tag und Jahr und Jahr. Er hält Ausschau nach seinem Sohn. Als der wie ein geprügelter Hund wieder zurückkommt, schließt der Vater ihn in die Arme und veranstaltet ein Fest zu seinen Ehren.

Als frommes Kind und Jugendliche fand ich es immer spannend, welche verbotenen Dinge der ausgebüxte Sohn wohl veranstaltet hat, bis er im Schweinestall landete. Das hat sich geändert. Die offenen Arme des Vaters sind mir jetzt das Allerliebste. Eindrückliche Kunstwerke wie die von Rembrandt oder Sieger Köder zeigen diese innige Umarmung. Die Zeit scheint im Blick auf diese väterliche Geste von allererster Güte stillzustehen. In dieser Szene möchte der Zuschauer verharren. Es tatsächlich zu tun und diese Darstellungen auf sich wirken zu lassen, sie ins Herz fallen zu lassen, kann jeder für sich als Einladung annehmen.

Der Vater im Gleichnis kommt damit klar, dass der Sohn abhaut und richtig einen draufmachen will. Ich schlussfolgere mal weiter: Also wird der himmlische Vater auch mit offenen Armen Ausschau halten und warten, wenn es jemand braucht, noch mal fortzulaufen, um sein eigenes Vater-Thema zu bearbeiten. Manche Prozesse müssen einfach durchlaufen und nicht weggedrückt werden, dann kann auch etwas daraus wachsen. Deshalb freut es mich riesig, dass Deine Schülerin nach ihrem besonderen Traum einen ganz neuen Zugang zum himmlischen Vater gefunden hat.

Und nun ein allerallerallerletzter Gedanke: Der himmlische Vater adoptiert liebend gern! Manche Menschen können das einfach so annehmen. Sie sind froh darüber, dass ihr leiblicher Vater nicht der alleinige Vater ist. Das hilft ihnen, den bruchstückhaften eigenen Vater so zu akzeptieren, wie er ist oder war.

Eben ging ein phänomenales Herbstgewitter mit anschließendem Hagel bei uns runter. Wie schön ist es, in einer geborgenen Wohnung Unterschlupf zu haben. Irgendwann werde ich mich hinauswagen zum Briefkasten um die Ecke.

»Still ist nicht kleinlaut!« – Dieser Satz aus Deinem neuen Lied macht auf sanfte Weise Mut. Danke, dass Du ihn mir geschrieben hast. Lass uns dem stillen Wachstum vertrauen, liebe Freundin.

Deine Christina

7.7 Liebe Schwester, 3. November

Dein Brief ist wie ein noch warmes, frisch gebackenes Vollkornbrot. Man hat einfach sofort Appetit, herzhaft hineinzubeißen! Es duftet nach Mutterliebe und Vatertrost in einer imaginären Wohnküche. Selbst harte Getreidekörner werden durch den Backvorgang genießbar. Denn Deine Überlegungen sind keine »leichte Kost«. Sie erfordern nach dem Mahlen, Kneten und Backen, dass man gründlich kaut. Sicher hast Du auch schon einmal Vollkornbrot so lange gekaut, dass Du irgendwann geschmeckt hast, wie es langsam süß wird? Genauso ist es mit tiefen Wahrheiten zu schwierigen Lebensfragen: Sie wollen langsam gekaut werden, ansonsten sind sie schwer verdaulich! Die nachhaltige Sättigung wird kommen – das ist in Bezug auf unseren Gedankengang ungeheuer tröstlich, finde ich.

So, das war aber nur der alleralleralllererste Gedanke zu Deinem Brief, liebe Christina. »Warum schreibe ich dieses seltsame ›Schwester‹ in die Anrede?«, fragst Du Dich vielleicht. Nun ja: »Der himmlische Vater adoptiert liebend gern«, schriebst Du mir. Wir sind beide adoptiert von ihm – also sind wir Schwestern! Darüber freue ich mich gerade unbändig. Das ist ein wirklich schöner Nebeneffekt, wenn man als Christ lebt: dass man viele Geschwister hinzubekommt und nicht »nur« einen Vater! Sicher gibt es unter Brüdern und Schwestern auch schon mal Streit und Neid und alle anderen Töne aus dem Gefühls-Farbkasten. Trotzdem ist es ein Riesenprivileg, auf der ganzen Erde mit Menschen so verbunden zu sein.

Wie Du vielleicht siehst, habe ich auch zwischendurch mit »den Gedanken in der Leitung gehangen«, wie Du es so schön beschreibst, Christina! Dann habe ich erst einmal den Stift genommen und Pilze gezeichnet und es dabei sacken lassen, dass es im Untergrund arbeitet. Mein »inneres Myzel« hab ich Gott hingehalten und ihn gebeten, genießbare Früchte zu schenken zur richtigen Zeit. Und dann hab ich noch ein bisschen weitergezeichnet und dann wurden es Tomaten. Du siehst nicht, wie grün sie noch sind, weil es eine Bleistiftskizze ist, aber das macht nichts. Sie werden schon noch rot werden! »Tomaten wandern nicht von selbst auf die Fensterbank!« Ich danke Dir für diesen wichtigen Satz, liebe Freundin! Und auch der Gedanke, dass Menschen etwas dafür tun können, die geeignete »Fensterbank für ihre Seele« zu finden, hat mich sehr angesprochen – zumal die Fensterbank, auf der unsere Tomaten (übrigens immer noch!) auf ihre »Errötung« warten, eine ganz besondere ist: Als wir umgezogen sind, gab es noch ein kleines Reststück meines geliebten Haselnussholzes. Es ist mit uns zusammen hier eingezogen. Daraus hat mein Mann die kleine Küchenfensterbank gezimmert. Ich liebe dieses glänzende zartbitter-schokoladenbraune Holz! Nun sehe ich die grünen Tomaten darauf mit noch mehr Liebe und Geduld an.

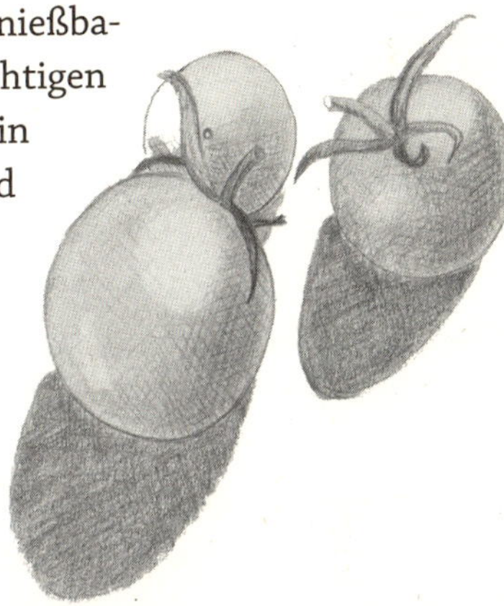

Und ich gebe Dir zu hundert Prozent recht: Es nützt niemandem, sich mit anderen zu vergleichen! Zumal jeder mit seinen eigenen Problemen beschäftigt ist. Wir laufen nicht in den Schuhen des anderen! Wie gut, dass Du auch das noch einmal angesprochen hast in Deinem Brief: Auch die Kinder mit den verwöhnenden, passiven oder leistungsorientierten

Vätern haben ihre Herausforderungen! Im Nachsinnen über eine junge Frau, deren leistungsorientierter Vater eine rastlose Jagd nach Perfektion ausgelöst hat, stolperte ich über ein paar Worte, die sich fast von selbst zusammenfügten zu einem Gedicht:

genug

Kein Erbarmen zu haben, heißt »erst wenn«
Erst wenn alles fertig wäre, käm erlösender Applaus
Ein Nachtlicht flackert und geht aus
tackert Mutlosigkeit auf weißes Papier
Das brave Kind hier hat eine Schrei-Blockade
Zu schade und zu leise
etappen-weise werden ist eine lange Reise
Und wer den Meilenstein nicht ehrt,
der wehrt sich auch gegen die Rast

»Was du geleistet hast, mein Kind, ist endlich gut!«
Auf diesen Satz wartet ein Herz,
das niemals ruht und immer schafft
Der letzte Funken Kraft erlischt
und mit ihm jedes Leuchten und jeder Übermut

Genug beginnt mit »g« wie Gnade und endet auch damit
Von Anfang an geliebt, bis hin zum letzten Schritt

»Mein Kind, was du geleistet hast, ist wirklich groß!«
Bedauerlich ist bloß: Kein Vater steht im Zieleinlauf
und winkt mit weißer Fahne
Ein Offizier taucht doch nur auf,
wenn jeder Feind geschlagen und jeder Sieg errungen ist

Kein Zittern und kein Zagen,
kein Zähne-fest-Zusammenbeißen
Zusammenreißen heißt doch nicht
»Gemeinsam schaffen wir das schon!«,
sondern »Einer gegen alle!«
Und jeder weiß, dass das nicht geht!
Und jeder weiß, das ist nicht fair!
Und dennoch quält man sich so sehr
und leistet einfach umso mehr,
um endlich zu gefall'n, das Wort zu hör'n, das so sehr schmerzt:
genug
Es ist genug, mein Herz!

Dieses »genug« könnte ein Schlüsselwort sein für Menschen, die sich nur geliebt fühlen, wenn sie etwas leisten, oder? Was mir in dem Zusammenhang einfällt, ist die bedingungslose Liebe, von der wir so gerne sprechen. Aber auch die allerallerbesten Eltern (wenn es sie gäbe) lieben nicht komplett bedingungslos! Wie wahr ist sie doch, Deine »Vermutung, dass Gott sich auch mit dem Bild des Vaters kleiner macht, als er ist. Er setzt sich Missverständnissen und ungerechten Vorwürfen aus.« Ja, so ist es wohl! Denn er ist der Einzige, der tatsächlich bedingungslos liebt!

Ich bin so froh, dass Du von dem *Gleichnis von dem liebenden Vater* sprichst, Christina! Alles, was über das Thema gesagt werden muss, wird darin erwähnt! Der Vater, der tatsächlich bedingungslos liebt, der anwesend ist. Wie gut, dass er so lang dort mit offenen Armen stehen bleibt, bis der Sohn zurückkehrt.

Ich habe mir gerade noch mal ein Buch mit dem Kunstdruck von Rembrandt zur Hand genommen. Die offenen Arme des Vaters sind also Dein Allerliebstes? Ich schaue immer automatisch auf diese Hände! Sie sind der Mittelpunkt des Bildes und sprechen von eben dieser bedingungslosen Liebe des Vaters! Der Sohn kniet vor dem alten Vater nieder, lehnt seinen geschorenen Kopf an dessen Bauch. Die Augen geschlossen. Die Innigkeit der beiden Hauptfiguren lässt mich daran glauben, dass genau das der Inbegriff von »nach Hause kommen« ist. Henri Nouwen schreibt dazu sehr leidenschaftlich: »... und schon wieder sollte ich mich einer Liebe ausliefern, die keine Grenzen kennt. Dennoch wusste ich, dass ich das große Gebot der Liebe nie würde leben können, ohne mich bedingungslos und vorbehaltlos lieben zu lassen.«[22]

Ich denke, darin liegt ein tiefes Geheimnis: Erst wenn wir uns wirklich vorbehaltlos lieben LASSEN, kann der Vater uns im Tiefsten trösten!

Und bevor ich für heute schließe, möchte ich noch einmal zurückkommen auf Deinen Brief vor einigen Wochen, in welchem Du von der mütterlichen Liebe schriebst, die Mack in dem Roman »Die Hütte« erlebt. Rembrandt malt den Vater des zurückkehrenden Sohnes mit einer eher männlichen und einer eher weiblichen Hand! Schau es Dir noch einmal an – ich war so überrascht davon, als ich dazu etwas in dem Buch von Henri Nouwen las. Die eine Hand ermutigt und stützt und die andere streichelt und tröstet. Gott wird für uns immer der Geheimnisvolle bleiben! Er muss sich unserem gängigen Vaterbild nicht anpassen. Und auch wenn er weiß, dass wir das Bild nur verpixelt wahrnehmen können: Trotzdem stellt er sich als Vater, Sohn und Heiliger Geist vor. Einfach, um uns in unserer Vorstellungswelt entgegenzukommen. Danke, dass Du in Deinem Brief den Schwenk noch mal zu Jesus gemacht hast, der »unübertrefflich ist in seiner Art, Liebe zu schenken, Beziehung zu suchen und Vergebung zu gewähren«. Das hast Du sehr schön zusammengefasst!

Nun atme ich tief durch. Findest Du sie auch zu groß, diese Gedanken? Ich möchte meine Ausführungen eher als bescheidene, unvollkommene Annäherung an das Thema sehen. Wie der Sohn auf dem Bild von Rembrandt habe ich das Bedürfnis, nun niederzuknien mit nichts in der Hand und mich an den Vater anzulehnen. Das linke Ohr horchend auf den Herzschlag des Vaters gerichtet: *Geliebt. Geliebt. Geliebt.*

Mit einem herzlichen Gruß zu Dir – bleibe hoffnungsvoll und lass Dich lieben!

Deine Schwester

7.8 Meine Herzensschwester Valerie, 10. November

weißt Du noch, wie wir zum ersten Mal in unserer neu gewonnenen Freundschaft das Wort »Herzensschwester« ausgesprochen haben? Das war ein besonderer Moment, ein bisschen zaghaft, gefüllt mit Staunen und Dankbarkeit. Wahrscheinlich hatten wir damals schon eine Ahnung davon, dass uns viel Gemeinsames verbindet und daraus noch Überraschendes sprudeln kann. Wie schön, dass diese Quelle unerschöpflich Nachschub bietet. Diese innige Verbindung läuft unseren leiblichen Schwestern gar nicht den Rang ab, sie bleiben uns genauso kostbar wie bisher. In Deinem Brief hast Du herausgehoben, dass wir auch Schwestern im Sinne des Glaubens sind, verbunden durch den »Adoptivvater« im Himmel. Ja, es tut gut, sich immer wieder daran zu erinnern. Wenn ich an Dich denke, liebe Valerie, strahlen leuchtende, klare Farben in meinem »Gefühls-Farbkasten« auf (diese coole Idee mit dem Farbkasten ist Dir bestimmt gekommen, während Du gezeichnet hast!). Durch diese besondere Art der Familienbildung durch den Glauben hat Gott dafür gesorgt, dass es keine Einzelkinder gibt. Darüber freue ich mich gerade. Bietet diese Form der Familienzusammenführung doch jedem existenzielle Zugehörigkeit und wertvolle Lernerfahrungen an.

Und damit bin ich schon wieder mittendrin im Schreibfluss, doch ich möchte nicht versäumen, mich für Deinen Brief zu bedanken. An Deinem Briefbeginn schlägst Du die Brücke zu einem warmen, frisch gebackenen Vollkornbrot. Mhmm, ich kann es förmlich riechen! So wie Du liebe ich es, diesen Urgeschmack auf der Zunge zu haben und die körnigen Bestandteile zu spüren. Es stimmt: Je länger man kaut, desto mehr verändert sich die Sinneserfahrung. Ein paarmal schon hatte ich als Euer Gast das Glück, von Deinem frisch gebackenen Brot das knusprige Käppchen angeboten zu bekommen – das Leckerste von allem. Ich sehe Dich förmlich vor mir, wie Du es mir mit einer ermunternden Geste reichst. Auch mit Deinen Zeilen über die Hände des Vaters im Rembrandt-Bild hast Du mir, im Bild gesprochen, ein wahres »Käppchen« angeboten. Danke für diesen auserlesenen Leckerbissen.

Ich möchte auch die leisen und nachdenklichen Töne Deines Briefes nicht überhören, liebe Valerie. Deine Schlusssätze haben mich ebenfalls ins tiefe Durchatmen und Innehalten gebracht. Und natürlich war ich sofort motiviert, mir das Rembrandt-Bild auch noch einmal anzuschauen. Solch ein Kunstbuch von Henri Nouwen besitze ich leider nicht, doch im Internet ist das Bild ja leicht zu finden. Es hat mich neugierig meinen schärfsten Blick einstellen lassen, was Du an den Händen des Vaters entdeckt hast. Und tatsächlich, wenn ich das Bild vergrößere, kann auch ich es sehen: Die Hände sind nicht identisch und sie liegen nicht einfach auf dem Rücken des Sohnes – sie sprechen ohne Worte. »Die eine Hand ermutigt und stützt und die andere streichelt und tröstet«, so hast Du es beschrieben. Da steckt alles drin, was ein Mensch braucht. In mir regte sich der leise Wunsch, eines Tages mit Dir gemeinsam schweigend vor dem Original dieses Gemäldes zu stehen. Deswegen habe ich geschaut, wo es zu finden ist. Nach Wien, Florenz oder Paris wäre ich zu gern mit Dir gereist. Doch zur Eremitage in St. Petersburg? In diesem bedeutenden Kunstmuseum hängt das Bild, Katharina die Große hatte es einst erworben. Ob wir zwei jemals nach St. Petersburg kommen, ist bei der aktuellen Lage mit einem dicken Fragezeichen versehen. Doch nach der ersten Enttäuschung kam mir plötzlich ein milder und zuversichtlicher Gedanke.

Wenn ich zukünftig für Russland und die Ukraine bete, wird mir das Rembrandt-Gemälde vor Augen stehen. Es ziert in diesem geschundenen Land nicht nur eine Ausstellungshalle, sondern zeigt erlebbare Wirklichkeit. Das Bild vom liebenden Vater, der überall auf der Welt ermutigt und stützt, streichelt und tröstet. »Erst wenn wir uns vorbehaltlos lieben LASSEN, kann der Vater uns im Tiefsten trösten« – das waren Deine Worte, liebe Valerie, zu denen ich nur zustimmend nicken kann. Das Bild von Sieger Köder (»Der verlorene Sohn«) drückt das Gleiche aus, nur auf eine andere Weise. Es ist der Inbegriff von »nach Hause kommen«, wie Du es genannt hast. Vielleicht macht Dich das neugierig darauf, Dir auch dieses Bild einmal genauer anzuschauen.[23]

Danke, dass Du unseren Austausch noch einmal zurückgelenkt hast zu den verwöhnenden, passiven und leistungsorientierten Vätern. Das ist sehr wichtig, denn diese Prägungen haben massive Auswirkungen, wenn sie unbewusst auf Gott übertragen werden. Mit Deinem Gedicht über das angestrengt-verzweifelte Kind hast Du es eindrücklich beschrieben. Wann darf es endlich »genug« sein? Menschen, die einen leistungsorientierten Vater hatten, vermuten das Gleiche auch von Gott. Er wird wohl hervorragende Leistungen erwarten und dann zur Belohnung Liebe geben. Welcher Irrtum! Die tiefe Angst zu versagen, kann diese Menschen in einen religiösen Leistungszwang treiben. Sie investieren unendlich viel Kraft, um sich endlich geliebt zu fühlen. Wenn sie doch umschalten und für sich annehmen könnten: Gott liebt nicht wegen Leistung. Und genauso wenig wendet er sich ab wegen mangelnder Leistung. »Genug. Es ist genug, mein Herz!«, so lässt Du Dein Gedicht enden und setzt ein Ausrufezeichen dahinter. Dieser Schluss klingt nach einem Durchbruch und dem Betreten eines friedvolleren Lebensbodens.

Wie kann es für jemanden mit einem passiven, abwesenden Vater aussehen? Menschen mit passiven Vätern haben oft

Schwierigkeiten, in Kontakt mit ihren eigenen Gefühlen zu kommen. Oder sie neigen zu falschen Schuldgefühlen. Dann haben sie sich als Kind selbst die Schuld für die Abwesenheit des Vaters gegeben. Sie lebten mit der Furcht, etwas getan zu haben, was ihren Vater dazu gebracht hat, sich von ihnen fernzuhalten. Dieses Muster kann sich anschließend durch ein ganzes Leben hindurchziehen. Immer wenn etwas schiefläuft, fühlen sie sich schuldig. Menschen mit einem passiven Vater stehen in der Gefahr, Gott in die Schublade »distanziert, unbeteiligt und reserviert« zu stecken. Sie glauben, dass Gott ihr Leben von vornherein abwertet. Für Kinder von passiven Vätern kann das gesamte Leben vom Gefühl des Verlassenseins überschattet werden.

Bis ... ja, bis sie sich wagen, im Traum die Treppe doch hinaufzusteigen, wie Deine Schülerin es getan hat. Oder bis etwas anderes in ihrem Leben geschieht, das ihnen hilft umzuschalten. In der Traueransprache für eine Frau, die in den 50er-Jahren geboren worden war, wurden kürzlich folgende Worte gesprochen: »Der Vater konnte seiner Tochter viel zu wenig von dem geben, was ein kleines Mädchen und eine erwachsene Frau brauchen würden – Nähe und Sicherheit, Sanftmut und Frohsinn.« Doch die Traueransprache wurde nicht im Klagemodus über diesen ungünstigen Lebensstart fortgeführt. Es folgte ein anrührendes Lebenszeugnis über eine Frau, die zeitlebens für Verlassene und Übersehene da gewesen ist, mit Treue, Glaubenskraft und Liebe. Zu gerne würde ich ihrer Erzählung lauschen, wie es ihr gelungen ist, von ihrem eigenen Defizit wegzusehen und über sich selbst hinauszuwachsen. Leider geht das nicht mehr, doch ihr Leben zeigt, dass es möglich ist.

Nun bleiben uns noch die verwöhnenden Väter. Menschen, die einen solchen Vater hatten, stehen in der Gefahr, im himmlischen Vater die Fortsetzung dieses »Wunscherfüllers« zu sehen. Was dabei herauskommt, ist Dir sicher auch schon begegnet, oder? Christen, die frustriert sind, wenn Gott Hindernisse nicht aus dem Weg räumt und ihnen harte Lernerfahrungen zumutet. Gott ist faktisch für die Sicherstellung ihres Glücks verantwortlich. Das kann auf die Dauer nicht gut gehen und wird irgendwann zu Enttäuschungen führen. Doch nach der Enttäuschung kann ein reiferes Bild von Gott wachsen. Selbst Menschen mit einem »eigentlich ganz guten Vater« stehen vor einer Herausforderung. Denn auch der beste Vater bleibt weit hinter dem Vater im Himmel zurück.

Was machen wir nun damit, liebe Valerie? Wahrscheinlich wird es notwendig sein, dass wir den menschlichen Vater und den himmlischen Vater immer wieder bewusst auseinanderdividieren, auch wenn die Bilder unbewusst ineinanderfließen. Sonst bemerken wir es nicht, wenn das innere Kind lauthals protestiert und schreit: »Wie soll ich diesem Gott vertrauen, wenn schon mein Papa mich sitzen gelassen hat?« Oder das schmollende innere Kind zieht sich enttäuscht in die Spielecke des Lebens zurück, ohne etwas Gutes zu erwarten. Wie schade um diese vertane Chance, zu einem freien und erfüllten Leben zu finden.

Solange wir unseren Vater ablehnen und ihm Schuld vorhalten, wird es wenig verlockend sein, in Gott einen Vater zu haben. Wer das tut, wird die Nähe Gottes bewusst oder unbewusst meiden. Ganz anders könnte es werden, wenn wir uns für das Gegenteil entscheiden. Wenn wir uns mit unserem Vater versöhnen, egal, wie er gewesen ist, bringt das nicht nur mehr inneren Frieden, sondern hat auch Auswirkungen auf unsere Beziehung zu Gott. Dabei kann vielleicht aus dem bisher abgespeicherten Bild unseres leiblichen Vaters am Ende etwas ganz anderes werden.

Dazu passt doch ganz wunderbar, was Euer Sohn damals in seiner »paparieren«-Hoffnung gemacht hat: Er hat vertrauensvoll neben seinem Papa Platz genommen, gewartet und ab und zu eine Kleinigkeit angereicht. Er hat sein kaputtes Teil nicht nur abgeliefert und wollte irgendwann das Ergebnis wieder abholen, sondern er stand staunend dabei, sogar mit kleinen unterstützenden Handgriffen. Nicht dass der Papa es nicht auch ohne ihn geschafft hätte, doch so war der kleine Kerl beteiligt und sie haben eigentlich gemeinsam »papariert«. Vielleicht könnte so mancher seine angeschlagene Vaterbeziehung auf Gottes Werkbank legen, damit sie schrittweise heilen kann.

Gibt es einen ewig gültigen Indikator für das Vatersein im besten Sinne? Diese Frage steht immer noch im Raum, liebe Herzensschwester. Du schriebst von bedingungsloser Liebe. Doch wir sind uns wohl einig, die können leibliche Väter nur begrenzt schenken. Lass uns außerdem nicht vergessen: Auch Väter tragen eine Vaterwunde in sich. Zu ihrer Zeit war es vielleicht nicht einmal üblich, darüber nachzudenken, geschweige denn, den Mangel in Worte zu fassen. So zieht sich die Vaterwunde durch die ganze Welt. Es scheint so, als wäre die Sehnsucht größer als das Vermögen der Menschen.

Deshalb antworte ich Dir eher verhalten. Ich bin mir nicht sicher, ob es den ewig gültigen Indikator gibt, der menschliches Vatersein und Gottes Wesen mit einer goldenen Formel zusammenzufassen vermag. Doch eines steht für mich fest, und das schreibe ich wesentlich energischer: Es gibt einen ewig gültigen Bedarf! Kinder brauchen immer etwas von ihren Vätern. Sie sind abhängig und auf ihre Väter angewiesen. In jedem Menschenherz pulsiert diese Erfahrung der Bedürftigkeit und Abhängigkeit. Sie wurde auf positive oder negative Weise mit Leben gefüllt. Auch als Erwachsene bleiben wir große Kinder mit genau demselben Bedürfnis.

Jesus fand auch zu diesem Thema meisterhafte Worte. Er sagte es selbst, dass ein himmelweiter Unterschied besteht zwischen unseren Eltern, den eigenen elterlichen Fähigkeiten und Gottes überragender Vaterqualität. Garantiert kennst Du diesen Vergleich von Jesus: »Würde etwa jemand von euch seinem Kind einen Stein geben, wenn es um ein Stück Brot bittet? Oder eine Schlange, wenn es um einen Fisch bittet? Trotz all eurer

Bosheit wisst ihr Menschen doch, was gut für eure Kinder ist, und gebt es ihnen. Wie viel mehr wird euer Vater im Himmel denen Gutes schenken, die ihn darum bitten!« (Mt 7,9-11)

Wie viel mehr ... wie viel mehr wird unser Vater im Himmel die Not jeder einzelnen Person sehen. Wie viel mehr wird er die Lücke im Herzen ausfüllen. Wie viel mehr wird er sich als der fürsorgliche Vater erweisen.

Ich höre Dich ergänzen: »Wenn wir ihn lassen ...« Ja, liebe Freundin, wenn wir ihn lassen. Damit wünsche ich Dir für jede kleine undichte Stelle im kindlichen Herzen Füllmaterial aus Gottes Vaterwerkstatt. Genauso werde auch ich es brauchen. Damit wir uns mutig dem Leben zuwenden können, für das wir geschaffen sind.

Nicht nur ich möchte Dich jetzt fest umarmen, liebe Valerie. Auch die kleine Tini sucht den Blickkontakt zur kleinen Valle. Die beiden zwinkern sich ausgelassen zu und denken dabei: »Es ist alles gut. Unser himmlischer Papa kann ...!«

Deine Christina

Selbstreflexion:

❖ *Du könntest jetzt eine Kindheitserinnerung aus deinem Herzen hervorholen, in der dein Vater eine wohltuende Rolle spielt. Wenn du deinen Vater gar nicht gekannt hast, frage dich, welche positiven Aussagen du über ihn gehört hast oder welche schönen Eigenschaften oder Körpermerkmale du vielleicht seinem Erbe verdankst.*

- *Hat beim Lesen einer der verschiedenen Vatertypen persönliche Erinnerungen bei dir geweckt?*

- *Wie weit bist du auf dem Weg, deinen Vater anzunehmen, bereits gekommen?*

- *Falls du über deinen Vater bisher ausschließlich negative Geschichten gehört hast, nimm dir die Freiheit, dich von diesen Aussagen zu lösen. Kein Mensch ist nur schlecht! Bei jedem gibt es auch gute Seiten zu entdecken! Deshalb ist es legitim, dass du das innere Bild über deinen Vater in einen neuen Rahmen einfügst. Schaffe dir mit deiner Fantasie und Menschenkenntnis eine mildere Vorstellung von deinem Vater, mit der du besser leben kannst. Das ist erlaubt, denn alle unsere Bilder von Menschen sind unvollständig. Warum sollten nur negative scheinbare Wahrheiten das Feld für sich beanspruchen?*

- *Vielleicht weißt du gar nichts über deinen Vater und das stimmt dich traurig. Oder es fühlt sich wie ein bohrender Schmerz an. Manche Menschen können sich trösten, indem sie die Lücke in ihrer Geschichte mittels ihrer Fantasie auskleiden. Es wirkt für sie heilsam, wenn sie ihrem Vater die eine oder andere gute Eigenschaft »andichten«. Andere Menschen tragen ihre Not vor Gott. Sie übergeben dem himmlischen Vater ihren Schmerz und vertrauen sich seiner heilenden Kraft an.*

Wenn du die Vater-Thematik allein nicht bewältigen kannst, such dir bitte Unterstützung!

- *Ist dein Gottesbild durch die Beziehung zu deinem leiblichen Vater mattiert oder schattiert? Du kannst Gott bitten, sich dir in seiner bedingungslosen, gnädigen und beschützenden Vaterliebe zu zeigen.*

8. DIE ZUKUNFT BEGINNT HEUTE

8.1 Liebe Christina! — 20. November

»Brotkäppchen« magst Du also besonders gern? Verzeih dieses kleine Wortspiel – aber es hüpfte mir gleich durch die Gehirnwindungen, als ich es las. 😉 Wir sagen dazu übrigens »Knäppchen«. Um das Erste reißen sich alle, denn da ist das Brot noch frisch und knusprig. Das letzte Knäppchen bleibt dagegen vernachlässigt und unbeachtet im Brotkorb liegen, ist es doch meist schon ein paar Tage alt. Vielleicht lachst Du, aber ich habe schon mal darüber nachgedacht, das Brot am ersten Tag einfach auf beiden Seiten aufzuschneiden. Dann hätte man sofort zwei leckere Brotkäppchen und am Ende nicht ein trockenes, das niemand haben will. Aber: Das ganze Brot würde ja viel schneller austrocknen, wenn man es an beiden Seiten aufschneiden würde. Alles hat seine Zeit und jede Zeit hat etwas Besonderes.

Doch ich schweife ab. Dabei war Dein herzerwärmender Brief voller Ermutigung. Dein nachdrückliches »um wie viel mehr« hat sich in meinem Herzen eingenistet. Hab Dank dafür! Deine Worte über die Versöhnung mit dem, was war, scheinen mir wie ein wärmender Mantel zu sein, den Du um die Schultern so mancher (ehemals) vernachlässigter oder verwundeter Kinder legst. Diese Worte kommen nicht im Befehlston daher, das finde ich besonders schön. Wie sollte man es also besser sagen? »Wenn wir uns mit unserem Vater versöhnen, bringt das nicht nur mehr inneren Frieden, sondern hat auch Auswirkungen auf unsere Beziehung zu Gott.« Und ich möchte noch hinzufügen, dass diese Versöhnung hoffnungsvolle Auswirkungen haben wird auf die Zukunft. Frieden zu schließen mit dem, was war, macht den Weg nach vorne frei! Ja, Du weißt es, meine Herzensschwester: Auch davon kann ich »ein Lied singen«. Aber ich singe es mit dankbarem Herzen und in dem demütigen Bewusstsein, dass wir alle immer wieder in so einem Friedensprozess geläutert werden. Friedensverhandlungen erstrecken sich oft über eine geraume Zeit. Vielleicht sind auch neutrale Vermittler dabei, die darauf achten, dass konstruktiv miteinander gerungen wird. Ein frisch geschlossener Frieden steht noch auf wackeligen Füßen. Denn das, was auf dem Papier gilt, muss dann nach und nach in dem Gefühlsleben der ehemaligen Kriegsparteien ankommen. Diese lästigen, langen Verhandlungen sollte man nicht überspringen, auch wenn man sich vielleicht nach einem schnellen Frieden sehnt.

Für manches Problem gibt es statt der schnellen Lösung nur einen Weg mit mutigen, kleinen Schritten in eine hoffnungsvollere Richtung. Jeder, der die ersten Schritte auf dieser unbekannten Straße tut, hat meine Hochachtung. Ich denke aber, dass eine befriedete Zukunft es absolut wert ist, die Strapazen dieser Reise auf sich zu nehmen.

»Was willst du mal werden?«, fragt man Kinder ja oft. Und dann gibt es so tolle Antworten wie »Feuerwehrmann« oder »Hubschrauberpilot« oder »Ärztin«. John Lennon soll zu diesem Thema einmal Folgendes erzählt haben: *»Als ich fünf Jahre alt war, sagte mir meine Mutter immer, dass das Glücklichsein das Wichtigste im Leben ist. Als ich zur Schule ging, fragten sie mich, was ich sein wollte, wenn ich erwachsen war. Ich schrieb ›glücklich‹ hin. Sie sagten mir, dass ich die Aufgabe nicht verstanden habe, und ich sagte ihnen, dass sie das Leben nicht verstanden hatten.«*[24]

Kennst Du dieses Zitat, liebe Freundin? Ich habe es schon häufig weitergegeben und immer fangen die Zuhörer an zu lächeln, wenn sie das Ende hören. Glücklich wollen wir doch alle irgendwie werden. Aber erscheint uns diese Antwort nicht reichlich naiv und weltfremd? Und doch so wahr!

Wenn ich die Tomaten auf unserer Fensterbank fragen würde, was sie einmal werden wollen, wäre die Antwort wohl einfach »rot«. Und vielleicht errätst Du es schon: Ja, die ersten dieser Tomaten haben wir tatsächlich schon essen können! Es war eine echte Freude, sie über die Wochen zu beobachten und für mich wie ein Hoffnungsschimmer: Ja, es stimmt wohl! Auch, wenn manches Lebensthema noch im wahrsten Sinne des Wortes unausgegoren ist, passiert etwas, wenn man sich innerlich damit beschäftigt und die richtigen Zutaten in die Waagschale wirft. Dabei denke ich wieder an meinen Brotteig, der ebenfalls die richtigen Zutaten und seine Zeit braucht, wenn er ein gutes Brot werden will.

Meine Brotkäppchen-Liebhaberin: Was wolltest Du damals gern werden und hat sich Dein Wunsch mit der Zeit verändert? Ich glaube, ich bin beruflich mittlerweile erstaunlicherweise ziemlich genau da, wovon ich als kleines Mädchen geträumt habe. Aber wenn ich heute an meine Zukunft denke, dann fällt mir viel weniger das ein, was ich TUN will, sondern viel mehr das, was ich SEIN will. Ich möchte nicht nur glücklich sein, sondern vor allem dankbar und zufrieden! Wie die meisten meiner Mitmenschen möchte ich, besonders wenn ich alt bin, in gesunden Beziehungen leben. Auch *mutig* und *frei* sind Worte, die ich mit meinen Zukunftswünschen in Verbindung bringe. Und das passt ganz wunderbar zu dem Satz, den Du mir in Deinem letzten Brief mit auf den Weg gegeben hast: »Damit wir uns mutig dem Leben zuwenden können, für das wir geschaffen sind.«

Ich wünsche uns von Herzen Mut, dem Vater zu vertrauen, auch dann, wenn im Leben Dinge geschehen, die wir uns anders gewünscht hätten. In diesen Wunsch schließe ich heute noch einmal all die Menschen ein, über die wir geschrieben haben: die kleine Klara und Deinen Nachbarsjungen Noah. Deine syrische Freundin genauso wie unsere ukrainischen Freunde, die sich in einem fremden Land noch immer nicht zu Hause fühlen. Auch an meine Schülerin denke ich noch einmal, die nun nicht mehr von Treppen träumt, und an den Mann mit dem i-Tüpfelchen. Und ganz besonders denke ich heute an Dich, liebe »umgetopfte« Freundin! Mögest Du in eine hoffnungsvolle

Zukunft schauen mit einem versöhnten Herzen und wie Deine Porzellanblume die Wurzeln in die neue Erde strecken. Mögest Du mutige, frische Blätter zum Himmel recken. Über Dir wacht kein Mann im Mond – sondern der Herr der Welt, der alles hält!

Was für ein Segen, dass wir Menschen uns gegenseitig haben – und dass wir gemeinsam unterwegs sind!

Deine Weggefährtin und Freundin
Valerie

PS: Danke für das Geschenk, dass ich mich als diese bezeichnen darf!

Freeway for future

Wenn auch Schnee von gestern
noch an Winterstiefeln klebt
Graue Ränderreste an Wildleder
pfänden jede Schuldigkeit
Wenn auch die Fessel jener Zeit
den Umzug überlebt in neues Land
Dann liegt es dennoch trotzig, mutig,
hoffnungsvoll in deiner Hand:
Gehst du mit Groll
oder mit Gnade in junge Tage?

Und stell dir vor,
ein Frühling würde winken
Dick eingemummelt zwar
in Mantel, Mütze, Schal
und doch ganz unverkennbar ER
Ein Lächeln baumelt
mit den Beinen:
Komm und schau her!

Sterne blinken tief ins Tal
und wenn sie auch von ferne scheinen:
Ihr Über-Mut kommt ungeschoren und neugeboren davon

Streif alte Sorgenstiefel ab
und geh notfalls auf Socken
Was macht das schon?
Sie werden wieder trocken
wenn Licht den Weg in Freude tunkt
am Wendepunkt zum Morgen

8.2 Liebe Weggefährtin, 26. November

was ist das doch für ein Mut machendes Wort! Du sprichst mir mal wieder aus dem Herzen, liebe Valerie, denn es ist viel leichter, gemeinsam den Lebensweg zu gehen als allein. Vor allem, wenn man das gleiche Ziel vor Augen hat. Aus nahezu jedem Deiner Sätze spüre ich, dass wir in die gleiche Richtung blicken, liebe Freundin: Wir wollen reifer werden, mutiger leben und Gottes Ziel im Auge behalten. Wenn ich es so schreibe, klingt es mir fast noch zu vage, deshalb möchte ich es noch konkreter ausdrücken: Wir wollen uns zuversichtlich in diese Richtung BEWEGEN.

Du schriebst ja auch von »kleinen Schritten in die hoffnungsvollere Richtung«. Ja, auf sie kommt es an. Lieber kleine Schritte gehen, als große Ideale hegen ohne ihre Umsetzung. Manchmal gehört auch ein Schritt rückwärts dazu, nachdem zwei Schritte nach vorn gelungen sind. Das erinnert mich an den Steppstich, den Du bestimmt auch kennst. Meine Oma brachte ihn mir bei. Natürlich wollte ich lieber schnell vorwärtskommen und einen einfachen Heftstich nähen, doch meine Oma wusste es besser. Die Naht wird stabiler und belastbarer, wenn nach dem Stich vorwärts ein Stich rückwärts folgt.

Und anschließend ist wieder ein großer Stich vorwärts dran. Das finde ich tröstlich, weil auch Entwicklungsprozesse nicht ohne Rückschläge zu haben sind.

Hab herzlichen Dank für Deine zukunftsträchtigen Gedanken und Zeilen im letzten Brief. Auf unserer großen Couch ist ein guter Platz, dort sitze ich immer wieder und lasse Deine Sätze wirken. Weshalb tut mir das so gut? Vielleicht deshalb: Viel zu oft verliere ich mich im »Klein-Klein« des Alltags, statt mich langfristig mit Blick auf das große Ganze auszurichten. Das erinnert mich nach langer Zeit wieder an eine spielerische Erfahrung, die bereits viele Jahre zurückliegt. Von dem uralten, strategischen Brettspiel namens »Go«, das wir früher liebten, hatte mein Mann Dir doch schon mal begeistert erzählt. Hat er Dir auch verraten, wie oft ich dabei die Verliererin war? Fast immer. Und das lag hauptsächlich daran, dass ich mich im Kleinen verzettelte, statt auf die großen Linien zu schauen. Ich war super darin, ein kleines Feld aufzubauen, und vernachlässigte dabei die Gesamtübersicht. Doch genau darum geht es bei »Go«. Das hatte ich nach und nach zu lernen – nicht nur fürs Spiel, auch für mein Leben.

Dein wunderbarer Satz »Frieden zu schließen mit dem, was war, macht den Weg frei nach vorn!« weitet das Herz und macht Mut für die Zukunft. Weise Worte, liebe Freundin. Was für ein lohnenswertes und verheißungsvolles Ziel! Dein Vergleich mit Friedensverhandlungen und vermittelnden Unterstützern hat mich sehr angesprochen. Die »befriedete Zukunft«, wie Du sie nennst, ist die Mühen allemal wert. Und ich stimme Dir von Herzen zu, dass darin sogar noch mehr Erstrebenswertes liegt als nur in dem Wunsch, glücklich zu sein. Übrigens kannte ich die kleine Geschichte von John Lennon nicht, danke, dass Du sie mir erzählt hast. Sie ist in ihrer Aussage tatsächlich sehr berührend. Ich höre daraus einen kleinen Jungen, der schon frühzeitig anderes für aussichtsreicher hielt als viele um ihn herum.

Doch zurück zum Friedensprozess. Auch den nachdenklichen Ton habe ich nicht überhört. Du schreibst zu Recht, dass wir lästige, lange Verhandlungen nicht überspringen sollten, um den schnellen Frieden herbeizuführen. Vermutlich gibt es beides. Den Wunsch, den Prozess zu beschleunigen, und die Gefahr, den Fortschritt zu blockieren. Beides dient nicht dem langfristigen Ziel, dankbar und zufrieden zu leben. Unser Institutsleiter sprach oft davon, wie wichtig es sei, »das Faustpfand aus der Hand zu geben«. Damit meinte er all das, was wir jemandem noch vorhalten und nachtragen. Wie befreiend ist es, wenn wir bemerken, dass der Zeitpunkt dafür endlich gekommen ist. Erst wenn wir alten Ballast loslassen, können wir die Hände und das Herz mit anderem füllen. Nämlich mit dem, was dem mutigen Leben im Heute dient.

Warum betone ich das noch mal? Ich glaube, das entspringt der neu gewonnenen Gewissheit, dass jede weise Entscheidung unsere Zukunft mitgestalten hilft. Wir stellen selbst die Weichen – dadurch, wie wir heute leben. Das empfinde ich als eine riesige Chance, nicht als Druck oder Last. Wäre es nicht großartig, wenn wir mit diesem Wissen andere Menschen anstecken könnten? Ringsherum spüre ich den Bedarf ganz stark, von lebensbejahenden Menschen bildlich gesprochen untergehakt zu werden. Zukunftsängste grassieren in der Gesellschaft, das ist mittlerweile auch in meiner Beratungspraxis ein wiederkehrendes Thema.

Wir alle brauchen einen Grundlevel an Mut, der sich den Widrigkeiten des Lebens stellt. Da ist es natürlich förderlich, wenn wir mit so wenig Altlasten wie irgend möglich unterwegs sind und jeden Tag unser Leben voller Gottvertrauen und Selbstvertrauen aus der Hand des Schöpfers empfangen.

Die oft dahingesagte Bitte »Unser tägliches Brot gib uns heute« aus dem Vaterunser gewinnt einen ganz neuen Klang in unsicheren Zeiten. Empfindest Du es auch so, liebe Valerie? Mir ging es oft so in den vergangenen Monaten, dass ich diesen Satz bewusster gebetet habe. Nicht nur für mich, sondern auch für diejenigen, deren Sorge um das tägliche Auskommen wächst.

Das bringt mich zurück zu Deinem »Brotkäppchen« oder Knäppchen. Das war mal wieder ein amüsantes Beispiel für sprachliche Besonderheiten und falsch aufgeschnappte Begriffe. Dein neu geschaffenes »Brotkäppchen« wird in meinen Wortschatz aufgenommen, versprochen! 😊 Eben wollte ich schauen, wie sich die Bezeichnung «Ränftl« für den Brotkanten richtig schreibt. So sagten wir es in meiner Heimatregion. Du kannst Dir kaum vorstellen, wie viele umgangssprachliche Begriffe es je nach Region dafür gibt. Also scheint der erste und letzte Bissen eines Brotes von jeher eine besondere Bedeutung zu haben, nicht nur bei Euch am Esstisch ...

Ich erinnere mich daran, wie wir altes, trockenes Brot lieber an unsere Stallhasen verfüttert haben, statt es selbst zu essen. Wer bevorzugt schon den altbackenen Rest? Schmunzelnd träume ich Deinen Gedanken vom Brot weiter. Jesus wird uns nach den Mühen unseres Lebens nicht das alte, harte Käppchen-Knäppchen reichen, sondern das beste Lebensbrot, das wir jemals empfangen haben. »Das Beste kommt zum Schluss«, wie ein Filmtitel hieß. So wird es sein! Diese Zukunftsperspektive ist besser als alles, was wir selbst für unsere Zukunft arrangieren können. Das stimmt mich nicht phlegmatisch und pessimistisch für dieses Leben hier, sondern hoffnungsvoll. Bis es so weit ist und das große Ziel erreicht ist, mische ich mich einfach ein in dieses Leben und gestalte, was immer mir möglich ist.

Du hast danach gefragt, was ich als Kind werden wollte und ob sich der Wunsch verändert hat. Wie schön, dass Du mich daran erinnerst! Zuerst wollte ich Polizistin oder Detektivin werden, später dann Krankenschwester. Mit dem, was ich heute beruflich lebe, bin ich zwar an einem anderen Punkt angekommen, und doch passt es haargenau. Es freut mich zu lesen, dass auch Du Dich am richtigen Platz fühlst. Von Deinen Worten »Wenn ich heute an meine Zukunft denke, dann fällt mir viel weniger das ein, was ich TUN will, sondern viel mehr das, was ich SEIN will« lasse ich mich gern anstecken. Vielleicht ist das ein besonderes Geschenk der zunehmenden Reife, dem SEIN mehr Aufmerksamkeit zu schenken als dem Tun.

Darf ich Dir trotzdem noch eine Frage stellen, liebe Valerie? Wie gelingt es Dir, Dich vor allgemeiner Zukunftsangst zu schützen, und was hilft Dir, berechtigte Sorgen an den angemessenen Platz zu verweisen?

Wenn nun – wie immer gefühlt viel zu früh – die Adventszeit beginnt, erinnere ich mich selbst daran, dass es nicht wichtig ist, wie sauber meine Wohnung glänzt oder wie ausgefeilt die Deko ist. Unsere Herzen sollen wir bereit machen und uns so auf Gottes Zukunftsversion einstimmen. Das möchte ich gerne versuchen. Auch Dir, liebe Valerie, wünsche ich hoffnungsfrohe Momente des Innehaltens und himmlischen Glanz in den gewöhnlichen Alltag hinein.

Deine Christina

8.3 Liebe Christina! 2. Dezember

Ob Du wohl rätst, was mich zum Lächeln brachte in Deinem Brief? Polizistin wolltest Du also werden, als Du klein warst, oder Detektivin. Besonders Letzteres hat mich sprachlos gemacht. Welches kleine Mädchen hat einen solchen Berufswunsch? Es sind wohl nicht sehr viele. Wenn ich allerdings darüber nachdenke, muss ich zugeben, dass es gut zu Dir gepasst hätte. Zu der Christina, die allem immer wirklich auf den Grund gehen will, die nachforscht und abwägt. Die Christina, die mutig beim Pilgern über die dicken Steine balanciert, wenn's mir schon schwindelig ist. Weißt Du noch, dass ich einmal gelacht habe, weil es eher wie Tanzen als wie Wandern aussieht bei Dir? Natürlich fallen mir Momente unserer Bergtour ein, wo ich Dich oft von hinten gesehen habe, weil Du gern vorangehst, die Umgebung in Dich aufnimmst, die Nase im Wind und ein Lächeln auf den Lippen, wenn es etwas zu entdecken gibt. Ja, die Detektivin passt schon gut zu Dir! Vielleicht hilft sie Dir heute dabei, den geheimnisvollen Wegen der menschlichen Psyche nachzugehen und Zusammenhänge zu erforschen.

Sich »im Kleinen zu verzetteln, anstatt auf die großen Linien zu schauen«, hat Dir also bei »Go« viele Niederlagen eingebracht. Zunächst einmal möchte ich meine Bewunderung darüber zum Ausdruck bringen, dass Du TROTZDEM immer weitergespielt hast! Die sich im Kleinen verzettelnde Detektivin war offensichtlich hartnäckig und lernbegierig. Von unserem heutigen Standpunkt aus betrachtet ist es doch befreiend zu sehen, wie viele Möglichkeiten zur Veränderung wir in der Hand haben, oder? Und stell Dir erst einmal die Christina vor, die irgendwann als alte Omi in ihrem Schaukelstuhl sitzen und von diesem Blickwinkel aus berichten wird.

Weißt Du, ich stelle sie mir manchmal vor: die alte weißhaarige Valerie. Auch wenn ich Falten nicht so sehr an mir mag, so freue ich mich doch darauf, VIELFÄLTIGER zu werden! Dann wünsche ich mir, dass sie viel Grund zum Lächeln haben wird. Dass sie barmherziger über ihre Fehler schmunzeln kann als heute. Ich frage mich, wie sie meinen Alltag heute bewerten würde.

Und liebe Christina, da bin ich genau bei dem Punkt hängen geblieben, den auch Du in Deinem Brief beschrieben hast: dass das »Klein-Klein des Alltags«, wie Du es nennst, oft viel zu viel Raum einnimmt. Gerade am Anfang dieses Jahres hatte ich einen Vorsatz gefasst: Beziehungen sind wichtiger als Aufgaben! Ich merke aber, dass es eine tägliche Herausforderung bleibt, die Priorität »Menschen« im Alltag zu verfolgen. Insbesondere, wenn ich mich bei »Menschen« einschließe. Es geht langsam – aber ich lerne.

Vielleicht sind diese Lernschritte ähnlich den Steppstichen: zwei nach vorn und einen zurück. Ich mag das Bild sehr, weil es nicht nur ein »langsamer« beinhaltet, sondern auch ein »widerstandsfähiger«. Also lieber Steppstiche als Stechschritte. 😉

Offenbar sind wir da aber ähnlich gestrickt: Wir haben beide eher die Tendenz, den Prozess beschleunigen zu wollen, als den Fortschritt zu blockieren.

Ich glaube zu verstehen, was Du mit Deinem Satz über das Faustpfand meinst: Solange wir es festhalten, sind unsere Hände nicht frei und bereit, etwas Neues entgegenzunehmen. Über Deinen nächsten Satz bin ich dann jedoch gestolpert: »Wie befreiend ist es, wenn wir bemerken, dass der Zeitpunkt dafür endlich gekommen ist«. Liebe Christina, aber WIE bemerkt man das denn?

Und dann erst die Frage, die mich zum Ende Deines Briefes herausgefordert hat: Wie ich mich vor Zukunftsangst und oft auch berechtigten Sorgen schütze? Das sind keine leichten Themen und ich versuche, wirklich ehrlich zu antworten. Es hilft ja niemandem, wenn man sich etwas vormacht. Aber nach dieser Selbstprüfung stelle ich erstaunt fest, dass beide, die Zukunftsangst und die Sorgen, nicht mehr so viel Einfluss auf meine Gedanken und Gefühle haben wie früher. Als ehemals ängstlicher Mensch bin ich heute unendlich dankbar für ein hoffnungsvolles Herz! Und natürlich melden sich immer wieder mal die Sorgen und die Ängste – gerade jetzt in ungewissen Zeiten. Wir spüren deutlich, dass wir unser Leben nicht in der Hand haben. Wir hatten es nie! Aber es war uns vor der Coronapandemie vielleicht nicht so bewusst. Ich habe mir tatsächlich eine Strategie überlegt, wie ich negative, ängstliche und abwertende Gedanken im Keim ersticken möchte, damit sie gar nicht erst zu Gefühlen werden können. Wie vier Türsteher stelle ich sie mir vor – vier Fragen an der Tür zu meinem Herzen.

W: Ist der Gedanke wahr? Entspricht er der göttlichen Wahrheit über mich und die Welt?
E: Empfiehlt er mir, edel und ehrlich zu sein?
L: Bringt er Liebenswertes hervor?
L: Lob. Bringt er mich und andere dazu, Gott zu loben?

Diese vier Buchstaben bilden das englische Wort »WELL« für »gut, wohl«. Ich habe sie aus einem Vers im Philipperbrief abgeleitet (Phil 4,8). Jeder Gedanke, der an diesen vier Türstehern nicht vorbeikommt, darf nicht ins Herz hinein. Wenn eine der Fragen mit Nein beantwortet werden muss, dann ist der Gedanke nicht gut für mich und meinen Seelenfrieden. Ich habe mir diese vier Buchstaben sogar am Anfang auf die Fingerkuppen der rechten Hand gemalt, damit ich im Alltag daran erinnert werde. Nach einigem Händewaschen war es zwar wieder weg, aber es haftete so einfach besser in meinem Kopf. Wenn ich unter Stress bin, fällt es mir jedoch schwer, diese Strategie anzuwenden. Wie würdest Du denn Deine eigene Frage beantworten, Christina?

»Das Beste kommt zum Schluss!«, schreibst Du leidenschaftlich. Ich nehme sie Dir ab, diese hoffnungsfrohe Haltung. Das, was in der Welt als »Worst Case«, als »schlimmster Fall«, gesehen wird, beinhaltet für uns Christen die Erfüllung einer wahrhaft himmlischen Verheißung. »Sterben ist nicht das Allerletzte! Das Letzte wird das Leben sein«, sage ich in einem Poetry und ernte damit regelmäßig überraschte Gesichter. An manchen lebensmüden Tagen tröstet mich die Aussicht auf ewigen, umfassenden Frieden und dieser Trost ist viel besser als eine billige Vertröstung! Ja, ich denke, der Himmel wird alles andere sein als ein altbackener, trockener »Ränftl-Kanten«. Nur weil wir ihn uns nicht vorstellen können, heißt es ja nicht, dass es ihn nicht gibt, den Himmel. Ich will mein Herz im Himmel erden, mich entscheiden für die Zuversicht. Denn das spornt mich gleichzeitig an, hier und heute wirklich bewusst zu leben und zu gestalten. Gerade jetzt in der beginnenden Adventszeit habe ich mir dafür Zeitfenster frei gehalten.

Apropos Fenster: Magst Du es auch so sehr, in der Adventszeit durch die Straßen zu gehen und in die Fenster der weihnachtlich geschmückten Häuser zu schauen? Ja, ich stimme ganz mit Dir überein: Wenn wir doch auch unser Herz genauso vorbereiten würden wie unsere Wohnungen! Ich danke Dir für diese wertvollen Gedanken zum Ende Deines Briefes. Ich habe sie im Herzen bewegt, als ich vor ein paar Tagen unser Haus dekoriert habe. So hatte ich schon einen wirklich besinnlichen Adventsauftakt.

Das wünsche ich Dir auch, liebe Freundin. Sei gesegnet und befriedet in Deinem Gestern, Heute und auch in Deinem Morgen. Bleib behütet und hoffnungsvoll und grüß mir Deine Lieben!

Eine feste Umarmung schickt Dir
Deine Valerie

Tiefer graben

Zukunft – »futurus« oder »adventus«?

»futurus« (zukünftig, bevorstehend) meint das noch nicht Eingetretene, Bevorstehende, noch Ausstehende.

»adventus« (ankommend, sich nähernd) meint das auf uns Zukommende, Ankommende, aber auch schon in der Gegenwart Wirkende.

Die Zeitform Futur dient dazu, Absichten für die Zukunft auszudrücken, Vermutungen anzustellen oder Prognosen abzugeben. Typisch für diese Form der Zukunftsaussagen ist, dass sie nur von dem bisher Bekannten ausgehen können. Der Slogan der 80er-Jahre »No Future« drückte Pessimismus in Bezug auf die Zukunft aus. Die Initiative »Fridays for Future« ist von starken Zukunftssorgen der jungen Generation geprägt. Vom Istzustand auf die Zukunft schlussfolgern zu können, gehört zu den herausragenden menschlichen Fähigkeiten. Doch die zukünftige Wirklichkeit umfasst noch mehr.

»Adventus« zeichnet sich dadurch aus, »dass unabhängig von uns etwas eintritt, das zu unserem Wohl und Heil geschieht und positiv auf uns ›zukommt‹«.[25] Durch Zukunftsprognosen ließ sich nicht kalkulieren, dass und wie Gott durch Jesus Christus in unsere Welt kommen würde. Biblische Verheißungen kündigten dieses unableitbare Geschehen an. Mit der Geburt von Jesus wurde es sichtbar. Gottes Handeln geht weiter, unabhängig von uns. Aus der Zukunft kommt uns sein Heil entgegen. Die bisher unvorstellbare Wiederkunft Christi wird der Höhepunkt des Advents sein.

8.4 Meine liebe Freundin Valerie, — 10. Dezember

da hast Du Dir wieder mal etwas so Praktisches ausgedacht: bemalte Fingerkuppen als Erinnerung an Deine vier Türsteher zum Herzen! Hab vielen Dank für Deinen Brief und für diese Anregung. Sie hat mich sofort animiert, es nachzumachen. Jetzt sind meine Fingerkuppen ebenfalls mit den Buchstaben WELL beschriftet. Ein bisschen kribbelt es sogar noch in den linken Fingerspitzen. An der rechten Hand habe ich es mit links nicht hinbekommen, doch das ist ja auch egal. Hauptsache, der

Anker als Verbindung zwischen Körper und Geist ist da. Mein Blick geht immer wieder zu den bedeutungsvollen Buchstaben. Diese »Türsteher« sind keine muskulösen Kerle mit eindringlichem Blick, sondern sanfte Erinnerungszeichen, die mir aufmunternd zuzunicken scheinen.

Ich fand es echt amüsant, liebe Valerie, dass Du die Detektivin aus meinen Kindheitsträumen herausgegriffen und klug gedeutet hast. Man selbst vermag das manchmal gar nicht so genau zu sehen. Doch in jedem und jeder von uns schlummern von Kindheit an so viele Begabungen und Leidenschaften! Es gibt nichts Besseres, als wenn sie zum Zuge kommen können. Bei Dir sind es die pointierten und tiefsinnigen Wortspiele in Texten und Liedern, mit denen Du Menschen beschenkst. Ein Freund erzählte mir kürzlich, wie gern er während seiner Restaurierungsarbeiten Deine neuste CD hört. Es scheint so, als ob diese Art von gedanklichen Impulsen ebenfalls eine Türsteherfunktion ausfüllt. »Sterben ist nicht das Allerletzte! Das Letzte wird das Leben sein.«

Die erstaunten Gesichter unter den Hörern kann ich mir vorstellen. Ich finde es wunderbar, dass Du nicht nur Dich selbst mit solchen Gedanken aufrichtest, sondern Deine Gabe teilst und viele davon profitieren können. Tatsächlich hilft es ganz großartig dabei, uns nicht in Sorgengedanken zu verstricken, wenn wir unsere Gaben gezielt einbringen und nutzen. Du hattest mir ja meine Frage zurückgegeben, wie wir mit Zukunftsängsten und Sorgen gut umgehen können. Das ist schon mal eine kleine Spur. Den Rest hebe ich mir für den Schluss des Briefes auf.

Du schreibst von der alten weißhaarigen und »vielfältigen« Valerie. Wie gerne würde ich es erleben, als alte Frau mit ihr gemeinsam ruhig dazusitzen und Erinnerungen auszutauschen. Dankbare und staunende Erinnerungen sollen es sein. Bestimmt können wir dann unsere Kaffeetassen nicht mehr so ruhig halten wie heute. Dann gießen wir einfach weniger Kaffee in Dein Goldrand-Geschirr, einverstanden? Und koffeinfrei sollte er natürlich sein. 😊 Du wirst eine gütige alte Frau werden, liebe Valerie. Was macht mich da so sicher? Für meine Spürnase ist das völlig logisch: weil Du es jetzt schon einübst! Wer sein Herz mit WELL-Türstehern trainiert, hat keine Gelegenheit, bitter und verzagt zu werden. Wenn das nicht 'ne coole Form der Altersvorsorge ist ...

Bevor ich Dir erzähle, wie ich in dieser Zeit klarkomme, bin ich Dir noch eine andere Antwort schuldig. Du hattest danach gefragt, wie man bemerkt, dass der Zeitpunkt endlich gekommen ist, alte Wunden loszulassen. Du hast natürlich recht, es ist eine wichtige Frage. Im Halbschlaf habe ich letzte Nacht nach bildhaften Antworten dafür gesucht. Ist es wie auf dem Sprungbrett, auf dem man schon lange steht? Und im Blick auf die Wartenden, die hinter einem stehen, springt man endlich doch? Nein, das passt nicht. Damit entsteht Druck. Mag sein, dass manche diesen positiven Druck auch mal bräuchten, doch mich befriedigt dieses Bild noch nicht. Dann fiel mir etwas anderes ein, das passt schon besser: Vielleicht spürt man, dass der geeignete Zeitpunkt näher kommt, wie man bei einer Grippeerkrankung merkt, dass sie sich langsam abschwächt. Unsere Tochter rief gestern an, sie hatte letzte Woche einen bösen Infekt. Doch der fiebrige Höhepunkt ist nun vorüber, auch wenn noch Symptome da sind. Der Körper merkt es ganz genau. Ist doch interessant, oder? Mit dem Appetit nehmen nicht nur die Kräfte wieder zu, sondern auch die Beteiligung am Leben. Also glaube ich: Menschen spüren es selbst, wenn der Zeitpunkt für sie reif ist. Möglicherweise sieht man es von außen gar nicht und es gibt keine Schablone dafür. Dann ins neue Leben zu starten, statt alte Wunden zu lecken, ist natürlich trotzdem ein Sprungbrett. Doch springen darf ein Mensch, weil ihn die lebendige Bewegung im Wasser lockt, nicht weil andere drängeln. Und – nicht zu vergessen – weil das Wasser trägt!

Das liefert mir doch eine sehr passende Überleitung zur Frage, wie ich selbst Zukunftsängste bewältigen kann. Bemerkst Du es? Damit komme ich schon wieder bei Gottvertrauen und Selbstvertrauen raus: Das Wasser trägt und ich kann schwimmen. Ich ahne den fragenden Blick, der sich nach Deinem ersten Nicken bei Dir einstellt: Aber gilt das denn auch für eine stürmische See? Das Leben im Moment ist eher ein unruhiges Gewässer. Doch nicht jeder Sturm findet in meinem kleinen »See« statt. Die stürmischen Wogen von anderswo immer in die eigene Szene zu übertragen, hält auf die Dauer kein Mensch aus. Dafür sind wir auch nicht geschaffen. Also filtere ich gut, wie viele Informationen ich verkraften kann. Und ich prüfe, welcher Geist dahinter weht.

Und noch eins: Trotz ernster Beobachtungen und berechtigter Sorgen versuche ich größer zu denken als nur in meinem kleinen Radius. Dazu ist mir in den letzten Monaten ein Vorbild an Lebensmut und Glauben im Ostkongo geschenkt worden. Der Mann heißt Jean Nshimiyimana Ntibagerinda. Seinen unaussprechlichen Namen darf ich im persönlichen Kontakt mit ihm zu »Yimana« vereinfachen. Offiziell ist er nur »Pastor Jean«. Dass es jemanden gibt, der in einer der geschundensten Regionen der Welt mit all seiner Leidenschaft für Waisenkinder ein HOPE Building Center[26] aufgebaut hat, reißt mich förmlich mit. Dieser afrikanische Christ lässt sich nicht lähmen von den allerwidrigsten Umständen, die man sich vorstellen kann, sondern handelt, so gut es ihm möglich ist. Auch an anderen Orten der Welt gibt es unzählige Beispiele solcher Menschen. Ich glaube, es wäre gut, wenn wir uns alle in diesen Tagen bewusst jemanden suchen, den wir unterstützen können mit Taten und Gebeten. Ihr habt es ja auch getan mit der ukrainischen Familie. Bedarf gibt es rundum genug.

Jeder neue Tag bietet unendlich viele Möglichkeiten. Und wir können immer Einfluss nehmen, sei es auch nur im Kleinen oder mit unserer inneren Haltung. Wenn ich morgens am Eingang des Stadtparks stehe oder Du vor Deinen wunderbaren Laufstrecken am Waldrand: Welchen Weg werden wir einschlagen? Welchen Menschen werden wir vielleicht begegnen? Lächeln wir sie an? Wird daraus ein weiterer Kontakt wachsen? Haben sie uns etwas zu geben oder wir ihnen? Welchen Gedanken geben wir Raum, die unseren Kopf und unser Herz beschäftigt halten? Darauf haben wir Einfluss, liebe Valerie. Das ist unsere Chance und unsere innere Freiheit.

Ist Dir auch aufgefallen, dass wir dazu neigen, diese Chancen auszublenden und allgemeine Zukunftsszenarien aus der Gegenwart abzuleiten? Die grammatikalische Zeitform des Futurs hat das so an sich. Was morgen geschehen wird, leiten wir oft ab von dem, was gestern war und was wir heute vorfinden. Das ist ja auch nicht von der Hand zu weisen. Doch daneben gibt es noch die andere Dimension. Das Wissen darum, dass uns aus der Zukunft unendlich viele Möglichkeiten entgegenkommen. Wir als einzelne Menschen haben die Freiheit und die Würde, sinnvolle, liebevolle und den Menschen dienende Möglichkeiten zu ergreifen und daraus Wirklichkeit werden zu lassen. Das wird den Gang der Weltgeschichte nicht massiv beeinflussen, doch wir dürfen im Kleinen mitwirken.

Beim Nachdenken über unser Leben, über unsere Zukunft und die Aussichten, die wir scheinbar haben oder nicht haben, bringt die Adventszeit immer wieder eine bahnbrechende Botschaft. Wie das lateinische Wort »adventus« sagt, kommt da jemand auf uns zu. Gottes Zukunft wirkt in unsere Zukunft hinein. Sie trifft wie ein Pfeil von oben auf unseren linearen Zeitstrahl. So war es damals mit der Ankunft Jesu zur Zeitenwende. Und so wird es einmal sein, wenn unsere Zukunft bei Jesus ihre Erfüllung findet. Immer mehr freue ich mich auf diesen Tag, auch wenn ich nicht weiß, wie weit er noch entfernt sein mag.

Im letzten Herbst habe ich noch ein weiteres Zitat im Buch »Die Hütte« gefunden, das mir seitdem nachgeht. Die Situation ist folgende: Mack ist im Gespräch mit Jesus. Er erzählt ihm die

Beobachtung, dass er gedanklich wenig Zeit in der Gegenwart zubringt, sondern mehr in der Vergangenheit. Doch die meiste Zeit verbringe er damit, sich darüber Gedanken zu machen, was ihn in der Zukunft erwartet. Und weißt Du, was Jesus darauf antwortet? Es passt haargenau zu unserer Frage. Er sagt: »Mack, bist du dir darüber im Klaren, dass ich in deinem Bild von der Zukunft, das fast immer von Ängsten diktiert ist, gar nicht vorkomme, oder wenn, dann nur ganz selten?«[27] Dieser Satz ist so stark, er würde auch in die großartige Jesus-Verfilmung »The Chosen« passen. Das will ich mir in diesem Advent wieder neu ins Herz fallen lassen: Die Zukunft ist offen und Gott wirkt hinein! Wie Du es auch in einem Lied so passend singst: »Dabei steht der Himmel offen! Unser Sorgenkind wird getragen durch feindliches Gebiet. Da ist Himmel über dir!« Weil Zukunft mehr bedeutet als nur unser »Futur-Denken«. Und weil Jesus gegenwärtig sein wird.

Damit will ich meinen Brief auch langsam enden lassen. Es wird schon wieder dämmrig. Du fragst, ob ich es so sehr mag wie Du, in der Adventszeit durch die Straßen zu gehen. Ja, bei Dir sieht das sicher ganz zauberhaft aus. Meine Begeisterung hier in der Großstadt hält sich in Grenzen. Da bin ich wohl vom liebevollen Fensterschmuck im Erzgebirge verwöhnt, den wir viele Jahre bewundert haben. Die schrillen Fensterdekos hier mit blau leuchtenden Elchen und bunten flackernden Lampen treffen so gar nicht meinen Geschmack. Also mache ich es mir lieber daheim gemütlich, setze mich unter den Herrnhuter Stern und zünde ein Räucherkerzchen an. Das Räuchermännchen dazu solltest Du sehen! Wir bekamen es beim Abschied aus Thüringen geschenkt. Es ist ein Luther-Räuchermann – limitierte Edition. Er hat sogar einen Talar aus Stoff an. In der rechten Hand hält er einen Spaten, in der linken ein kleines Bäumchen. Daran hängt ein winziges Schild mit feinen Schriftzügen: »Auch wenn morgen die Welt untergeht …« und ich vervollständige das berühmte Zitat: »… würde ich heute noch ein

Apfelbäumchen pflanzen.« Der rote Holzapfel am Bäumchen ist wie ein Herz geformt.

Also esse ich jetzt einen Nürnberger Lebkuchen, beobachte die Rauchschwaden und denke darüber nach, was ich wohl als Nächstes pflanzen darf – im Kleinen oder Großen.

Hoffentlich kommt Dir aus meinem Brief eine kleine Wolke Räucherkerzchenduft und Zukunftsmut entgegen. Ich umarme Dich, liebe Freundin.

Deine
Eva Christina

Und jetzt?

Nach allem Wortgetöse

und Lobgesang auf Mut

Vielleicht werd ich's jetzt wagen

und endlich springen!

Die neuen Tage klingen

sie singen ihren Segen

verwegen mir entgegen:

Was lang verjährt, wird endlich gut!

DANK

Wir möchten gern am Ende Danke schön sagen! Das ist für uns viel mehr als eine Floskel.

Danke an unsere Männer Johannes und Rüdiger, die uns freigestellt und unterstützt haben.

An die Personen, von deren persönlichen Erlebnissen wir erzählen durften.

An unsere Lektorin Steffi Baltes und den Francke-Verlag für den Mut, mit uns in dieses Projekt zu gehen.

An Andi Weiss für das einladende Vorwort.

An Claudia Andrae, die viele Stunden ins Probelesen investiert hat.

Und an Gott, den himmlischen Vater! Denn alles Denken und alle Kreativität kommen von ihm.

Soli Deo gloria!

ENDNOTEN

1 Sabine Schröder, Systemische Seelsorge praktisch, Francke, Marburg, 2015, S. 59.

2 Tomas Sjödin, Warum Ruhe unsere Rettung ist, SCM R. Brockhaus, Witten, 2016, S. 11.

3 Nach Angela Kittner, Systemische Beraterin und Coach, Weimar.

4 Henri J. M. Nouwen, Die innere Stimme der Liebe, Herder, Freiburg, 2016, S. 58.

5 Siehe https://www.bz-berlin.de/berlin/105-juedische-kinder-aus-ukraine-in-berlin-angekommen [abgerufen am 07.03.22].

6 Siehe https://lexikon.stangl.eu/26732/ressource [abgerufen am 16.04.22].

7 Siehe https://www.krisenpraxis.de/2014/03/trotz-macht-des-geistes/ [abgerufen am 18.04.22].

8 Individualpsychologie, eine vom österreichischen Arzt und Psychotherapeuten Alfred Adler entwickelte Theorie der Tiefenpsychologie.

9 Christina Ott, Unvollkommen glücklich – Vom Mut, ich selbst zu sein, Francke, Marburg, 2020, S. 17.

10 So titelte die ERF-Zeitschrift »Antenne« in der Ausgabe 0506/2022.

11 Sabine Naegeli, Du hast mein Dunkel geteilt, Herder, Freiburg, 1984, 19. Auflage, S. 36.

12 IDENTITÄT | Die große Frage nach dem eigenen Ich, https://www.youtube.com/watch?v=AH5gtVpXCNI [abgerufen am 21.05.2022].

13 Siehe https://jochenteuffel.com/2022/07/10/rudolf-bultmanns-predigt-uber-romer-818-27-1938-wir-sind-nicht-was-wir-hier-und-jetzt-zu-sein-scheinen-sondern-was-wir-hoffen-

wir-sind-nicht-was-wir-selbst-aus-uns-machen-sondern-was-gott-m/ [abgerufen am 15.07.22].

14 Monika Deitenbeck-Goseberg, 1955–2020.

15 Siehe https://www.evangeliums.net/zitate/zitat_5196.html [abgerufen am 09.12.2022].

16 Siehe https://www.sonntagsblatt.de/artikel/spiritualitaet-mystik/geheimnisvolle-12-was-es-mit-der-zahl-auf-sich-hat [abgerufen am 03.01.2023].

17 Erik Blumenthal (1914–2004), Psychotherapeut der individualpsychologischen Schule, verwendete diesen Ausspruch als Buchtitel in leicht abgewandelter Form des Ursprungszitates von Alfred Adler: https://www.buboquote.com/de/zitat/13040-adler-es-ist-niemals-zu-spat-aber-immer-hochste-zeit [abgerufen am 03.01.23].

18 William Paul Young, Die Hütte, Allegria, Berlin, 2009, S. 221.

19 Ebd., S. 214.

20 Bundeszentrale für politische Bildung, https://www.bpb.de/themen/familie/familienpolitik/185323/vaeter-heute-leitbilder-lebensrealitaeten-und-wuensche/ [abgerufen am 19.11.22].

21 Forschungen der Psychologin Anne Storey im Jahr 2000, Memorial University of Newfoundland. https://de.wikipedia.org/wiki/Vater#Menschliche_Vaterschaft_und_Hormone [abgerufen am 19.11.22].

22 Henri J. M. Nouwen, Nimm sein Bild in dein Herz: Geistliche Deutung eines Gemäldes von Rembrandt, Herder Verlag, Freiburg im Breisgau, 2016, S. 26.

23 Siehe https://shop.verlagsgruppe-patmos.de/der-verlorene-sohn-210212.html [abgerufen am 23.11.22].

24 Siehe https://beruhmte-zitate.de/zitate/1980494-john-lennon-als-ich-5-jahre-alt-war-sagte-mir-meine-mutter-im/ [abgerufen am 20.12.2022].

25 Siehe https://www.friedrich-verlag.de/religion/bibel/biblische-zukunftsbilder-8789 [abgerufen am 24.11.22].

26 Siehe https://hopebuildingcenter.org/.

27 William Paul Young, Die Hütte, Allegria, Berlin, 2009, S. 162.

Ein weiteres Buch von Christina Ott

unvollkomen Glücklich
Vom Mut, ich selbst zu sein
ISBN 978-3-96362-173-4
288 Seiten, Paperback
auch als E-Book erhältlich

Wer bin ich? Was prägt mich?
Bin ich »gut genug«?
Was darf noch werden und wachsen in meinem Leben?

Das Buch von Christina Ott macht Mut, uns diesen Fragen zu stellen und für uns selbst, im Gespräch mit anderen und im Hören auf Gott Antworten zu finden. Themen wie »Lebensträume entdecken«, »Innere Balance finden«, »Vom Selbstzweifel zur Selbstannahme«, »Festhalten und Loslassen« holen die Leserin dort ab, wo sie sich gerade befindet. Dieses Buch ist eine einfühlsame Einladung zum Glücklichsein, ein Wegweiser zu mehr Gelassenheit und eine Ermutigung, ein fröhliches »Ja« zu sich selbst zu entwickeln.

»In ihrer offenen Art macht Christina Ott Lust, ehrlich auf das eigene Leben zu schauen. Eigene Prägungen, Stärken und Schwächen in jeder Lebensphase zu entdecken und zu bejahen, das ist für sie der Weg zu einem ausgeglichenen und glücklichen Leben.« (Margitta Rosenbaum)

»Einfühlsam und kompetent nimmt Christina Ott die Lesenden an die Hand. Sie zeigt ihnen, wie sie ihr Leben gestalten, statt es zu erleiden. Klug begründet und ermutigend.« (Luitgardis Parasie)

Weitere Bücher von Francke

Debora Sommer
Blühe dort, wo du gepflanzt bist
ISBN 978-3-96362-019-5
256 Seiten, Klappenbroschur
auch als E-Book erhältlich

Debora Sommer hat sich aufgemacht, dem Geheimnis blühenden Lebens auf die Spur zu kommen. Wieso gelingt es manchen Menschen, trotz schwierigster Lebensumstände zu blühen, während andere daran kaputtgehen? Warum schielen wir so oft sehnsüchtig auf die Lebensgärten anderer?

Die gute Nachricht ist: Blühendes Leben ist jederzeit möglich. Ungeachtet der Lebensumstände. Jeder kann dort, wo er gepflanzt ist, aufblühen und reiche Frucht bringen. Allerdings gibt es einige Faktoren, die das Blühen hindern, und andere, die es fördern. Welche das sind und wie eine gesunde Verwurzelung aussehen kann, die letztlich die entscheidende Voraussetzung für ein erneutes Aufblühen ist, zeigt Debora Sommer anhand vieler persönlicher Geschichten und praktischer Tipps einfühlsam auf. Fragen zum Weiterdenken helfen dem Leser, das Gelesene ganz konkret auf die eigene Lebenssituation zu übertragen.

Holley Gerth
stark. tapfer. geliebt.
Wecke Gottes Kraft in dir
ISBN 978-3-96362-230-4
271 Seiten, gebunden
auch als E-Book erhältlich

Eindrucksvoll führt Holley Gerth ihren Leserinnen vor Augen, dass sie Gottes tapfere, schöne und geliebte Töchter sind. Sie ermutigt dazu, sich der eigenen Narben anzunehmen, innere Stärke zu finden und in Gottes Kraft Herausforderungen zu überwinden.

Besonders authentisch werden ihre Andachten dadurch, dass die Autorin von vielen eigenen Erlebnissen berichtet. Sie hat erfahren: Es lohnt sich zu entdecken, welches Potenzial Gott in uns hineingelegt hat und wer wir in seinen Augen werden dürfen.